POINTS DE VUE SUR LES SCIENCES DE GESTION

ISBN : 2-7475-4708-6

Christophe BOUTEILLER, Hervé COLAS,
Xavier DEROY, Éric FIMBEL,
Yvon PESQUEUX, Wladimir SACHS,
Robert ZRIHEN

POINTS DE VUE SUR LES SCIENCES DE GESTION

L'Harmattan
5-7, rue de l'École-Polytechnique
75005 Paris
FRANCE

L'Harmattan Hongrie
Hargita u. 3
1026 Budapest
HONGRIE

L'Harmattan Italia
Via Bava, 37
10214 Torino
ITALIE

Ouvrages du même auteur

Yvon Pesqueux

L'entreprise mise à nu, Economica, 1987

La nouvelle comptabilité des coûts, P.U.F. (en collaboration avec Bernard Martory), 1995

Contrôle de gestion - Le pilotage de la performance, Dunod (en collaboration avec Hélène Löning), 1998

Mercure et Minerve : perspectives philosophiques sur l'entreprise, Ellipses, (en collaboration avec Bernard Ramanantsoa, Alain Saudan et Jean Claude Tournand), 1999

Le gouvernement de l'entreprise comme idéologie, Ellipses, 2000

Organisations : modèles et représentations, P.U.F., 2002

Ethique des affaires – Management par les valeurs et responsabilité sociale, Editions d'Organisation, (en collaboration avec Yvan Biefnot), 2002

Introduction

Intituler un ouvrage “ Points de vue sur les sciences de gestion ”, c’est à la fois faire acte d’humilité – ces points de vue seront à la fois partiels et partiaux – acte d’orgueil – car c’est l’affirmation d’une “ pensée ” - et acte d’affirmation – ces points de vues sont nécessairement disparates et les réunir ainsi sous un titre commun, c’est faire croire de façon peut être excessive qu’ils ont beaucoup en commun. Ce qu’ils ont surtout en commun, c’est la vie du groupe qui a conduit à la réalisation de l’ouvrage plus que de vraies filiations de contenu, même si celles-ci ne sont pas totalement absentes. Comme acte d’affirmation, il s’agit de prouver, puisque ce qui relie ces auteurs c’est, directement ou indirectement, à un moment donné, leur affiliation à la Reims Management School, que cette école de commerce qui se trouve, comme l’ensemble de ses consoeurs, confrontées à une évolution de sa mission, que les enseignants qui y travaillent réfléchissent aussi aux contours du contenu de leur métier. En effet, comme beaucoup d’autres écoles de sa catégorie, celle-ci a été créée depuis plusieurs décennies pour offrir aux entreprises locales les cadres de gestion dont elles avaient besoin sur la base d’un enseignement que l’on peut qualifier de “ technique supérieur ”.

Et puis il s’est passé deux choses :

- Les “ sciences de gestion ” comme “ discipline académique ” sont nées, après la Deuxième Guerre Mondiale aux Etats-Unis et dans le courant de la décennie 70 en Europe. Il s’agit alors bien pour elles de fonder les critères de leur scientificité … et d’enseigner au regard de ceux-ci,
- Les cursus de gestion sont devenu la filière numériquement dominante dans l’ensemble des filières

de l'enseignement supérieur … et avec cela les logiques de communication propres à chaque établissement pour " attirer " les meilleurs étudiants … et encore faut-il communiquer au moins en partie sur le contenu académique, les logiques de comparaison et de classement qui vont venir déboucher sur une modification de l'enjeu pédagogique des enseignements de gestion dans les écoles de commerce.

La Reims Management School, tout comme les autres, s'est donc retrouvée au cœur des enjeux de communication et de labellisation de ses cursus. Le problème est alors de savoir aujourd'hui, ce qui va faire qu'un étudiant mexicain, dans le cadre de son " tour du monde " viendra plutôt à Reims qu'à Bergen, problème qui se posera très bientôt pour les étudiants français eux-mêmes. C'est pourquoi cet ouvrage va s'intéresser à cet univers des sciences de gestion.

Yvon PESQUEUX, Professeur titulaire de la chaire " Développement des Systèmes d'Organisation " au Conservatoire National des Arts et Métiers, va ainsi poser la question du classement et de la manière de qualifier les littérature(s) de gestion dans la mesure où un champ disciplinaire tend à marquer son territoire par une littérature qui en constitue les jalons. Le processus d'énonciation (notre conception occidentale de la science pourrait en définitive très bien assumer les éléments du dicton " les paroles s'envolent et les écrits restent ") et le processus d'accumulation (les acteurs du champ venant se référer aux écrits précédents pour valider les leurs) viennent en effet jouer un rôle aussi bien de " marquage " que de légitimation. C'est aussi ce qui va permettre de qualifier l'objet disciplinaire des " sciences des organisations ", cotant ainsi les limites de l'angle sous lequel elles envisagent l'action organisée au regard d'un objet générique – l'entreprise.

La question des littérature(s) de gestion vient poser celle du lieu d'origine de l'innovation. S'agit-il de la communauté scientifique ou bien du monde professionnel ? La réponse était claire jusqu'à ces dernières années : il s'agissait bien des professionnels. Il n'en est plus aussi clairement ainsi aujourd'hui. Les " sciences des organisations " viennent constituer le lieu du repérage et de la compréhension, de la réinterprétation des pratiques voire de la modélisation de nouvelles pratiques. Leur transcription dans les littérature(s) de gestion constitue le moment de la transcription de leur capture et de leur capitalisation. Dans le passage des pratiques aux " sciences des organisations ", les littératures de gestion offrent bien le support d'une théorisation de l'action organisée à partir d'une capitalisation de ces savoirs.

Eric FIMBEL, Professeur à la Reims Management School, Maître de Conférences associé à la Faculté de Sciences Economiques et de Gestion de Reims va également proposer une illustration compréhensive de la question des littératures de gestion. En effet, depuis plusieurs années, de nombreux enseignants en économie et gestion formulent, souvent avec amertume, le constat suivant : les travaux dits " de recherche " réalisés par des étudiants, généralement en fin de second cycle universitaire, traduisent une mobilisation peu performante et insatisfaisante des publications antérieures. Parfois, ceci se combine avec la douloureuse présomption de pratiques paresseuses voire malhonnêtes que d'habiles usages des technologies modernes peuvent à la fois amplifier et masquer. Ainsi, voit-on des listes bibliographiques " préfabriquées ", thématiquement organisées, disponibles sous des formes électroniques standardisées (en format

“ word ” essentiellement), et en circulation plus ou moins gratuitement au sein d’une université ou entre universités via internet par exemple.

A l’intérieur du vaste sujet qu’est la méthodologie de la recherche, le périmètre de la réflexion d’Eric FIMBEL ne concerne que le rapport entre la nature et la qualité de la mobilisation des sources documentaires d’une part, et sa contribution spécifique à la qualité de la recherche d’autre part.

Wladimir SACHS, Professeur visitant à Leiden University School of Management aux Pays-Bas va, sur la base d’une perspective “ pragmatique ” (attention, il s’agit de pragmatique au sens philosophique du terme), proposer une réflexion sur le contenu scientifique du management. Il va élaborer sa démonstration à partir du contrôle managérial. Le texte est en anglais, marquant par là l’importance de la spécificité culturelle de l’auteur et de l’objet que sont les sciences de gestion. La langue possède aussi des attributs culturels et l’anglais est la langue de la pragmatique … c’est d’ailleurs aussi ce qui constitue son piège !

Hervé COLAS, Professeur à la Reims Management School, propose un texte visant à clarifier la notion de “ portrait ”, privilégiant le compte rendu de l’unique de l’individu, par rapport au “ caractère ”, cherchant à déceler le canon, l’idéal-type d’une population d’individus. Il propose à ce titre une double illustration via le “ portrait ” de Monique, créatrice d’une entreprise de 6 personnes, dédiée à la construction de maisons individuelles et le caractère d’un échantillon de 24 entrepreneurs, établi à partir d’un test de préférences professionnelles élaboré par le cabinet conseil P.A. Consulting & Group. C’est aussi, outre le délicieux portrait de “ créatrice ” qui sera présenté dans le texte, une manière de se poser la question du “ créateur d’entreprise né ” ou encore de l’enseignement possible (ou impossible) de la création d’entreprise.

Au travers de l’examen d’une étude de cas, Robert ZRIHEN, Professeur à la Reims Management School va examiner la question de la mise en place, dans les organisations, de nouveaux systèmes de contrôle de gestion qui se traduit souvent par des échecs qui reposent, à ses yeux, sur une vision erronée de ces dispositifs et une conception désuète de l'organisation. Les dispositifs de gestion sont en général considérés comme neutres, essentiellement porteurs d’une plus grande rationalité. Quant au contexte organisationnel, il est le plus souvent réduit à ses aspects formels et visibles. Il désire ainsi montrer, à travers un cas réel, les raisons profondes de l’échec relatif de l’implantation d’un nouveau système de contrôle de gestion en allant au delà du réel abordé trop facilement et des prescriptions immédiates.

Dans le même ordre d’idée, Xavier DEROY, Professeur à la Reims Management School, va chercher à montrer que la démarche généralement empruntée par les sciences de gestion dans leur traitement du thème de l'innovation pose implicitement (ou très explicitement) l'identité des firmes entre elles. Il s'agirait plutôt, d’après lui, d'envisager les identités des firmes innovantes. Aussi, il s'agira de revenir tout d'abord sur certains traits communs propres aux organisations et que les différentes écoles stratégiques se sont attachées à faire ressortir pour se définir. Ensuite, il mettra en évidence le glissement qui s'effectue des traits communs aux firmes vers une identité unique, autrement dit une identité commune. Mais jusqu'à quel point ces “ lois de gestion ” s'appliquent-elles aux firmes innovantes ? Dans quelle mesure rendent-elles compte effectivement de leur développement et, finalement, de leur identité ? Il montrera ainsi qu'un problème de cohérence interne se pose pour des théories qui entendent défendre la thèse d'une spécificité des entreprises innovantes tout en s'efforçant de décrire en même temps des traits communs attachés à leur statut et leur management. Dans ces conditions, quel regard renouvelé peut-on porter sur une école de la contingence ?

En abordant la question de l'évaluation des actifs immatériels, Christophe BOUTEILLER, Professeur à la Reims Management School, va plaider pour la coexistence de méthodes monétaires et non monétaires, texte également rédigé en anglais mais prenant soigneusement en compte les références françaises sur la question !

Les auteurs

Christophe BOUTEILLER est actuellement Professeur permanent de finance et membre du Comité scientifique de la Reims Management School. Il enseigne aussi à l'Université Catholique de Louvain. Après avoir géré le programme Sup de Co Reims pendant 6 ans, Christophe BOUTEILLER a été invité en 2000/2001 au Technology & Policy Program du Massachusetts Institute of Technology pour y travailler sur l'évaluation des intangibles. Son expérience institutionnelle et d'entreprise inclut une mission de longue durée financée par la Banque Mondiale, des interventions en conseil et audit, la direction financière de P.M.E. et la co-fondation de Bellême, International Consulting Engineers. Sa biographie complète est disponible sur le site http://www.christophe-bouteiller.net

Hervé COLAS est professeur d'entrepreneuriat à la Reims Management School depuis 1997, après avoir été pendant 2 ans contrôleur de gestion en Allemagne pour le Groupe Thomson Multimédia, puis P.D.G. d'une structure de conseil (qui n'en est pas morte ...). Ses recherches portent sur les ethnométhodo-logies de soi disant “ profanes du management ” : les maires et les créateurs d'entreprise.

Xavier DEROY est professeur de Stratégie à la Reims Management School. Diplômé en gestion (Sup de Co Rouen) et en économie (maîtrise économie Appliquée à Dauphine), il a entamé une carrière d'enseignant chercheur après un parcours dans le conseil. Ses domaines de recherche concernent principalement les stratégies d'innovation d'une part et l'épistémologie d'autre part. Il a participé récemment sur ces thèmes à différentes conférences françaises et anglo-saxonnes.

Eric FIMBEL est Docteur ès Sciences de Gestion, titulaire d'un D.E.A. en " économie industrielle et analyse des marchés ". Maître de Conférences associé à la Faculté de Sciences Economiques et de Gestion (Université de Reims), membre du laboratoire de recherche " EUROP : Equipe Universitaire de Recherche sur les Organisations et leurs Performances ", membre associé du laboratoire de recherche " O.M.I : Organisations marchandes et institutions ", Professeur à Reims Management School (ex-Groupe E.S.C. Reims). Ses travaux sont centrés sur les systèmes d'information, la logistique, l'externalisation et les relations inter-entreprises. Il exerce en outre depuis plus de 20 ans des missions d'audit et de conseil en Systèmes d'Information auprès d'entreprises privées et publiques. Il intervient également en tant qu'expert auprès d'organisations internationales sur des études concernant les systèmes d'information et les N.T.I.C.

Yvon PESQUEUX est Professeur titulaire de la chaire " Développement des Systèmes d'Organisation " au C.N.A.M.. Il développe des travaux sur les relations entre philosophie et management. Il a récemment publié " Mercure et Minerve – perspectives philosophiques sur l'entreprise ", Ellipses, 1999 (en coll. avec Bernard Ramanantsoa, Alain Saudan et Jean Claude Tournand), " Le gouvernement de l'entreprise comme idéologie ", Ellipses, 2000, " Organisations : modèles et représentations ", P.U.F., 2002, " Ethique des affaires – management par les valeurs et responsabilité sociale ", Editions d'Organisation, 2002 (en coll. avec Yvan Biefnot).

Wladimir SACHS est professeur visitant à Leiden University School of Management aux Pays Bas. Il était professeur à

Wharton School de l'Université de Pennsylvanie où il dirigeait également le Busch Center, professeur à Rotterdam School of Management et professeur à Reims Management School où il était également directeur fondateur de l'école TEMA de Technologie et Management. Il était le premier directeur scientifique du Centre de Recherches Prospectives au Mexique, chercheur au C.N.R.S., conseil d'entreprises aux Etats-Unis, en Amérique Latine et en Europe, manager et créateur d'entreprises de “ haute technologie ”.

Après une formation en gestion (E.S.C.P.), Robert ZRIHEN a débuté sa carrière professionnelle comme contrôleur de gestion. En 1994, il a orienté sa carrière vers l'enseignement et la recherche, avec un D.E.A. en gestion à l'Université Paris-IX Dauphine, complété par un D.E.A. en sociologie à l'Université Paris VII-Diderot. Ses travaux de recherche sont centrés d'une part sur la mise en œuvre du pilotage des entreprises, d'autre part, sur les aspects psychosociologiques des organisations, se situant dans la démarche de la sociologie clinique. Sa thèse porte sur les rôles informels des outils de gestion. Il est actuellement professeur de management au sein du groupe Reims Management School, et poursuit des activités de conseil et de recherche.

Littérature(s) de gestion

Yvon Pesqueux
C.N.A.M.

Un champ disciplinaire tend à marquer son territoire par une littérature qui en constitue les jalons. Le processus d'énonciation (notre conception occidentale de la science pourrait en définitive très bien assumer les éléments du dicton " les paroles s'envolent et les écrits restent " et le processus d'accumulation (les acteurs du champ venant se référer aux écrits précédents pour valider les leurs) viennent en effet jouer un rôle aussi bien de " marquage " que de légitimation. Il en va donc ainsi dans l'univers de ce qu'il est convenu d'appeler les " sciences des organisations ". On la qualifiera de discipline, ce qui permet de profiter des deux acceptions du concept, celui de champ de connaissances et celui de contrainte apportée à l'action. On qualifiera aussi l'objet disciplinaire de " sciences des organisations ", cotant ainsi les limites de l'angle sous lequel elles envisagent l'action organisée au regard d'un objet générique – l'entreprise.

Cette littérature sert aussi d'objet pédagogique, dans la mesure où le champ disciplinaire marque sa vocation à exister par le fait qu'il s'enseigne. C'est aussi un des moments du passage des pratiques de gestion à un savoir des organisations, faisant ainsi de celles-ci des " organisations savantes " et participant, par là même, à la constitution du mythe (nécessaire) du savoir managérial. Or, pour ce qui concerne les " sciences des organisations ", nous assistons aujourd'hui, corrélativement à l'explosion des littératures de gestion ", à une extraordinaire expansion de son enseignement, que l'on peut dater, en France, à partir de la décennie 70. Des signes tels que les créations institutionnelles (les I.A.E. – Instituts d'Administration des Entreprises par exemple), les refondations d'institutions existantes (les grandes écoles de commerce avec H.E.C. par exemple), les développements de cycles de tous niveaux au sein d'institutions existantes (comme les écoles d'ingénieurs par exemple) viennent illustrer ce développement.

La question des littérature(s) de gestion vient poser celle du lieu d'origine de l'innovation. S'agit-il de la communauté scientifique ou bien du monde professionnel ? La réponse était claire jusqu'à ces dernières années : il s'agissait bien des professionnels. Il n'en est plus aussi clairement ainsi aujourd'hui. Les " sciences des organisations " viennent constituer le lieu du repérage et de la compréhension, de la réinterprétation des pratiques voire de la modélisation de nouvelles pratiques. Leur transcription dans les littérature(s) de gestion constitue le moment de la transcription de leur capture et de leur capitalisation. C'est pourquoi nous soulignons encore ici l'importance de la compréhension qui se passe dans ces perspectives-là. Dans le passage des pratiques aux " sciences des organisations ", les littératures de gestion offrent bien le support d'une théorisation de l'action organisée à partir d'une capitalisation de ces savoirs.

Cette expansion vient nous indiquer deux choses :

- La constitution d'un corpus qualifié de " sciences des organisations " qui tend à vouloir s'autonomiser au sein du champ des sciences humaines,
- La constitution d'une littérature aux facettes multiples – dont bien sûr celle d'une littérature à vocation " scientifique " pour étayer ce corpus.

L'objet essentiel en est l'entreprise vue comme " objet social " bien sûr, dans un continuum qui tend à proposer le modèle de la firme (champ de l'économique) et les catégories gestionnaires de l'entreprise à toutes les organisations tout en réduisant aussi la dimension institutionnelle des organisations quelles qu'elles soient à celui-ci. La multiplicité des facettes de ces littératures comme son prosélytisme tendent à vouloir faire de l'entreprise l'Institution centrale de nos sociétés à statut irréversible. Ceci est validé au point que, si l'on suit le sens de ces littératures, on ne saurait concevoir un monde sans entreprise, qu'elles auraient toujours été et qu'elles seront toujours. Rétrospectivement, ce serait notre incapacité à en avoir vu le rôle déjà central qui est en cause, au nom des dogmes qui nous aveuglaient (principalement les dogmes religieux autrefois et politiques aujourd'hui). Ce sont ces dogmes qui auraient conduit à méconnaître l'activité de l'entreprise dans les réalisations “ en dur ” qui nous restent aujourd'hui (des pyramides aux cathédrales par exemple) alors que ces pauvres entreprises vivaient dans des maisons de terre détruites par le temps ou encore voyaient leur action englobée dans ces réalisations-là. Que justice soit donc rendue à la permanence de l'entreprise ! Et que les tours de La Défense lui rendent enfin ce que les cathédrales lui avaient retiré. Le projet de ces littératures de gestion en marque l'intention qui est bien celle de l'émergence d'une discipline en laissant des traces, comme pour en marquer le territoire. Il conduit ainsi à proposer un sens de la vie dans et de l'entreprise par construction d'une “ mémoire ” tout comme d'une “ histoire ” qui est indubitablement celle de la réussite. L'émergence des “ sciences des organisations ” concrétise ainsi la tentative de construire un modèle unificateur et téléologique, porteur du sens de la réussite de l'entreprise. Il s'agit de passer de l'opinion au décret scientifique dans la perspective d'une autoprédiction réalisatrice. A ce titre d'ailleurs, il n'y a pas de spécificité dans cette perspective de fondation des “ sciences des organisations ” mais adoption du modèle classique de légitimation d'un domaine qui peut s'interpréter, par exemple, à partir de la dualité savoir –

pouvoir (le pouvoir crée du savoir et le savoir crée du pouvoir) proposée par Michel Foucault[1].

Ce qui constituerait la permanence de l'entreprise, en dehors des manifestations " en dur ", serait donc de l'ordre des pratiques. A ce titre, tout aurait toujours été " entreprise ", des phéniciens aux conglomérats d'aujourd'hui, au regard des politiques financières, par exemple. Et c'est ce regard sur les pratiques qui mérite une mise en perspective. Si l'on s'accorde sur le fait que les pratiques constituent un savoir faire et conduisant à un savoir à partir des techniques qui le constituent, le passage du savoir au scientifique et par extension à la science ne va pas de soi, indépendamment d'un jeu social dans lequel les littératures jouent un rôle essentiel. Un savoir faire permet de qualifier une profession, un savoir conduit à la figure du savant dans le sens de celui qui sait. Mais le savant est aussi la figure qui qualifie / décrète la Science. Dans l'univers des " sciences des organisations ", c'est ce savant-là qui valide ce qui est qualifié de scientifique. Et c'est ce qui est alors qualifié de " scientifique " qui constitue la Science. Les " sciences des organisations " héritent donc de ces allers - retours entre des pratiques (savoir-faire), un savoir et une science où le professionnel laisse place au savant. C'est sans doute cette entrée-là qui va permettre de qualifier les différents pôles de la littérature qui nous intéresse ici. Le passage des pratiques à un savoir et d'un savoir à une science est commun aux sciences humaines. C'est donc pour cela que les sciences de gestion héritent du questionnement propre aux sciences humaines, c'est-à-dire le passage de l'observation à la conceptualisation des pratiques voire, aujourd'hui, le retour entre une conceptualisation et la définition de pratiques. Mais ici tous les mots comptent : qu'il s'agisse d'observation (de quelle observation s'agit-il ? comment est-elle effectuée ? comment est-elle reportée ?) ou

---

[1] Michel Foucault, *Surveiller et punir*, Gallimard, Paris 1989.

qu'il s'agisse de conceptualisation (quel est donc le mode de passage qui s'opère entre l'observation et la constitution d'un savoir, voire d'une Science ?).

Les littératures de gestion posent aussi le problème de la nécessaire déformation liée à la médiation de l'écrit. Le passage à l'écriture constitue ainsi l'aspect le plus important car il fixe l'événement de façon durable malgré le caractère transitoire de son actualité dans un projet d'identification et d'objectivisation du sens au regard de l'événement qui le porte. L'écriture détache également le texte de son auteur et le sens du texte acquiert en même temps une autonomie au regard de l'intention du locuteur qui en fait un objet de lecture et non plus simplement d'écoute.

Un constat s'impose pourtant : les littératures de ce champ sont particulièrement disparates. Afin d'en faciliter une compréhension, essayons-nous à un type de classification :

1. Des ouvrages de " quai d'aérogares " vendus suivant la même logique que les *best sellers*

Cette catégorie-là recouvre elle-même des choses très différentes avec :

- Des biographies / autobiographies / témoignages de dirigeants – toujours des dirigeants ... Du fait de sa nature, l'intérêt de cette littérature-là déborde très souvent du lectorat pressé. Elle jouit du statut de témoignage - biaisé certes – mais témoignage quand même – de l'acteur supposé être en première ligne. Les contenus sont assortis de diagnostics et de prescriptions non discutées et non discutables puisque ce sont des dirigeants qui les affirment. On y trouve aussi parfois des prédictions de consultants devant être " écoutés " car ce sont déjà des " gourous ", ce qui renforce d'autant leur légitimité. Cette littérature jouit du statut reconnu à des professionnels écoutés et confère aux pratiques dont ils font l'exégèse un statut d'exemplarité. C'est aussi un bel exemple de " pensée magique " au sein d'un corpus qui se veut rationnel ..., et de la concrétisation d'une tradition qui était déjà celle du champ du politique ou du militaire, domaine où les " mémoires " servent aussi de terreau à l'élaboration d'une idéologie mais aussi de légitimation et de concepts. Ce projet est d'ailleurs au moins double : celui d'une légitimation en force au regard de l'exemplarité des récits de vie et celui d'une légitimation en ressemblance dans la mesure où l'exemplarité invite à " faire comme ".

- Des livres de " recettes ", beaucoup plus sommaires, au titre le plus souvent accrocheur mais très lus et très cités au moment de leur parution. Ces livres contribuent à la construction des modes dans le champ de la gestion et seuls de rares titres restent à la postérité, à titre de " vestige ". Mais ils peuvent également être interprétés comme un premier degré de conceptualisation dans un projet de passage de pratiques à des concepts de validité plus scientifique. L'autoprédiction réalisatrice y est ici à l'œuvre dans les perspectives déjà mentionnées plus haut de la légitimation en force et de la légitimation en ressemblance. On peut citer, par exemple, parmi ces vestiges, le livre de Hammer et Champy[2]. C'est de cette " écume " qu'il est possible de se faire une représentation des préoccupations venant marquer une période mais aussi de fonder une compréhension de l'émergence des préoccupations dominantes. C'est d'ailleurs à partir d'un ensemble de ce type que Luc Boltanski et Eve Chiapello[3] ont qualifié les préoccupations de la décennie 60 de " participationnistes " et celles de la décennie 90 de

---

[2] Hammer & Champy, *La réingéniérie des processus*, Editions d'Organisation, Paris 1995.

[3] Luc Boltanski & Eve Chiapello, *Le nouvel esprit du capitalisme*, N.R.F. Gallimard, Paris 1999.

“ plaidoyer pour des entreprises plus humaines ”. Dans ce type de littérature, des ouvrages de consultants tendent aujourd’hui, si l’on peut s’exprimer ainsi, à être “ co-édités ” dans la mesure où ils servent d’argument publicitaire pour le consultant et/ou le cabinet qui les emploie. On y trouve le pire et le moins pire. Le pire apparaît quand l’ouvrage est bâti sur une accumulation des modes du moment. Le moins pire apparaît lorsqu’il s’agit, en plus, d’une réflexion sur les pratiques prescrites. Ces ouvrages sont aujourd’hui quelque peu “ encombrants ” car, assurant une rentabilité à l’éditeur dans la mesure où le consultant et son cabinet acquièrent d’emblée une fraction non négligeable du nombre d’exemplaires parus, ils saturent d’autant le débouché des livres académiques, produits d’une réflexion et / ou d’une recherche de type plus scientifique. Mais en même temps, on peut dire aussi qu’ils préparent le terrain.

2. Des ouvrages écrits par des “académiques”

Cette catégorie est elle-même particulièrement hétérogène car elle regroupe :

- Des ouvrages publiés à partir de thèses de doctorat. Ces livres-là restent plus ou moins proches du contenu de la thèse et se “ calent ” donc sur des formes liées au jeu social des doctorats compte tenu des “ terrains ” qui leur servent de preuve. Mais les thèses ainsi publiées sont les meilleures et cet aspect garantit la qualité des publications. On ne peut toutefois en commenter le champ indépendamment d’un regard porté sur les “ terrains ” qui, eux-mêmes, ne “ tombent ” pas du ciel (d’où l’on revient encore ici au procès de légitimation).
- Des manuels qui servent de base aux cours des disciplines correspondantes. Leur contenu évolue corrélativement au contenu des champs décrétés légitimes, compte tenu de la

“ touche personnelle ” du ou des auteurs. Ils offrent une garantie quant à l’unification des conceptualisations proposées des pratiques et garantissent ainsi la validité des figures qui leurs sont liées. Ces manuels, par l’affiliation de leurs auteurs, contribuent aussi à l’image de celles-ci.
- Des ouvrages “ spécialisés ” qui font le point sur une question spécifique ou bien qui offrent un questionnement de la vision qu’ils ciblent. C’est un des modes d’instauration et de récupération de la critique, donc un des modes d’expression de la créativité qui s’exprime au sein du champ des “ sciences des organisations ”.
- Des synthèses qui concernent l’histoire et le développement d’une discipline ou encore les liens qui s’établissent entre les fondements et les développements actuels, posture qui permet ainsi de s’éloigner de la légitimation en force et en ressemblance pour la construction d’une légitimité.
- Des thèses élaborées par des auteurs qui valident leur statut de référence (ou bien encore tendent ainsi à le devenir) et permettent ainsi de distinguer les personnalités de la discipline dont ils sont les acteurs en en faisant des personnages. Cet aspect des littératures constitue le scientisme garant de la scientificité du domaine.

C’est aussi la littérature du stade ultime de conceptualisation dans le domaine.

3. Des périodiques dont l’articulation s’aligne sur celle de la presse “ courante ”

Nous trouvons ici :
- Des quotidiens économiques dont la part essentielle est réservée à ce qui concerne les entreprises et à l’actualité boursière. De façon courante, même les quotidiens “ grand public ” reportent aujourd’hui ce qui concerne les entreprises voire leurs pratiques et contribuent aussi, avec les quotidiens

économiques, à la sédimentation des pratiques en savoirs. On pourrait d'ailleurs comparer cette presse-là à la presse " people ", les arguments démonstratifs y étant du même ordre.
- Des périodiques qui portent un regard plus distancié sur l'actualité économique et les pratiques, redevables de la logique des magazines, iconographie comprise.
Cette presse (quotidienne et périodique) est un support de publicité et capte ainsi des lectorats à partir de l'actualité économique. La centralité de l'entreprise comme institution de référence de nos sociétés a conduit cette presse à un développement important, tant sur la base du nombre des titres concernés que sur celui des lectorats. La langue y est un critère déterminant. Cette presse s'articule entre publications en langue locale ou publication en anglais des affaires, c'est-à-dire une langue de communication dépourvue en grande partie de ses attributs culturels. Mais cette presse hérite aussi des travers de la presse classique en privilégiant des opinions et des intérêts. C'est un vecteur important de production de l'idéologie nécessaire au marquage du territoire. Elle se situe ainsi radicalement sur le plan de la " vérité ", même au travers du masque du factuel. Elle hérite aussi des catégories de la logique de l'émotion.

4. Des revues "académiques"

Le projet de scientificité y est clair. Mais ce projet est entaché des catégories du jeu social du milieu académique : critères de formes aux contours mouvants suivant les logiques institutionnelles locales et internationales, style, lectorat (fermé celui-là, à la différence des précédents).

Depuis ces dernières années, on assiste à la création d'un nombre incroyable de revues dédiées à des sujets " pointus ", dont les textes sont écrits par des universitaires pour des universitaires. 95 % du contenu est totalement dépourvu d'intérêt, le but étant d'y être publié pour y être publié, de citer les autres et d'être soi-même cité. Le style y est devenu radicalement maniéré de la manière suivante : je (Freud) pense (Descartes) que je suis (Shakespeare) etc … et si encore c'était Shakespeare que l'on cite …, mais ce sont la plupart du temps d'autres insipides textes construits eux-mêmes de la même manière !

5. Une littérature “professionnelle”

Sa forme repose aussi bien sur des livres que des revues. L'enjeu en est la première conceptualisation à partir des pratiques et conduit ainsi à privilégier la logique du témoignage et celle de la première conceptualisation, le plus souvent prescriptive. On pourrait même parler de déterminisme prescriptif pour ce qui la concerne. Au regard de la précédente dont la dynamique pourrait être qualifiée de “ *top – down* ”, on serait ici face à une perspective “ *bottom – up* ”. Cette littérature hésite ainsi entre compréhension et facilité, entre théories et recettes. Elle suit les contours “ fonctionnels ” des questionnements de gestion avec des excroissances pour tout ce qui est marqué par l'empreinte technologique (les systèmes d'information par exemple). Cette littérature joue un rôle intermédiaire important en visant la couche conceptuelle de la technologie, de la méthodologie, du “ génie ” …, et non celle de la science ou encore celle des techniques et des méthodes. C'est tout son intérêt mais aussi toute son ambiguïté car elle est le plus souvent “ tirée ” vers la base au nom de la recherche d'une efficience factice. Mais n'est-ce pas un mal nécessaire qui prendra sens à la lumière des perspectives idéologiques dont il sera question plus tard ?

Les littératures de gestion ont donc en commun de publier, c'est-à-dire de rendre publics des énoncés sur les pratiques des entreprises. Ce projet-là pose de nombreuses difficultés, de son expression même à la logique de son contenu.

C'est ainsi qu'après s'être intéressé à ce qu'elles avaient de différent, il est tout aussi important de s'intéresser à ce qu'elles ont en commun.

Le premier trait commun à l'ensemble de cette littérature est sa vocation à fonder un capitalisme managérial d'une part venant faire miroir avec un capitalisme " académique " d'autre part.

Un autre trait général essentiel à ces littératures est de parler de l'entreprise de " dedans ", " en haut ", c'est-à-dire du point de vue de leurs dirigeants. Citons ainsi les différences que cela induit avec les autres postures qui existent quand il s'agit d'en parler " dehors, en haut ", la posture courante des économistes quand ils nous en parlent ou de " dedans " " en bas ", posture plus rare, dont *La souffrance en France, la banalisation de l'injustice en France*[4] offre un exemple. Rares sont les auteurs qui tentent d'en parler " dehors, en bas ". L'entreprise vue par les exclus " n'intéresse " personne.

Enfin, un autre trait important qui mérite d'être souligné concerne la manière d'en parler. Mais ce problème n'est pas seulement propre à l'entreprise.

6. L'importance de la tâche discursive vue par Clifford Geertz[5]

Parler de " littératures " de gestion est bien en effet se poser la question du statut de l'écrit et coter, par là même, la référence à des auteurs qui sont à la fois des écrivains. Par

[4] Christophe Dejours, *La souffrance en France : la banalisation de l'injustice en France*, Seuil, collection poche, Paris 2000.
[5] Clifford Geertz : *Ici et Là-bas* - Métailié, Paris 1996.

analogie, citons Clifford Geertz qui souligne l'importance du discours dans le projet ethnologique (N.B. : rappelons brièvement que les Français parlent d'ethnologie là où les américains parlent d'anthropologie) : " *L'anthropologie relève presque entièrement du discours " littéraire " et non du discours " scientifique ". Des noms de personnes sont liés à des livres, des articles, moins fréquemment à des systèmes de pensée (fonctionnalisme Radcliffe-Brownien, structuralisme Lévi-Straussien). A de rares exceptions, ils ne sont pas attachés à des découvertes, des propriétés ou des propositions ... Cette situation ne nous transforme cependant pas en romanciers de même que, contrairement à ce que certains semblent croire, l'élaboration d'hypothèses ou l'établissement de formules ne nous transforment pas en physiciens* "[6]. Et ceci concerne aussi ce projet de parler de l'entreprise dans les littératures de gestion. Il s'agit bien également de dissocier, dans cette littérature, le travail de l'écrivain de celui de l'auteur, mais aussi son affiliation avec l'écriture du journaliste. C'est d'ailleurs à une remarque plus générale que nous conduit ici cette référence à Clifford Geertz qui est celle de l'impossibilité de se confronter à cet objet qu'est l'entreprise indépendamment d'une méthode ethnologique. Mais notons encore que, dans l'entreprise, les indiens sont encore loin … Mais ces littératures de gestion marquent bien le projet d'une recherche de l'intelligibilité du complexe par recours à des formes plus simples, des structures permanentes. Cette recherche est bien celle de la transformation des pratiques radicalement diverses de et dans l'entreprise en un savoir unifié. Le projet de ces littératures est ainsi de rendre compte des pratiques dans les termes de l'élémentaire, par dissociation les unes des autres et par simplification de l'ensemble. C'est aussi ce qui conduit à l'annexion de concepts du champ d'autres disciplines. C'est

[6] Clifford Geertz : *op. cit.*, pp. 15-16.

le cas, par exemple, du concept de culture, ainsi dissocié de ses origines. Thomas Durand[7] parle, à cet égard, de " contrebande ".

7. Parler de l'entreprise

Après avoir vu ce qui permettait de distinguer les différents pans de cette littérature et commenté les contours de la tâche discursive qu'implique la manière de parler de l'entreprise, intéressons nous de manière plus approfondie à ce que ces pans de littérature ont encore de commun. Ce qui soutient aussi la logique de ces littératures repose sur la difficulté ressentie de parler d'un " objet " comme l'entreprise sans position épistémologique préalable. Il s'agit en effet de questionner l'évidence de ce qu'est une entreprise (un client, un marché ...), et d'expliciter les modèles et les représentations qui sont utilisées pour analyser ce dont il s'agit.

Rappelons, de façon préliminaire, l'implicite qui recouvre la façon de parler de ces " objets "[8]. Un des contacts avec ces " objets " là se fait par le discours. Le problème est alors de révéler les représentations véhiculées par le discours sans pour autant masquer la co-production de ce discours et de la représentation : le discours indique la représentation à partir d'éléments de preuve qu'il met en avant et la représentation qui en naît indique aussi le discours. En d'autres termes, parler de l'entreprise s'inscrit dans une forme légitime qui permette d'en parler, forme légitime qui va elle

---

[7] Thomas Durand, " la compétence organisationnelle au macroscope : accéder aux 'cadres de compétences' pour explorer la formation de la stratégie " in DRISSE (ed), *Le management stratégique en représentations*, Ellipses, Paris 2001.

[8] Yvon Pesqueux, *Le gouvernement de l'entreprise comme idéologie*, Ellipses, Paris 2000.

même conduire aux actions qui vont aller dans le sens induit par la manière d'en parler. Il ne faut donc pas oublier le jeu des interactions sociales qui s'opère entre le discours et les représentations. Le poids des représentations est en effet essentiel dans la mesure où il oriente les interactions et vient aussi créer les éléments de réalité qui vont dans le sens du contenu des représentations. Il s'agit donc en fait d'idéologie au sens premier du terme.

C'est donc aux fondements des représentations qu'il est question de s'intéresser ici afin de pouvoir parler de littératures de gestion. Le premier niveau de représentation, celui qui permet de donner un contenu au concept et qui vient désigner l'objet est celui de modèle vu dans son acception classique, celui de réduction de la réalité comme celui de simplification de cette réalité dans le sens de la construction d'une norme. Mais le fait même de parler de réalité, de pratiques, invite à se poser la question de ses fondements, soit sur la base d'une perception (la réalité étant considérée comme construite sur la base d'éléments " objectifs ") soit sur la base des représentations (on est alors face à une réalité " construite " ...). C'est aussi ce qui vient poser la question de la place de l'observateur dans le dispositif. Le modèle pose également le problème de l'existence d'un contenu au modèle, contenu qui permette d'en parler, l'image (et la métaphore) intervenant alors à cette étape, l'image comme médiatrice et la métaphore en venant rendre créatif le discours induit par l'image, offrant ainsi les leviers de la construction d'une discipline. Mais, là encore, il est nécessaire de s'interroger sur les rapports relatifs qui s'établissent entre modèle, image et métaphore. C'est alors que vient se poser le problème de l'émergence des modèles, images et métaphores quand on les applique à l'entreprise en les inscrivant dans une perspective idéologique.

En effet, mais on y reviendra plus tard, l'idéologie est un processus de simplification et d'incantation : simplification d'une réalité ou d'une représentation, incantation par répétition, saturation de l'espace et du temps car il s'agit de la " bonne manière " de dire les choses. Le modèle, comme simplification et comme norme, possède en lui-même ces deux caractéristiques-là (la simplification et l'incantation). La façon d'en parler en recourant à des images en renforce le côté incantatoire. Ce qui vient d'ailleurs caractériser le champ des " sciences des organisations " tel qu'il apparaît au travers des littératures de gestion, c'est l'usage (et l'abus) d'objets quelconques. Il est ainsi possible de relever l'usage de certains d'entre eux quand l'entreprise est présentée comme un système, un réseau ... L'objet quelconque est, au langage scientifique, ce que la chose (ou le truc ou le machin en langage populaire) est au langage courant.

8. A propos de modèle

De façon préliminaire, rappelons la différence d'appréhension qui existe entre " réalité " et " vérité ". La réalité se perçoit de manière sensorielle et / ou au travers d'une instrumentation. Elle se développe en interaction avec l'instrumentation qui permet de la percevoir (par exemple, les microbes existaient avant que l'on puisse les voir et des histoires sur les maladies s'étaient développées en conséquence, histoires qui sont devenues des théories scientifiques quand on a pu les observer). Il en va de même pour l'entreprise. Mais rappelons que la " réalité " se développe corrélativement à une instrumentation alors que la " vérité " se construit et constatons que, pour ce qui est du recours à l'observation, le courant dominant en " sciences des organisations " fait comme si nous étions héritiers de Galilée et de sa lunette et donc de l'instrumentation, afin de rendre d'autant plus " réaliste " la construction de l'objet.

Par contre, et ceci aussi parce que l'entreprise est un " objet social ", il se pose à la fois le problème de son observation et celui de sa représentation ou, en d'autres termes, l'accès aux éléments de " réalité " qui permette de la représenter et aux vérités qui permettent d'en parler. Il s'agit donc de recourir à une image médiatrice propre à rendre intelligible l'entreprise comme objet social de la même manière que cela pose le problème de la justification exprimée par le recours à cette image médiatrice.

De tels " objets " posent, en effet, un problème plus large du décodage des représentations. En effet, il semble bien difficile de " serrer la main " à une entreprise (tout comme à un marché ou à un individu qui soit simplement un client). La nature de ces éléments-là diffère donc de celle des " objets " de la " réalité " perçus en tant que tels comme on le postule dans une démarche d'ordre scientifique " classique ". On est ainsi amené à en parler par référence à un modèle qui permet d'en construire la représentation et, en quelque sorte, de les traiter comme des " réalités ", c'est-à-dire une posture où les éléments partiels de réalité auxquels on se réfère tendent à valider le modèle comme s'il s'agissait d'une " réalité ". En même temps, en indiquant ce qu'il indique, le modèle nous montre ce qu'il n'indique pas. Il est, par construction, partiel et partial. C'est ce qui justifie d'ailleurs la fonction de construction d'une représentation perceptible et communicable par le modèle qui permette d'ignorer les faits qui résistent au modèle. Se confronter aux objets sociaux conduit à une modélisation qui leur donne vie et dont il est nécessaire de spécifier les caractéristiques. Mais cette modélisation, du fait du champ qui est le sien - parler et communiquer à propos d'une vérité en termes de réalité – tend, en retour, à " créer " en partie une forme de " réalité " car elle devient ainsi compatible avec la manière d'en parler, comme on l'a déjà souligné plus haut. C'est à ce titre qu'il est possible de parler d'interaction sociale entre discours et représentation mais aussi de pensée magique de nature incantatoire. C'est aussi ce qui permet de qualifier l'opération à l'œuvre dans les littératures de gestion.

La construction de modèles n'est pas seulement une fin en soi. Elle sert, entre autres, dans un domaine comme celui des " sciences des organisations ", à mieux définir ou mettre en perspective les techniques, méthodes et outils appliqués dans le domaine couvert par le modèle. C'est pourquoi, comme on le soulignait plus haut, la représentation de la vérité qu'ils offrent conduit, en retour, à créer, par interaction, une certaine " réalité ". En " sciences des organisations " comme dans les autres disciplines, le recours aux modèles est systématique même si leurs postulats restent assez souvent implicites d'où l'importance de les révéler en même temps que les positions épistémologiques qui les justifient. C'est en effet cette posture qui conduit à légitimer la scientificité en tant que telle du champ des " sciences des organisations ". C'est donc le projet des littératures de gestion.

Il est nécessaire, à cette étape, de se poser la question de ce qui sépare un modèle d'une image et d'une métaphore. Image et métaphore sont les deux termes par lesquels Gareth Morgan dans *Les images de l'organisation*[9] nous invite à parler de l'entreprise. Il s'agit donc de se poser ici la question de savoir ce qui ressort des images qui permettent de parler de l'entreprise.

---

[9] Gareth Morgan, *Les images de l'organisation*, ESKA, Paris 1993.

9. Métaphore et image

En effet, Gareth Morgan parle de “ l’art de décoder les situations ” qui consiste toujours en l’utilisation d’une théorie pour lequel il propose d’entrer au travers du concept “ d’image ” en montrant qu’il n’existe qu’un très faible nombre d’images de référence pour l’entreprise. Il établit un continuum entre image, métaphore et théorie. L’image permet de parler de l’entreprise et la métaphore d’approfondir la compréhension avec le champ qu’elle recouvre. Elle suppose une façon de penser et une façon de voir qui induit un type de compréhension qui est celui de la pensée par ressemblance et par substitution. “ *Nous nous servons de métaphore chaque fois que nous tentons de comprendre un élément de notre expérience à partir d’un autre élément* ”[10]. Elle produit, à ses yeux, une intuition mais, devons-nous ajouter, une illusion aussi d’où la justification du recours à l’idéologie comme fondement de ce propos. Il va ainsi proposer et commenter les métaphores de l’organisation comme machine, organisme, cerveau, culture, système de gouvernement, prison du psychisme, flux et transformation, instrument de domination.

C’est le recours à la métaphore qui, à ses yeux, permet de se confronter à la complexité des situations afin de les rendre intelligibles. C’est donc elle qui donne vie à l’image. La métaphore crée le "tout" que la métonymie, qui relève pourtant d’une autre figure de style, explore d'où le jeu de la métaphore, de la métonymie dans l'image pour ce qu’elle a à nous dire. Remarquons ici que la métonymie passe elle aussi par une image et, qu’à ce titre, elle produit un effet du même ordre que celui de la métaphore. C’est la métonymie qui permet de parler du tout pour la partie et de la partie pour le tout. Dans le sens où nous l’employons ici, c’est donc un opérateur de même type que la métaphore. C’est ainsi que

---

[10] Gareth Morgan, *op. cit.*, p. 3.

parler de l'entreprise pour induire une description implicite de ses acteurs ou du dirigeant pour représenter l'entreprise relève de la métonymie. Le décalage de la métaphore (comme de la métonymie donc) suppose donc en effet l'existence d'un modèle, mais remarquons à nouveau ici combien les représentations idéologiques influencent la création des éléments de " réalité " qui vont dans le sens de ce qui est porté par les représentations.

Le modèle offrirait donc, en quelque sorte, une intelligibilité au " premier degré " dont l'image permet de parler. Cette image médiatrice peut elle-même être au premier degré et répondre ainsi au sens primaire de la métaphore en parlant d'un élément par un autre élément. La métaphore peut aussi se référer à un champ de savoir et ainsi valider implicitement ou explicitement le recours à ce champ pour parler de l'objet considéré. Par exemple, parler du " jeu naturel de la loi de l'offre et de la demande " dans le contexte d'une métaphore organique du marché conduit à se référer à une validation d'une posture naturaliste, du savoir de la biologie ou de celui des sciences de la nature (et donc des modes scientifiques qui y sont associés). La métaphore libère la fonction créatrice du langage dans les catégories de l'imagination et des représentations. Au sens strict du terme, la métaphore élargit là où la métonymie réduit mais ici, au regard des critères de l'idéologie, il s'agit bien d'opérateurs du même ordre.

Les formes créatrices libérées sont ainsi vues sous trois aspects d'ampleur croissante :
- le transport (forme de la rhétorique classique) qui concerne le mot choisi et la forme qu'il indique,
- la ressemblance (dont le décodage relève de perspectives sémiotiques ou sémantiques) qui concerne la phrase et ce qu'elle indique,

- la conaturalité (d'ordre herméneutique) qui concerne le discours et vise la proximité des références.

Le glissement ainsi opéré conduit au dédoublement de la référence et offre un pouvoir de redescription à partir de cette image dédoublée. Il permet ainsi de sortir de la tautologie (qui serait donc plutôt de l'ordre du modèle dans la démonstration que nous proposons ici) et invite à penser par ce qui est différent. Mais le glissement d'image indique aussi la coréférence entre les deux termes, qui vient en constituer le " point fixe ". Dans l'interprétation la plus large, il s'agit, par exemple, d'un état des savoirs. L'engendrement des signifiants conduit à une justification implicite de la métaphore et lui attribue le statut de nouvelle référence dont l'univers d'interprétation, pour autant que ces signifiants-là sont légitimes, trouve son intelligibilité dans l'idéologie. Il se pose ainsi la question de savoir pourquoi les métaphores émergent à un moment donné.

L'aspect le plus important du recours à la métaphore est celui de la libération du discours. Elle conduit à proposer une conception du monde à partir d'une invention et c'est ce monde-là qui, s'il est perçu comme légitime, vient créer les éléments de sa réalisation et permet le passage de l'invention langagière à l'innovation de sens.

D'une certaine manière, la métaphore est au langage poétique ce que le modèle est au langage scientifique. Le problème se corse lorsqu'un modèle est rendu intelligible au travers d'une métaphore et que la confusion langage scientifique – langage poétique s'opère ainsi. Et c'est bien à cela que nous sommes confrontés dans les littératures de gestion. En effet, le modèle scientifique pose la question de la preuve et la métaphore rend non seulement le modèle intelligible, mais elle tient lieu et détruit la preuve en même temps (puisqu'elle n'en est pas véritablement une). Nous indiquons par là le paradoxe de la métaphore qui, par l'ouverture de l'espace de l'autoréférencialité, conduit en même temps à de la production et à de la destruction de sens. C'est en cela que des liens majeurs s'établissent entre modèle, métaphore et idéologie dans les littératures de gestion. En effet, au nom d'une idéologie, on indique un univers de Raison (et donc de " bonnes raisons ") et, par le recours à la métaphore, on peut en indiquer d'autres qui se situent, pour leur part, en dehors du champ de la raison et mettre par là en route toute une dynamique de renforcement (et de déformation).

La métaphore (comme la métonymie donc) permet en effet de penser par ressemblance et substitution. Ce que Gareth Morgan qualifie de décodage montre ainsi la fonction de la métaphore qui n'est certes qu'un moyen mais avec une visée créatrice, un pouvoir de redescription mais aussi un projet idéologique. Comme le souligne Paul Ricoeur dans *La métaphore vive*[11], la métaphore suppose une coréférence entre les deux termes qui constitue ce qui va créer les signifiants qui fonderont la référence implicite de la métaphore. Elle libère le discours en le rendant inventif. La question qui se pose ici est de savoir ce qui constitue la référence entre les métaphores utilisées et l'entreprise et ses pratiques. Pourquoi cette coréférence émerge à un moment donné dans les littératures de gestion ? Comment ces littératures-là se renforcent les unes les autres et ce qu'elles signifient ? Et c'est au travers de l'observation des interactions sociales entre pratiques et savoirs de gestion qu'il est possible de répondre à ce questionnement.

Il est alors intéressant de se référer à deux constats :
- Les phénomènes managériaux tendent à s'expliquer idéologiquement pour des raisons liées au rapport à l'observation des comportements des acteurs en privilégiant une approche comportementaliste et éthologique, c'est-à-dire

[11] Paul Ricoeur, *La métaphore vive*, Seuil, Paris 1975.

une situation qui réduit les comportements à leurs manifestations observées et qui traite alors les acteurs comme des “ boîtes noires ” qui peuvent ainsi s'exprimer par des images. Il se pose donc le problème du lien entre un savoir de gestion qui se détermine à partir de deux aspects - la vie et la société - et la manière dont il s'exprime dans les littératures de gestion.

- L'entreprise est comprise à partir des manières et des pratiques au travers desquelles elle fonctionne, d'où l'importance de la métaphore et de la métonymie par l'analogie qu'elles indiquent et l'occultation des hiérarchies de pouvoirs qu'elles opèrent.

Rappelons à cette étape qu'*ethos* signifie en Grec mœurs, habitude et que la référence au système de valeurs comme impensé des habitudes joue un rôle très important dans le savoir du management (cf. le concept de culture qui cherche à rendre intelligible le comportement des acteurs dans l'entreprise par référence aux habitudes et à leurs fondements).

Il est également nécessaire d'envisager le statut de l'analogie dans le processus de connaissance qui sert à représenter l'entreprise comme le propose Gareth Morgan. Ceci est d'autant plus aigu dans le contexte actuel où l'objet entreprise est de moins en moins spécifié car considéré comme étant de plus en plus central et où la manière de le nommer sert en conséquence à le spécifier. Il s'agit donc d'une situation où le problème de la pathologie de l'entreprise est au premier plan. On est alors confronté au processus de justification qui s'instaure entre la façon de parler de l'entreprise et la pathologie de l'entreprise elle-même.

N'oublions pas, à cette étape, le rapport qui s'établit entre la justification qui est liée au jeu des interactions sociales et le juste qui est la légitimation d'une vérité adéquate, donc capable, dans le champ des sciences des organisations, de caractériser un objet comme l'entreprise, ce qui permet aussi de justifier que des théories puissent apparaître plus justes que d'autres à un moment donné. En effet, du fait du jeu des interactions sociales, la logique de la justification va conduire à mettre en évidence les " bonnes raisons " qui fondent la référence à tel modèle, telles méthodes, telles pratiques et tels indicateurs de gestion et à choisir d'en parler plutôt que d'autres. Ces indicateurs vont, en quelque sorte, justifier le modèle qui prévalait à leur mise en exergue et venir ainsi le renforcer dans un processus d'autoréalisation. En ce sens, croyances et attentes jouent un rôle essentiel ce qui conduit à la mise en exergue du concept d'idéologie et de son rôle dans la représentation de l'entreprise et de sa place dans la société telle qu'elle ressort des littératures de gestion.

10. La notion de figure

Tout comme le modèle, mais de façon plus " graphique ", la figure est une abstraction " graphique " de la réalité, une réduction à l'essentiel. Mais le concept de figure appartient aussi au champ lexical du théâtre, avec le thème de la figuration. Or, les littératures de gestion tendent bien à figurer l'entreprise tout comme ses acteurs sous forme d'archétypes compte tenu de l'illusion d'une réalisation qu'elles mettent en scène.

Rappelons que, au regard de cette notion de figure, Ernst Jünger[12] met en avant la figure du travailleur dans l'univers d'une représentation d'un ordre politique. La figure apparaît comme ce qui englobe plus que la somme de ses parties et constitue, à cet égard, un point d'entrée dans la compréhension d'un projet des littératures de gestion. La

[12] Ernst Jünger, *Le travailleur*, Christian Bourgois Editeur, Paris 2001 (édition originale Berlin 1932).

notion de figure se situe “ *au-delà des appréciations de valeurs morales et esthétiques aussi bien que scientifiques. Dans ce domaine, ce qui importe d'abord, ce n'est pas de savoir si quelque chose est bon ou mauvais, beau ou laid, faux ou exact, mais le genre de Figure auquel il appartient* ”[13]. Là où nous posons le projet des littératures de gestion comme celui de faire figurer (y compris sous son aspect esthétique) les “ sciences des organisations ”, Ernst Jünger s'est trouvé confronté à la nécessité de faire figurer le bourgeois et son projet. La figuration est donc bien autre chose que de suivre le jeu des apparences comme déclassement de la critique. A l'extrême, elle conduit d'ailleurs à la caricature qui propose, quant à elle, une exacerbation du sens. Le recours au concept de figure comme élément de compréhension des littératures de gestion importe donc aussi, en liaison avec ce qui vient d'être dit du modèle, de l'image et de la métaphore. En ce sens, figure et figuration ont pour projet de faire apparaître l'invisible, de le représenter.

Au-delà du modèle, de l'image, de la métaphore et de la figure vient se poser la question de la représentation, toujours dans la perspective de comprendre le projet des littératures de gestion.

11. La représentation

Comme le souligne d'ailleurs Jean-Michel Besnier[14], la question de la représentation est une des plus vieilles questions de la philosophie. Elle recoupe le thème de la vérité, c'est-à-dire la question de la conformité des idées avec

---

[13] Ernst Jünger, *op. cit.*, p. 72.

[14] Jean-Michel Besnier, “ Les paradoxes de la représentation ”, *document de travail DRISSE*, C.N.A.M., Paris 2001.

les choses. La question de l'organisation au travers des concepts de clients, de service, de marché est bien sûr aussi celle de la vérité. Et la stratégie recherchée par le recours à ces représentations dans le cadre de l'organisation n'est-elle pas la recherche de la production d'effets ? Ne s'agit-il pas d'induire des actions, d'élaborer des décisions plutôt que de se confronter au thème de la vérité ?

Focaliser l'attention sur la question de la représentation, c'est reconnaître la part accordée au modèle pour ce qui concerne l'organisation, l'entreprise, le client, le service et le marché. C'est aussi prendre conscience de l'importance des idées en particulier au regard de la crise de conscience des acteurs de l'entreprise dont la thématique des valeurs est aujourd'hui représentative, crise de conscience qui est aussi crise des représentations pour ce qui concerne la dimension politique de l'activité d'entreprise. C'est aussi la question des limites des théories scientifiques et de leur fondation en vérité dont il sera question aussi lors de l'examen du concept d'idéologie. L'intrusion de la question de la représentation en gestion est bien le signe d'un rêve, celui de faire de ce domaine une science humaine en venant en occulter la dimension profondément politique.

La notion de représentation comporte des constantes : il s'agit de reproduction du réel par rapport à un certain point de vue comme on le voit dans l'utilisation du terme pour le théâtre et la peinture, par exemple et elle se situe en ce sens dans le même champ lexical que la figuration. L'art de la représentation marque bien la prétention à la vérité par la " bonne " imitation. La question qui se pose est donc bien celle d'une vérité (ou non) au-delà de la représentation, cette vérité étant dans la chose elle-même et non dans la duplication. Selon les termes de Jean-Michel Besnier, la représentation n'est alors qu'un " idéal asymptotique ". La représentation est faite alors pour être dépassée dans la mesure où elle n'offre qu'une présentation limite du réel. La représentation " fait écran " en quelque sorte en n'offrant qu'une vision superficielle à dépasser. Comprendre revient alors à dépasser les représentations. Mais celle-ci pose également le problème de la vérification dans la mesure où la représentation est " extériorité, finitude, limitation "[15]. La posture qui vient fonder le bien fondé de la représentation est la posture empiriste. C'est à ce titre que l'on est amené à considérer que la représentation donne accès à l'objet. Mais cette posture se heurte à l'épaisseur de la représentation comme intermédiaire entre le sujet et l'objet de la représentation. Autrement dit, il s'agit bien de penser l'idée par élément de l'idée. La représentation suppose un tiers, forcément extérieur et ne peut conduire qu'à une construction abstraite et biaisée. Pour être " scientifique ", il s'agirait donc de supprimer la représentation par mise en avant d'un processus d'évaluation de l'ordre de l'immédiat. Ce qui fait pourtant la force d'une représentation (et l'on recoupe à nouveau ici le concept d'idéologie), c'est qu'il s'agit d'un " attracteur " qui réunit les atouts de la mémoire et attribue un sens à l'avenir.

La représentation produit en quelque sorte le renversement de ce qui est vers ce qui doit être. La représentation rend alors possible ce que ferme la perception. La représentation est " duplication " certes, passivité, " épidémiologique ", donc collective là où la perception est construction, activité, fragment de mémoire et d'imagination, sensation mais individuelle.

La représentation est aussi occultation du fondement, démarche de valorisation d'un préférable par la médiation du langage donc héritant ainsi des attributs de la Raison. La représentation est alors plus projet de cohérence que fait d'adéquation. La représentation conduit alors à la question de

---

[15] Jean-Michel Besnier, *op. cit.*

la justification passive et active (ne s'agit-il pas de " vendre " son modèle avec la convocation d'arguments de cohérence, de pertinence (tant interne que par rapport à l'objet représenté). La représentation est alors aussi " projet de connaissance "[16].

Corinne Enaudeau[17] pose ainsi la représentation par rapport au thème de la conviction, de la recherche d'un pouvoir efficace dans une volonté de conduire la conduite quand on l'exprime au regard de l'organisation, de l'entreprise, du client, du service et du marché. La représentation tient alors du pouvoir de faire-faire dans un projet " d'entraînement " des autres pour qu'ils mobilisent leur pouvoir de faire par mobilisation de l'inépuisable " ressource humaine ". La représentation dans l'entreprise n'a-t-elle pas alors pour projet de " gouverner l'indétermination des hommes pour en faire la détermination de la richesse ? "[18]

Il s'agit alors de faire émerger du stable dans le paradoxe d'un homme aux prises avec l'absence de la chose (visée par la représentation) et l'indétermination du sujet. Le capitalisme comme ordre politique table alors sur ce qui nous sépare de nous mêmes pour remplir son projet d'accumulation indéfinie. Corinne Enaudeau met donc l'accent sur le " re " de représentation. Et s'il y a répétition, réplique, d'où vient l'original ? Est-il antérieur ou extérieur ?

La représentation institue le représenté, elle le fait " exister " au point de pouvoir le remplacer. " C'est une valeur, non de duplication, mais de synthèse "[19] car elle " pose " l'objet en le projetant. " Se représenter " les choses

---

[16] Jean-Michel Besnier, *op. cit.*

[17] Corinne Enaudeau, " Les paradoxes de la représentation ", *Document DRISSE*, C.N.A.M., Paris 2001.

[18] Corinne Enaudeau, *op. cit.*

[19] Corinne Enaudeau, *op. cit.*

est bien une expression pronominale qui consiste à adresser les objets à sa “ scène mentale ”. L’esprit fait de lui-même une scène (c’est-à-dire construit un dispositif théâtral (spatial) conformément à l’acception courante du terme. Cette auto-représentation, visualisation des objets revient à se les figurer dans un processus où l’on se représente les autres et soi-même dans un projet d’articulation[20] pensée - action. C’est une activité subjective d’accès au monde, mais d’un monde hors de soi et en soi à la fois. La critique de la représentation vise donc la toute puissance ainsi conférée à la subjectivité. “ Mais la représentation prélève du stable sur le flux, du discret sur le continu, ce qui est une rupture ”[21]. C’est une pause qui donne au sujet son pouvoir d’entreprise.

La représentation pose aussi la question de la conviction, c’est-à-dire celle du rapport du sujet avec ses pensées. Un jugement n’est connu comme vrai que dans une expérience, un vécu et la représentation se tisse donc en même temps. Elle n’est donc pas, à ce titre, un phénomène second. La représentation joue avec la conviction comme mode d’anéantissement du doute et de l’incertitude. La conviction qui accompagne la représentation n’est pas une représentation. C’est un acte à la fois passif et actif (on se soumet car on est “ vaincu ”) et l’on soumet par la mobilisation d’un objet de pensée totalement adéquat.

L’activité d’entreprise est totalement fondée sur la conviction car la coercition est contre productive au regard des bénéfices tirés de l’adhésion, d’où le projet totalitaire de soumission volontaire. L’autorité coercitive est suspecte car rigide mais la conviction l’est aussi (cf. la conviction sans preuve face à l’incertitude). C’est donc bien une forme de paradoxe de vouloir à la fois se convaincre d’une

[20] Corinne Enaudeau, *op. cit.*
[21] Corinne Enaudeau, *op. cit.*

représentation et de sa relativité. Les acteurs sociaux se mobilisent donc autour de projets “ fugaces ” car le temps en induit l’usure ou l’achèvement et la représentation en indique la stabilité et le modèle en même temps. Il s’agit d’engager et valider par rapport à une situation d’incertitude. C’est là que se situe, aux yeux de Corinne Enaudeau, le paradoxe de la représentation qui à la fois identifie et se confronte à la plasticité des situations, ce qui est aussi le modèle de la “ performance ” (esthétique et d’entreprise). Or, souligne toujours la philosophe, la conviction est liée à l’excitation qui est aussi l’ignorance de ce que le sujet attend de l’objet excitant. L’excitation déborde tous les objets et toutes les représentations, mais, en même temps, elle se stabilise dans la représentation dans une “ profonde conviction ” qui s’obtient d’un aller-retour entre le mouvement et le repos, l’excitation et la stabilité. Il s’établit donc un jeu entre conviction et représentation, la conviction se partage, mais se forge d’abord dans le quant à soi tandis que la représentation ne se déplace que de manière réglée, comme fruit d’un processus d’élaboration qui requiert donc du temps.

Mais il est nécessaire, à cette étape du raisonnement, d’approfondir l’univers de l’idéologie et de la croyance qui est celui dans lequel modèle, image métaphore et figure plongent leurs racines dans la mesure où modèle et métaphore conduisent à créer un monde qui soit cohérent avec ce qu’ils portent en eux, monde qui est lui même représenté par les littératures de gestion. Ce qui est en cause à partir de cette littérature est donc à la fois la question de la déformation et la question de la preuve.

12. A Propos d’idéologie

L’idéologie comme justificatrice - productrice de représentations mérite ainsi que l’on s’y intéresse dans la mesure où cette création va aussi dans le sens de la validation – construction de préjugés au sens positif (c'est-à-dire au regard d'un projet de marquage d'un champ disciplinaire) comme au sens négatif du terme avec l'aveuglement. Ce qui est en cause ici, c'est bien de la question de la déformation, du statut de la preuve quant aux représentations nées de la reconnaissance d'un impact idéologique. Les représentations ainsi construites nous livrent en effet une structure interne du monde dont la validation se trouve aussi bien être objet de science que construction de vérité dans un projet de " connaissance " de ce monde. L'idéologie est proche du concept de culture car elle pose le problème de la contingence de la représentation à un système de valeurs mais elle s'en distingue aussi du fait de la variabilité de son contenu et de la façon dont elle s'articule aux références " ultimes ". Tout comme la vie culturelle, il s'agit de " gérer " les rapports entre des éléments de représentations dans une manière de résoudre les incompatibilités qui en résultent. L'intrusion du concept de système de valeurs indique que l'idéologie, tout comme la culture, est un processus d'évaluation mais aussi celui de l'affirmation d'une vérité en rapport avec des attentes. Idéologie et culture ont quelque chose à voir avec un processus d'identification et le support d'un projet de vie.

Avant de poursuivre plus avant sur le statut du concept d'idéologie, peut-être est-il nécessaire de préciser le sens de deux notions connexes avec lesquelles il se fonde, tout comme le concept de culture, celle de règle et celle de valeurs dans leur vocation à marquer un champ disciplinaire.

12.1. La notion de règle

L'idée de règle renvoie en effet à celle de conscience car une règle n'est que règle consciente. Ce qui distingue la règle de l'habitude c'est qu'il est nécessaire de connaître et de reconnaître en vérité les règles pour s'y conformer. Tout comme l'idéologie, la règle indique le comportement à avoir dans des circonstances précises et n'a donc pas de valeur universelle. La règle s'applique donc dans les limites d'une situation, mais dont les circonstances se trouvent être relativement stables. A la limite des circonstances de la règle, se trouve la convention. La règle va donc osciller entre la convention aux fondements purement formels et la référence aux situations sociales. Elle possède à la fois la fonction arbitraire d'une règle du jeu et celle, rationnelle, de porter du sens. Mais le concept de règle comporte aussi l'idée de l'imitation, légitime et inviolable, dont l'impact dans l'univers idéologique tout comme dans l'univers esthétique est très important (être artiste est ainsi en quelque sorte faire comme cela doit être fait, à la manière de ...). C'est aussi plus généralement la référence légitime à l'état de l'art.

12.2. La notion de valeur

Pour P. Foulquié[22], on entend par valeur " *tout ce qui réaliserait la nature propre de l'agent moral (valeurs idéales), ou cette réalisation elle-même* ". Kant et Mencius parlent de la transcendance des valeurs comme nous le dit François Jullien[23] : " *ce qui fait qu'un homme est prêt à sacrifier sa vie, plutôt que de transgresser son devoir, nous dit Kant (...) est qu'il a conscience alors de " maintenir " et " d'honorer " dans sa personne la dignité de l'humanité. Car il est deux sortes de " dignité " dit Mencius : les dignités naturelles, " conférées par le ciel " (l'humanité, le sens du devoir, la loyauté ...) et les dignités sociales " conférées par l'homme " (prince, ministre, grand préfet ...). Si l'homme*

[22] P. Foulquié, *Dictionnaire de la langue philosophique*, P.U.F., Paris 1995, p. 750.
[23] François Jullien, *Fonder la morale*, Grasset, Paris 1995, p. 141.

peut souffrir de paraître à ses yeux indigne de vivre, poursuit Kant, c'est qu'il peut renoncer complètement à la " valeur de sa condition " (matérielle et sociale), mais non à la valeur de sa personne ". Cette lecture parallèle entre Kant et Mencius marque bien l'universalité des catégories du questionnement sur les valeurs puisqu'elle se réfère à des lieux et à des époques radicalement différentes alors même que Kant ne connaissait pas l'œuvre de Mencius.

Les domaines d'application de la notion de valeur sont très nombreux (économique, éthique, esthétique, politique, social ...). De façon relative, la notion de valeur trouve ses fondements dans l'économique par référence à l'utilité. On retrouve la même idée dans le caractère attachant d'une chose, mais dont la relation se trouve reposer sur un groupe social : l'intelligence est ainsi désirable, utile et possède alors une valeur mais aussi la bonne manière de se représenter les choses Plus globalement, c'est à ce sens là que se rattache l'idée de valeur sociale. Au regard de cette conception, se trouve fondé le concept de valeur absolue, comme dans le domaine de l'éthique où ce concept tient une place essentielle dans la problématique de la moralité. Le concept de valeur se positionne enfin au regard du caractère d'une fin (être au service de telle valeur) qui peut être d'ordre esthétique, éthique, idéologique, politique, religieux ... L'acteur ajuste sa conduite à la fin à laquelle il s'astreint. L'action rationnelle en valeur se trouve ainsi commandée par la valeur exclusive poursuivie et se trouve ainsi au centre de la morale de conviction chez Max Weber (*Gesinnungsethik*) qui la distingue, par son caractère d'irrationalité, de l'activité rationnelle en finalité (*Zweckrational*).

Comme le souligne Ruwen Ogien[24], les énoncés en termes de valeurs peuvent être évaluatifs, prescriptifs

[24] Ruwen Ogien, article " normes et valeurs ", *Dictionnaire d'éthique et de philosophie morale*, P.U.F., Paris 1996, pp. 1052-1064.

(impératif de type il faut ...) ou directifs et c'est ce qui fait toute la difficulté du concept. La perspective les concernant peut être aussi bien axiologiques (à composante descriptive comme courageux, généreux etc ...) que normative (bien, mal, meilleur, pire etc ...).

C'est Pierre Livet qui signe l'article consacré au concept de valeur dans l'*Encyclopedia Universalis* en soulignerait l'emploi du concept le plus souvent au pluriel et il constate ainsi que " *les individus agissent au nom de valeurs non seulement qui s'opposent, mais dont on peut se demander si elles sont comparables entre elles. Du coup, la suprême valeur n'est-elle pas la liberté, puisque c'est elle qui nous permet de choisir entre les autres valeurs ? (...) On trouve cette idée aussi bien chez un libéral comme Robert Nozick que chez un tenant de l'irréductibilité de l'éthique comme Emmanuel Lévinas. La différence est que, pour Nozick, je peux me reconnaître moi-même comme porteur de valeurs, alors que pour Lévinas, c'est toujours dans le visage d'autrui que je rencontre l'exigence de valeur* ". Il souligne aussi le contenu prescriptif de la référence aux valeurs mais dans une perspective plus large que celle de norme et celle d'obligation, en particulier au regard de l'existence d'une sanction.

Les normes sont obligatoires dans leur domaine d'application, alors que les valeurs indiquent seulement ce qui est préférable, ce qui autorise le fait d'être plus ou moins en accord avec les propositions évaluatives. Les valeurs se situent dans le registre du prédicat ou de la préférence et peuvent ainsi ancrer le concept dans le cadre d'une théorie des choix rationnels. Mais il faut aussi parfois reconnaître que la norme implique un jugement de valeur et que certaines valeurs sont liées à des obligations de même que les normes sociales admettent des exceptions venant poser la question de la déviance. Jürgen Habermas note que les valeurs débordent le domaine de la théorie du choix rationnel, en distinguant les valeurs épistémiques (vérité, rationalité cognitive), le domaine de l'utilité technique, celui des interactions stratégiques (rationalité instrumentale), le domaine du normativement juste et celui de l'expression authentique (appartenant tous les deux à la rationalité communicationnelle).

François Chatel[25] consacre un article de l'*Encyclopedia Universalis* à la question spécifique du rapport normes – valeurs sociales. " *Dans le langage sociologique, une norme constitue une règle ou un critère régissant notre conduite en société (...) La norme acquiert une signification sociale dans la mesure où, comme le fait ressortir le terme de culturel, elle est jusqu'à un certain point partagée (...) Les normes représentent des attentes collectives liées à l'éventuelle application de sanctions qu'elles ont tout à la fois pour objet de spécifier et de justifier. Les normes définissent le comportement approprié, au niveau des usages, ou la conduite requise, au niveau des moeurs et des lois ; elles impliquent donc l'existence de principes plus généraux à la lumière desquels leurs prescriptions et leurs interdits peuvent être légitimés. C'est à ces principes qu'on tend à donner, dans la sociologie contemporaine, le nom de valeurs* ". La norme est prescriptive là où la valeur est la base d'un jugement. La norme est un mode d'incarnation des valeurs et ce sont elles qui fondent les modalités d'un contrôle social au regard de la conformité aux normes, fixant donc les limites de la déviance. La norme pose le problème de son intériorisation au-delà du calcul.

Face au subjectivisme, on peut avoir trois attitudes :

---

[25] François Chatel, article " normes et valeurs sociales ", *Encyclopedia Universalis.*

- reconnaître un statut fragile aux valeurs (dans nos pratiques, nous montrerions une " sensibilité " aux valeurs, tout comme nous sommes sensibles à des couleurs ou des formes),
- se résigner à cette situation et enfin tempérer l'absence d'objectivité par le recours à un accord intersubjectif comme chez Jürgen Habermas.
- reconnaître la relative autonomie des valeurs par rapport aux sujets du fait de leur statut d'entités sociales. " *La société s'impose aux individus, ses valeurs aussi. On rapproche alors la notion de valeurs de la notion de normes sociales* ".
Pierre Livet aborde donc la question de la disjonction des contextes de valeurs à partir de l'expression de " sphères de justice " de Michael Walzer et de celle de " cités " de Luc Boltanski et Laurent Thévenot.

Une des questions relatives aux valeurs est donc celle de l'existence d'une pluralité ordonnée des valeurs : l'agréable (les valeurs liées au fonctionnement d'un organe de sensibilité particulier), puis les valeurs vitales (l'accroissement de la vie, donc aussi ce qui est " noble "), les valeurs spirituelles (le beau, le juste, le vrai) et la valeur suprême (le sacré). C'est ce qui conduit à évoquer la différenciation possible des valeurs sur la base du critère de transposition dans d'autres contextes que celui du jugement de valeur initial, et le degré de convergence qu'elles requièrent pour fonder une communauté de jugements. C'est donc la perspective contextuelle qui interfère ici dans la mesure où le concept de valeur fonde la dialogique valeurs personnelles – valeurs impersonnelles.

C'est le triomphe de l'économie de marché qui a forgé la croyance en la primauté accordée à la valeur d'échange qui, contrairement à la valeur d'usage qui tient à la spécificité des objets et à ce qu'on peut en faire, propose une perspective générale. C'est aussi la valeur économique qui permet d'ancrer le concept dans la dualité utilité – préférence,

“ objectivant ” en quelque sorte une perspective subjective à partir d’une règle d’ordre fondant la rationalité du choix. “ *On est donc en présence d’une théorie relativiste, qui n’a pas besoin de fixer un repère extérieur aux agents* ” nous dit Pierre Livet.

Il pose enfin la question de savoir si le système des valeurs est une construction plausible dont la réponse dépend de la liaison établie entre les faits et les valeurs. Il s’agit ici de mieux cerner les raisons qui permettent de changer nos positions et qui dépendent de notre façon de définir ce qui est important et ce qui ne l’est pas. C’est ce qui conduit à examiner le statut d’une approche émotionnelle de l’expérience de valeur. Comme le souligne Pierre Livet, “ *l’intérêt d’une telle perspective est de pouvoir établir une analogie entre sentiment de valeur et jugement vrai, et donc de pouvoir dire en quoi un sentiment de valeur est ou non justifié : il faut que la situation possède cette propriété axiologique (...) On parlera ici de “ légitimité ” du rapport entre l’objet de l’expérience de valeur et le contenu du sentiment de valeur. Dans les deux cas, on vise la relation du sujet à une valeur qui ne dépend pas de lui* ”. Mais les valeurs se distinguent des émotions, ces dernières étant liées à une différence de la situation observée avec nos attentes implicites, même si la répétition de la situation peut modifier progressivement nos attentes. Il y a en effet des attentes qui “ résistent ”. De plus, s’attendre à ce qu’une situation présente une valeur est avoir une attente de second degré là où les émotions sont de l’ordre de la réaction.

D’où les questions posées par Pierre Livet :

- Peut-on considérer les valeurs comme reposant sur des propriétés indépendantes de nous ? Nous prenons conscience de nos valeurs en confrontant nos attentes à l’épreuve des faits conduisant (ou non) à leur révision.

- Les valeurs sont-elles relatives à des cultures incomparables entre elles ? Cette question pose celle du relativisme et au thème de l'acculturation comme mode de révision. De plus, la sensibilité aux valeurs a vocation à évoluer avec l'expérience dans le temps.
- Existe-t-il une rationalité des valeurs, une rationalité axiologique qui soit parente mais différente de la rationalité instrumentale, c'est-à-dire celle qui se borne à ajuster les moyens aux fins ? C'est là encore que l'on se trouve confronté à la notion d'épreuve.

12.3. A propos de l'idéologie elle-même

Le concept est en lui-même particulièrement difficile. Il bénéficie et il souffre à la fois de deux influences majeures dans ses fondements : celle d'une perspective politique avec Marx et Engels et celle de la réaction sociologique au " sens large " puisque l'on peut y inclure aussi les auteurs de l'ethnologie (de Max Weber à Raymond Boudon en passant par Pierre Bourdieu, Karl Mannheim[26], Clifford Geertz[27] et Louis Dumont[28]).

C'est Joseph Gabel qui signe l'article idéologie de l'*Encyclopedia Universalis*. Il souligne ainsi, tout comme pour le concept de culture, l'existence d'une quantité considérable de définitions, beaucoup plus ancrées le plus souvent dans le champ du politique, guettées par le dogmatisme. " *On présente souvent une définition ni plus ni moins relative qu'une autre mais sacralisée par l'aval d'une autorité, ce qui permet de taxer ensuite d'ignorance ou de*

[26] Karl Mannheim, *Ideologie und Utopie*, Cohen Verlag, Bonn 1929.
[27] Clifford Geertz, Ideology as a cultural system in *The interpretation of cultures*, Basic Books, New York, 1973.
[28] Louis Dumont, *Homo Aequalis, Genèse et épanouissement de l'idéologie économique*, Gallimard, Paris, 1977.

confusion les tenants des définitions déviantes ". Le concept est présenté, soit de façon neutre (présentation systématique de ce qui est souhaitable), soit de façon péjorative. " *Une seconde distinction, importante quant à ses incidences épistémologiques, est celle qui existe entre superstructure et idéologie. Elle peut être rattachée à celle qu'envisagent certains auteurs anglo-saxons entre origine et détermination sociale de la pensée : le concept d'origine désigne une simple relation de causalité sociale, alors que le terme de détermination exprimerait plutôt l'appartenance à une structure partielle " de combat " que l'on peut soupçonner de " distorsion ". D'après cette définition, les superstructures sont donc d'origine sociale ; quant aux idéologies, elles sont déterminées par l'appartenance à une sous-totalité : classe, génération, entité ethnique, ou sous-culture* ". L'idéologie construit une vision du monde en structurant une vérité. Il est important d'en souligner " l'a-historicisme " et la vocation à constituer un socle de la résistance au changement.

Karl Mannheim, pour sa part, distingue le concept partiel et particulier (polémique et assumant le côté normalement égocentrique de la vie) de l'idéologie, de son concept total et général (structurel, auquel toutes les pensées sont redevables). A l'extrême, l'idéologie – tournée vers le passé ou visant à " faire durer l'état des choses (comme l'utopie d'ailleurs – tournée vers l'avenir et se rapprochant alors du concept de " mythe social ") est synonyme de " fausse conscience ".

Au sens strict du terme, comme tout concept ainsi construit, l'idéologie est la science des idées. Le suffixe *logos* indique deux choses : il s'agit de proposer une " logique de " et un " discours sur ", la " logique de " étant rendue intelligible par le " discours sur ". L'idéologie est ainsi corrélative, au XVIII° siècle, du projet encyclopédique de

Diderot & d'Alembert dans la mesure où il y est aussi bien question de classer des idées mais le projet idéologique ainsi formulé marque aussi une impasse. Sans doute était-ce le dernier possible ... Qui se hasarderait aujourd'hui à construire l'idéologie d'une encyclopédie sauf déjà contingente à un domaine ou alors en ne prenant que l'ordre alphabétique ... L'idéologie, au sens premier du terme, se trouve ainsi enfouie, sous l'ordre alphabétique, dans le jeu des corrélats. Mais le projet encyclopédique reste valide comme matérialisation du passage des pratiques au savoir. Celui la venait marquer l'état des choses au milieu du XVIII° siècle. Celui des littératures de gestion reprend la même logique dans son projet de marquage idéologique d'un champ disciplinaire, celui des " sciences des organisations ".

Dans une acception, qui domine largement aujourd'hui, il s'agit d'une "*pensée théorique qui croit se développer abstraitement sur ses propres données, mais qui est en réalité l'expression de faits sociaux*"[29]. C'est cette acception qui est à la fois à l'origine de la politisation et de la " sociologisation " du concept. C'est à ce titre que l'on n'échappe pas à son idéologie. L'idéologie va donc représenter l'idée fausse, la justification d'intérêts, de passions. La définition de l'idéologie se trouve coincée entre un concept neutre, une acception dogmatique (l'idéologie d'une société, d'un parti, d'une classe) et une acception péjorative dont on se sert pour déclasser les présupposés de l'autre. Dans tous les cas, c'est un " système " qui possède sa logique propre venant fonder des représentations (modèles, images, mythes ...). Comme le souligne Louis Althusser[30], elle ne se distingue de la science, en tant que système de représentation, que par le fait que la fonction pratico-sociale

[29] André Lalande, *Dictionnaire technique et critique de la philosophie*, P.U.F., Paris, 1991, p. 458.
[30] Louis Althusser, *Pour Marx*, Editions La Découverte.

l'emporte sur la fonction théorique. Les interprétations idéologiques ne sont pas le produit d'expériences concrètes mais une connaissance dénaturée venant contraindre l'individu à masquer les éléments de situation réelle ou à les délimiter pour ce qui nous concerne ici. L'idéologie est donc conservatrice dans la mesure où elle vise à faire durer un état donné des choses. L'idéologie n'est pas une vision du monde (qui se réfère au cadre historique dans lequel elle se construit) ; sa caractéristique a-historique en fait le tribut d'une vision du monde. Elle opère par dégradation du sens dialectique du fait de son caractère égocentrique et identitaire. Le privilège accordé au présent vient se parer de vertus scientifiques et autorise à questionner le passé en fonction des catégories d'identification mises en avant (pour ce qui nous concerne ici, il y aurait toujours eu des entreprises …).

Eve Chiapello[31] va donc ainsi souligner la dualité qui existe entre la définition politique, focalisée sur la distorsion et la dissimulation, idéologie dévoilée grâce au soupçon et la définition culturaliste qui propose une perspective englobante pour laquelle, comme dans toute représentation sociale, la distorsion est postulée et pour laquelle l'idéologie s'appréhende grâce à un travail de compréhension de l'autre.

Une théorie de caractère scientifique peut jouer un rôle de justification idéologique dans le sens où il y est fait recours pour justifier la constitution d'une société en un système d'équilibre stable (et donc justifier toute opposition au changement ou " forcer " un changement univoque, le discours pouvant donc être celui du changement comme aujourd'hui pour l'entreprise et la société). C'est par ce détour que vient se constituer la " sociologisation " actuelle de l'idéologie avec la mise en avant des changements

[31] Eve Chiapello, " L'esprit du capitalisme : une conception réconciliant deux sens principaux de la notion d'idéologi "e, in *Document DRISSE*, C.N.A.M., Paris 2001.

nécessaires au maintien de la stabilité sociale, les changements compatibles avec celle-ci et les fluctuations limitées autour d'une position d'équilibre. Ce détournement intervient par " sursaturation " causale avec la dichotomisation entre des facteurs " amis " et des facteurs " ennemis ". Mais c'est aussi ce qui facilite le marquage d'un territoire.

Peut-être en va-t-il ainsi de la mobilisation de la perspective " interactionniste " d'Anthony Giddens[32] qui conduit à l'idée non d'une idéologie qui s'impose mais d'une idéologie qui se partage dans une logique ternaire : idéologie – représentations – comportements. Représentation et idéologie posent ainsi le problème du rapport au réel du fait de la déformation de ce réel dans la représentation : cette déformation vient-elle construire l'idéologie ou l'idéologie est-elle la cause de cette déformation ? En quoi est-il possible d'y échapper ou non ? En fait, le processus de la représentation institue le représenté par l'intermédiation d'un discours. L'idéologie est donc alors d'abord de l'ordre du discursif.

Toujours pour étayer la thèse de la " sociologisation " du concept d'idéologie, en particulier au regard de la justification idéologique des représentations, référons nous à deux autres auteurs du champ de la sociologie (Luc Boltanski et Laurent Thévenot[33]) et remarquons aussi combien leur thèse et le modèle qui y est lié comporte une visée compréhensive. Le sujet général de leur ouvrage porte en effet sur la relation et les enjeux entre accord et discorde. Pour cette étude, les auteurs vont donc construire un cadre permettant d'analyser à l'aide d'instruments théoriques les différentes logiques d'action (par référence à des " mondes "

[32] Anthony Giddens, *La constitution de la société*, P.U.F., Paris 1987.

[33] Luc Boltanski & Laurent Thévenot, *De la justification - les économies de la grandeur*, Gallimard, N.R.F., Paris 1991.

marchands, civique, industriel, etc ...) qui est aussi peut être finalement une forme de contribution à la " sociologisation " du concept d'idéologie. Les auteurs vont en effet montrer qu'il existe six "mondes" différents qui constituent des sortes de cités correspondant à l'existence de pluralité des formes de généralités, cadres des représentations. L'hypothèse qu'ils défendent est ainsi que l'identification des mondes est une phase nécessaire pour construire des accords entre les agents par la reconnaissance d'un véritable " impératif " de justification. Les auteurs vont présenter les différents mondes à partir de l'analyse de manuels et de guides visant à enseigner la façon de se conduire avec discernement, dans des situations régies par chacune des formes de bien commun relevant de ces " mondes ". On est donc ici face à un décodage de " noyaux " idéologiques mais aussi de " noyaux " constitutifs d'une idéologie dans la mesure où ils déforment les représentations. Et c'est bien ce qui est aussi à l'œuvre dans les littératures de gestion.

La difficulté d'investigation du concept d'idéologie croît lorsqu'il est nécessaire de constater que des théories scientifiques peuvent s'intégrer dans des ensembles idéologiques. Réciproquement, le contexte idéologique peut favoriser le déclenchement d'une démarche scientifique d'autant que le statut de la preuve comme celui de l'erreur possèdent un positionnement spécifique dans les sciences humaines et donc dans les " sciences des organisations " (si on en accepte l'existence en tant que telle). L'idéologie amène à biaiser le choix entre des conceptions scientifiques parallèles mais aussi à en construire.

C'est en partie à ce projet que s'est intéressé Raymond Boudon[34]. Il reconnaît en effet que les modèles développés par les sciences sociales constituent des simplifications de la réalité et induisent des stratégies de justification (" *Les*

---

[34] Raymond Boudon, *L'idéologie*, Seuil, Collection Points, n° 241.

idéologies sont un ingrédient naturel de la vie sociale... les idéologies surgissent non pas bien que l'homme soit rationnel mais parce qu'il est rationnel ")[35] parce que l'acteur social est toujours " situé ".

Raymond Boudon centre l'appréciation des définitions de l'idéologie autour du critère de vérité. L'acception traditionnelle correspond à une forme de représentation de la réalité par idéal-type (simplificateur et que l'on ne rencontre donc jamais). Elle s'appuie sur des doctrines de type scientifique en établissant un lien entre des actes symboliques (médiation par la métaphore) et des réalités par recouvrement des argumentations de type scientifique, rhétorique, exégétique. Il va ainsi se référer aux travaux de Mannheim où l'idéologique est vu comme mise en exergue des idoles (d'où la déformation liée aux " préférences " de départ comme par exemple avec le dogme des classes chez Marx).

C'est ensuite ce qui va le conduire à élaborer une théorie restreinte de l'idéologie à partir de la proposition suivante : " Contrairement à une idée reçue, les idées reçues entrant dans la composition des idéologies, loin d'être toujours le fait de l'aveuglement ou de forces obscures échappant au contrôle du sujet, peuvent au contraire émerger normalement dans son esprit "[36] ce qui nous offre bien une entrée compréhensive dans les figures issues des littératures de gestion et celle d'une science sociale où les idées reçues sont un " produit normal de la science normale ". A ses yeux, il faut ainsi faire attention à l'importance de la situation de l'agent en prenant en compte des effets de position et des effets de disposition car ces deux aspects ont un impact sur l'intention de l'acteur. La position implique et la disposition ferme le champ des possibles.

---

[35] Raymond Boudon, *op. cit.*, p. 22.

[36] Raymond Boudon, *op. cit.*, p. 106.

L'agent sociologique est en effet “ rationnel ”. Il a intériorisé les “ dispositions ” d'où les effets de perspectives positifs ou négatifs de la représentation des conséquences d'une action. Il en va de même des effets de distance ou d'éloignement par rapport à une question.

L'idéologie ne peut, par ailleurs, être étudiée indépendamment des problèmes de communication (et donc de réception au regard des ressources cognitives et éthiques) des théories par la médiation du discours (et des métaphores) rendues intelligibles, pour ce qui nous concerne ici, par les littératures de gestion. D'où les réceptions “ métaphoriques ” de théories qui vient poser le statut scientifique et idéologique de la preuve (ce qui signe alors le retour de la question de la vérité “ en légitimité ”). L'idéologie se développe donc aussi au cœur du travail scientifique et, à ce titre, les paradigmes comme les champs disciplinaires concernent les idéologies. La validité “ en légitimité ” d'un champ est aussi liée à sa fécondité. D'où la résonance bonnes formes - bonnes raisons de dire les choses. Les notions de lexique, de paradigme et de modèles font ainsi système. Il est important de mettre en évidence, dans le processus idéologique, des effets de convergence théorie - faits, des cercles vicieux logiques occultés, du praticable qui, au nom des faits, est vu comme général. Il est donc nécessaire de distinguer entre la validité d'une configuration et son intérêt d'où l'importance, à cet égard, de la séduction, de la sympathie et l'importance de la médiation d'une Autorité pour conférer une valeur supérieure à une perspective par rapport à d'autres. L'idéologie peut donc se greffer sur un champ scientifique. Raymond Boudon souligne aussi l'importance de la réapparition métamorphosée des idéologies (pouvant être ainsi perçues comme des idées nouvelles). L'explication, plutôt du domaine de la science est plus facile que la prédiction (plutôt du domaine de l'idéologie) mais le versant idéologique de la science est bien la prédiction et le versant scientifique de l'idéologie est bien l'explication et l'importance, aux yeux de Raymond Boudon, des noyaux durs " scientifiques " dans les idéologies ne fait aucun doute.

A titre de synthèse, peut-être est-il d'abord nécessaire de percevoir l'idéologie non comme un état mais comme un processus où l'identification idéologique opère par simplification et répétition (incantation peut-on dire pour l'aspect péjoratif du terme idéologie).

C'est aussi en se référant à Paul Ricœur[37] et à Jean Baechler[38] qu'il est envisageable de discuter du concept d'idéologie. Paul Ricœur le perçoit en liaison avec celui d'utopie, idéologie et utopie étant tous deux les produits d'une imagination sociale et culturelle. L'imagination sert d'opérateur dans la mesure où, à la fois, elle déforme la réalité mais aussi elle structure notre rapport au monde. La déformation de la réalité en constitue l'aspect négatif et la structuration du rapport au monde l'aspect positif. En ce sens, nous ne sommes pas si éloignés de l'image, de la métaphore et de la figure dans leur vocation à offrir une intelligibilité de l'organisation, du marché et du client.

Le processus de justification dans l'idéologie conduit à une première interrogation sur les rapports qui peuvent s'établir entre légitimité et idéologie. Reprenons d'abord ces deux notions sous leur forme restreinte et négative et établissons, en quelque sorte, le rapport qui peut s'établir entre les deux.

La légitimité peut être vue, au sens politique du terme, comme une situation dans laquelle on assiste à la coïncidence entre le pouvoir et l'autorité. Le titulaire d'une position de pouvoir est en même temps celui qui en possède l'autorité

[37] Paul Ricœur, *L'idéologie et l'utopie*, Seuil, Collection la couleur des idées, Paris 1997.
[38] Jean Baechler, *Qu'est-ce que l'idéologie ?*, Gallimard, Paris 1976.

(morale bien sûr mais aussi, à notre époque, en termes de savoir-faire et d'expertise, ce qui contribue d'autant à la mise en avant, au nom de l'expertise, de la rationalité procédurale comme mode de gouvernement dans les entreprises et dans les organisations) et ainsi au recours à des littératures qui servent de support.

En se référant à Marx, Habermas, Weber, Mannheim, Fourier et Saint-Simon, Paul Ricoeur questionne le préjugé qui consiste à associer idéologie et utopie à illusion en omettant d'approfondir comment chacune d'elles se construit autour de structures symboliques et, j'ajouterais aussi, la vocation de l'idéologie légitime à “ créer ” la réalité comme cela a déjà été souligné. Cette conception de l'idéologie la fait entrer dans le champ de la représentation, comme une sorte de masque invisible où elle génère la représentation et vice-versa.

L'idéologie est une thématique récurrente de la philosophie politique et utile en cela pour qui s'intéresse à la genèse du champ des “ sciences des organisations ”. Il est nécessaire, à cet égard, de se référer à Karl Marx[39]. L'idéologie est alors considérée comme tout ce qui s'oppose à la *praxis*[40] sur la base d'une dialectique : ce qui est considéré comme réalité est en fait idéologie, c'est-à-dire représentation inversée d'où la nécessité du renversement dialectique (l'homme est un individu qui travaille, alors que l'idéologie offre la représentation d'un capitalisme, représentation abstraite et inversée du travail humain). On peut, à ce titre, se poser la même question pour ce qui est de l'organisation.

---

[39] Karl Marx & Friedrich Engels, *l'Idéologie allemande*, Editions sociales, Paris 1972.

[40] Karl Marx fait jouer un rôle important à la praxis dans la mesure où l'action collective sous ses formes techniques, économiques et sociales peut être considérée comme fondement et juge de l'idéologie.

Louis Althusser déplace le champ du concept d'idéologie en l'élargissant à ce qui n'est pas consciemment assumé par un auteur. L'idéologie est ainsi perçue comme quelque chose qui ne se comprend pas soi-même, approche fondamentalement structuraliste qui indique aussi sa limite : il y a ainsi du sens qui s'exprime dans un champ sans que cela ne soit assumé par les auteurs qui s'y intéressent. Rappelons alors à nouveau la vision programmatique proposée par Jean Baechler qui définit l'idéologie comme un opérateur qui se manifeste par deux aspects : une simplification au travers des représentations sur lesquelles elle s'appuie afin de les rendre opérantes et une incantation construite sur ces représentations. Simplification parce qu'elle réduit la complexité des situations à une intelligibilité factice et incantation car il s'agit de répéter inlassablement les " slogans " issus de cette simplification et que les moyens de répétition sont aujourd'hui d'une force inégalée. Dans ce jeu d'aller - retour entre vérité supportée par la métaphore et création des éléments de réalité qui aillent dans ce sens-là, l'organisation, qui est ici vue comme fondement de la socialité en offre ainsi l'objet. D'où l'accent mis sur la boucle réalité - représentation - réalité qui amènerait à considérer l'impossibilité, pour un sujet, de vivre en dehors de l'idéologie qui préexiste ainsi à toute représentation. L'imagination est alors partie intégrante de la représentation et du rapport au monde. Le rapport au monde ne peut donc se poser dans les termes d'une approche scientifique ou non mais dans celui d'une idéologie où il serait nécessairement symbolique. Paul Ricœur se réfère ainsi à Clifford Geertz pour qui l'interprétation des symboles culturels est fondamentale pour décoder les représentations. L'idéologie n'est donc pas une distorsion de la réalité mais ce qui la constitue.

L'idéologie est donc fausse, mais elle confère du sens et elle est donc vitale à ce titre. L'idéologie n'est pas distorsion, elle est opératrice d'intégration en fournissant le support symbolique et métaphorique des représentations. Elle conduit alors à un processus de légitimation du pouvoir. Paul Ricœur se réfère ainsi au concept de légitimité mis en exergue par Max Weber comme mode de croyance permettant d'asseoir le pouvoir sur d'autres bases que la seule contrainte. L'obéissance fonctionne aussi sur la croyance. L'idéologique forme ainsi, en dualité de l'appareil organisationnel, une catégorie immatérielle duelle de la forme matérielle de l'organisation. L'idéologie offre au pouvoir les représentations dont il a besoin pour fonctionner.

12.4. A propos du “ Qu'est-ce que l'idéologie ? ” de Jean Baechler

C'est en soulignant combien écrire sur l'idéologie est une entreprise périlleuse du fait de l'arbitraire dans la définition du concept que Jean Baechler nous aide à indiquer les contours du projet qui est ici d'envisager l'organisation et le discours dominant qui lui est propre comme fondement de l'action de l'entreprise. C'est pourquoi cette question de l'idéologie est ici aussi importante. Jean Baechler va en effet construire les développements qu'il offre dans l'examen de la question de l'idéologie en lecture parallèle, en tressage pourrait-on dire aussi avec celle de liberté.

La nature de l'idéologie est pour lui celle d'un discours qui tend à générer des valeurs qui servent de référence à l'exercice du pouvoir dans une société. Il s'agit d'un processus de transformation des passions en valeurs. La dimension qu'il en donne est donc fondamentalement politique et soulignons, avec lui que, à ce titre, “ *une idéologie n'est ni vraie, ni fausse, elle ne peut être qu'efficace ou inefficace, cohérente ou incohérente* " (p. 61).

L'idéologie remplit donc plusieurs fonctions :

- Le ralliement, la reconnaissance des acteurs d'un même univers de pensée,
- La justification de ses croyances qui permette de dessiner les contours du groupe des adversaires et de celui des partisans,
- Le voilement des intérêts,
- La désignation des choix proposés aux partisans ou de ceux qui peuvent l'être, ce qui constitue le cadre de l'univers du choix dans les sociétés politiques pluralistes, en offrant le cadre d'une représentation du choix ; à ce titre, l'idéologie ne porte pas seulement sur les valeurs mais également sur les fins et les buts comme moyens intermédiaires d'obtention des valeurs,
- La perception en simplifiant les données car elle permet de manipuler des " totalités " et de se déterminer sur l'avenir.

Il va ensuite se consacrer à l'analyse de la demande idéologique à partir des catégories suivantes :

- La demande globale d'idéologie qui dépend du degré de consensus qui règne dans la société (plus ce degré est faible, plus la demande d'idéologie est élevée), de l'intensité des conflits politiques (qui peut être d'autant plus élevée que le consensus est faible) et l'extension des conflits politiques (plus les choix sont nombreux et plus la demande idéologique est forte).
- La demande émanant des groupes conduit Jean Baechler à proposer des critiques de contingences comme l'âge (la demande d'idéologie décroîtrait avec l'âge), l'instruction (qui, accroissant les doutes, augmente la demande d'idéologie), la hiérarchie sociale (qui conduit au thème du voilement des intérêts de la classe dominante, à la contestation de celle-ci par la " canaille "), le genre (où les

hommes des sociétés occidentales, en position de domination dans la sphère publique sont d'autant plus demandeurs).
- La demande individuelle dépend des caractéristiques psychologiques d'adéquation à une position où partisans, politiciens et chercheurs d'absolu seraient des demandeurs structurels d'idéologie. Notre propos est ici de savoir si ce serait le cas des clients, ce que les catégories anthropologiques qui nous permettent de le définir laissent entendre.

Après la demande, Jean Baechler nous invite à l'examen de l'offre idéologique :
- La matière première idéologique est constituée par le mythe, la religion, les moeurs, l'éthique, les propositions rationnelles qui sont mises en avant mais l'idéologie est, suivant la métaphore que nous propose l'auteur, un parasite qui se nourrit et corrompt les éléments précédents.
- Le produit du parasitage est d'ordre discursif mais aussi symbolique.
- Les producteurs sont des intellectuels dont l'influence dépend de la consistance plus ou moins grande de la société civile face à l'Etat.

Quand il nous parle de noyaux idéologiques, il souligne que l'idéologie, produite par les intellectuels, consiste en un discours rationnel pouvant faire appel à la science et motivé par une passion.

Les systèmes idéologiques se développent à partir des noyaux sur la base des thèmes suivants :
- Les questions fondamentales citées dont celle du Mal
- Les phagocytoses caractérisent le fait que les idéologies ont tendance à absorber les discours non idéologiques, en particulier des mythologies mais aussi celui sur les moeurs.
- La prolifération idéologique à partir d'un principe que Jean Baechler qualifie de développement doctrinal (réponses idéologiques apportées à toutes les questions possibles) et du

principe de l'hérésie qui consiste à s'emparer d'un élément d'une doctrine et de le développer en ignorant le contexte.

Jean Baechler nous invite alors à l'examen du thème de la consommation idéologique qui indique la difficulté de proposer des règles de validité générale du passage à la consommation. Le choix peut exprimer une réalité profonde en particulier au travers de l'opposition au choix d'autrui.

Il est de ce fait possible de mélanger un grand nombre de traits idéologiques et d'emprunter des éléments d'autres idéologies incompatibles. Jean Baechler note aussi la possibilité d'exprimer un choix idéologique en ne retenant qu'un seul aspect. " *Toute idéologie est passible d'une définition dure ou molle, avec tous les intermédiaires* "[41].

Jean Baechler nous invite alors à réfléchir en termes de chances des idéologies dans leur vocation à plaire, ce qui est cohérent avec la thèse de la passion et le dernier chapitre de son ouvrage conduit à l'examen de l'efficacité des idéologies comme naissant de la tripartition qui s'établit entre les passions, les intérêts et les représentations.

Les idéologies s'actualisent et c'est aussi le projet de cet article que d'en examiner l'actualisation au travers des littératures de gestion. L'auteur avance ainsi l'hypothèse de l'efficacité de la civilisation occidentale dans sa capacité à traiter rationnellement les intérêts conduisant ainsi à l'élimination du combat entre ennemis au profit des concurrences entre les adversaires.

Plus que le concept de culture, celui d'idéologie semble donc valide pour traiter de la question des valeurs dans la mesure où l'idéologie se caractérise aussi par la double dimension de la prescription et de l'évaluation considérées comme étant issues d'un même regard. Dans des entreprises qui à la fois prescrivent et évaluent, aussi bien pour ce qui concerne leurs salariés que leurs clients, le projet

---

[41] Jean Baechler, *op. cit.*, p. 315.

idéologique des “ sciences des organisations ” y est donc d’autant plus affirmé.

12.4. Au-delà de la rationalité ... La croyance et l’irrationnel ?

Au-delà de la rationalité s’inscrivent la croyance et l’irrationnel donc des vecteurs de l’idéologie, y compris dans les formes apparemment les plus rationnelles. Conformément aux thèses de Jürgen Habermas[42], ce qui est institutionnel dépasse la forme juridique et légale qui la matérialise et comprend ainsi des médiations symboliques qu’il est important d’intégrer à l’analyse des représentations d’où la nécessité de questionner cet élément-là quand on veut parler d’organisation, de marché et de client dans les termes issus des littératures de gestion.

Pour Jürgen Habermas, la théorie de la société doit être à la fois objective et subjective pour tenir compte des rapports de pouvoirs et de contraintes mais aussi des savoirs et croyances.

Pour comprendre le social, il est nécessaire de se confronter à une praxéologie (théorie de l’action) et une épistémologie (théorie de la connaissance), enjeu également de cette argumentation quand il s’agit de parler d’organisation. L’agir communicationnel tient lieu, chez Jürgen Habermas, de praxéologie et d’épistémologie avec la mise en avant de l’importance de la communication. Jürgen Habermas va mettre en avant ce qui relève du performatif (lien à l’action) et rechercher des principes universels propres à “ libérer ” de l’idéologie. Les conditions d’universalité de la rationalité seraient principalement la reconnaissance de l’existence d’un monde objectif structuré par des lois, d’un

[42] Jürgen Habermas, *La technique et la science comme idéologie*, Gallimard, coll. Tel.

monde social lié à des normes partagées et d'un monde subjectif relevant de la responsabilité personnelle. Le système capitaliste a, à cet égard, favorisé une logique d'action cognitive - instrumentale par la mise en avant du succès d'entreprise. La " techno-science ", qui en est l'instrument, privilégie ainsi la logique de l'application sous contraintes de la technique au lieu de mettre l'accent sur une démarche qui consiste à effectuer des choix conscients, proposition à mettre au regard de ce corpus des littératures de gestion.

Dans *La technique et la science comme idéologie*, ces deux entités, la technique et la science sont présentées comme la seule grande aventure de la société moderne et devant être perçues comme indissociables. Elles balaient l'ensemble des valeurs anciennes, métaphysiques, religieuses, morales et ouvrent l'ère nouvelle des idéologies vues comme une situation dans laquelle toute vérité s'éteint au profit de la violence. Ceci montre aussi combien, si l'on accepte le point de vue de Jürgen Habermas, parler d'organisation sans en occulter cet aspect est important. Jürgen Habermas met en doute l'aspect cumulatif du progrès scientifique au nom d'une théorie sociale qui prenne en compte les modifications apportées par la science. Elle n'a amené ni progrès intellectuel, ni progrès moral mais démultiplication des champs disciplinaires. La technicisation de la science va de pair avec une scientifisation de la vie dans un complexe social encore plus large avec intervention de l'État, position programmatique venant fixer un cadre à l'organisation.

Jürgen Habermas met en évidence les deux réactions possibles (de "gauche" ou libérale avec le mythe de l'âge d'or et de "droite" ou conservatrice avec des systèmes hommes - machines où c'est la machine qui a le dessus). On assiste, en tout état de cause, à la généralisation d'une idéologie technocratique que nous proposent les " sciences des organisations " et qu'il faut donc assumer cela en tant que tel.

12.5. Retour à Paul Ricoeur

Paul Ricœur introduit l'utopie à parité avec l'idéologie : l'utopie de la communication, chez Jürgen Habermas, fonctionnerait comme une représentation permettant d'éviter la rationalité instrumentale dont le sens est absent. En d'autres termes, la critique de l'idéologie est bâtie sur l'utopie d'une communication sans contrainte. C'est bien l'utopie qui vient offrir, pour Paul Ricoeur, le cadre du jugement de l'idéologie[43] : " *c'est toujours du point de vue de l'utopie naissante qu'il est possible de parler d'une idéologie moribonde. Ce sont le conflit et le croisement de l'idéologie et de l'utopie qui donnent à chacune d'entre elles tout son sens* ". Ce serait donc toujours au nom d'une utopie qu'il serait possible de critiquer une idéologie. L'utopie permettrait ainsi de révéler ce qui semble aller de soi comme critiquable. La question est alors de savoir comment un champ disciplinaire comme celui des sciences des organisations est susceptible de constituer son utopie.

Il est donc tout aussi difficile d'échapper à l'idéologie qu'à l'utopie qui mettent toutes deux en avant l'importance de l'imagination et de son pouvoir pathologique d'où le double mouvement idéologie - utopie où les représentations idéologiques permettent de juger des pathologies de l'utopie et les positions de l'utopie permettent de réduire les rigidités de l'idéologie mais aussi de donner un contenu à l'image et à la métaphore.

C'est donc sur une telle position épistémologique qu'il est possible de s'appuyer pour fonder les postures qui permettent de parler de l'organisation au regard des littératures de gestion. Il ne s'agit pas ici de se consacrer à un raccourci qui ferait de l'entreprise, de l'organisation donc en

[43] Paul Ricœur, *op cit.*

quelque sorte, dans les rapports qu'elle établit avec le client - qui est ici aussi la figure qui nous intéresse dans un univers qui est celui du marché - une nouvelle forme de totalitarisme. La situation est plus subtile qu'il n'y paraît. On pourrait la formuler comme étant du " totalitarisme à visage humain ", c'est-à-dire un univers de contrainte et de soumission, volontaire donc idéologique mais aussi fragile. Il s'agirait plutôt de commenter les éléments du subterfuge qui est celui qui enserre tous ces éléments là dans un même champ aux effets bien réels et comment la figure de l'organisation vient révéler ce subterfuge.

12.6. L'idéologie comme " attracteur "

Eve Chiapello[44] nous offre un commentaire de Paul Ricoeur pour justifier le passage d'une politisation à une " sociologisation " du concept d'idéologie. Elle propose ainsi de souligner que, face à l'opération de masquage et donc face aux distorsions soulignées par Karl Marx qui fait ainsi de l'idéologie un mode de légitimation en force d'intérêts spécifique, Max Weber propose, dans une perspective " culturaliste " une vision de l'idéologie comme mode de construction d'une légitimité par son poids symbolique sur les représentations. A la légitimation " en force " correspondrait ainsi la légitimité " en justice " avec une logique de résultante identique : la construction d'un système d'interprétation venant " borner " le champ des possibles à l'intérieur d'un cadre qui organise en même temps perception et action.

Il s'agit donc ici de souligner les deux effets de l'idéologie dans le rapport à la pratique, sa troisième fonction étant de faire perdurer l'identité du groupe qui s'y retrouve. Le concept s'inscrit donc dans une posture déterministe,

[44] Eve Chiapello, *op. cit.*

l'idéologie étant à même de fournir une intelligibilité des modes de contrôle à l'œuvre dans des dimensions sociales et politiques. La prise en compte de l'idéologie est ainsi à même de rendre compte de la nature du pouvoir et de l'ordre de production d'idées légitimantes des rapports entre dominants et dominés, comme dans le cas des “ sciences des organisations ”.

La difficulté du recours au concept d'idéologie est donc ainsi liée à la difficulté d'intégrer les deux perspectives :
- celle de la légitimation qui conduit à la construction de “ fausses ” consciences dans un univers de conformisme,
- et celle de la légitimité qui est justification c'est-à-dire procès de masquage des forces qui sont alors considérées comme “ normales ” dans un univers de conformité.

Avec la légitimation, on va pointer les raisons qui forcent les croyances et avec la légitimité, on va venir pointer les raisons qui fondent le droit, les règles, l'autorité. Politisation et “ sociologisation ” du concept d'idéologie viennent donc construire une oscillation dont il est difficile de sortir. L'idéologie ne peut être à la fois un masque à critiquer radicalement et une logique d'efficacité crédible.

Si l'on considère l'idéologie comme un processus (c'est-à-dire un ensemble d'idées “ faits ” et d'idées “ propositions ” venant “ faire système ”) et compte tenu des catégories mises en évidence ci-dessus, il semble possible d'ajouter une troisième perspective, celle de la justification mimétique, à la fois d'ordre individuel et d'ordre socio-politique. Le comportement mimétique résulte d'un choix biaisé par le regard porté sur les choses, choix biaisé et comportement contribuant tous deux à la construction de l'idéologie.

La référence est alors René Girard[45], sortie de sa perspective de compréhension du monde judéo-chrétien[46]. “ *Il n'y a rien ou presque, dans les comportements humains, qui ne soit appris, et tout apprentissage se ramène à l'imitation. Si les hommes tout à coup cessaient d'imiter, toutes les formes culturelles s'évanouiraient* ”[47]. Mais en même temps, l'imitation est réprimée volontairement, principalement pour éviter la violence liée au désir d'un objet convoité par un autre. L'imitation est donc à la fois ciment et menace pour la cohésion sociale, d'où le fait de la canaliser par le rite (reproduction d'un conflit passé pour le vider de toute violence) et l'interdit (des éléments donnant lieu au désir mimétique introduisant une rivalité), généralement en référence au sacré. En opposition au sacré, la modernité se caractérise par un processus de désacralisation qui conduit les acteurs à se référer à une représentation commune (le modèle) bénéficiant des attributs de la rationalité et menant à une homogénéisation de la société, d'où la normalisation par mimétisme.

On aboutit alors à la trilogie suivante :

- l'idéologie comme “ vérité en force ”, approche politique où simplification et incantation jouent sur le registre de la déformation au profit des intérêts d'une catégorie dominante où c'est la légitimation qui prévaut ;
- l'idéologie comme “ vérité en ressemblance ”, approche psychologique venant construire une perspective où c'est le conformisme qui prévaut ; cette perspective permet aussi le passage de la première acception (vérité en force) à la suivante (vérité en légitimité) ;

---

[45] René Girard, *Des choses cachées depuis la fondation du monde*, Grasset, Paris 1978.

[46] Les éléments de ce paragraphe ont été discutés avec Agnès Nabet, Doctorante du CREFIGE, Université de Paris IX Dauphine, Paris 2001.

[47] René Girard, *op. cit.*, p. 15.

- l'idéologie comme " vérité en justice ", approche sociologique venant s'intégrer dans une théorie active de la connaissance vue dans une perspective culturaliste où c'est la légitimité qui prévaut ;

L'issue se trouve peut-être alors dans le recours au concept " d'attracteur ", l'idéologie pouvant être ainsi vue comme un " attracteur " héritant des trois composantes (politisation – légitimation et passage en force, " sociologisation " - légitimité et passage " en justice ", conformisme et passage en ressemblance).

L'idéologie comme attracteur pose la question des " références ultimes ", références à la fois d'ordre social et culturel pour qu'idéologie et culture fassent " système ". C'est pourquoi nous proposons ici d'essayer de parvenir aux " fondamentaux ", c'est-à-dire aux éléments qui permettraient d'expliquer comment nous pensons et de voir en quoi ces fondamentaux constituent des éléments permanents susceptibles d'offrir une meilleure intelligibilité aux " moments de gestion " retranscrits dans les littératures de gestion, moments essentiellement variables et fugitifs.

C'est donc sur une telle position épistémologique qu'il est possible de s'appuyer pour fonder les postures qui permettent d'analyser ce champ des littératures de gestion et de fonder les principes qu'elles mettent en œuvre dans la justification de la construction d'un champ propre aux " sciences des organisations ". L'idéologie construite par les littérature(s) de gestion dans leur ensemble tend à construire un " attracteur " fait à la fois de légitimation, de légitimité et d'imitation. Il s'agit donc de décoder les éléments du projet qui est celui des littérature(s) de gestion, projet qui enserre les pratiques dans la perspective de construction d'un savoir mais aussi dans celui de la construction d'un univers aux effets sur les pratiques.

- Méthodologie de la recherche - bibliographies et bibliométrie[1] : leur contribution rénovée à la crédibilité et la qualité des travaux de recherche

Eric Fimbel
Reims Management School
Université de Reims

Depuis plusieurs années, de nombreux enseignants en économie et gestion formulent, souvent avec amertume, le constat suivant : les travaux dits « de recherche » réalisés par des ***étudiants généralement en fin de second cycle universitaire***[2] traduisent une mobilisation peu performante et insatisfaisante des publications antérieures. Parfois, ceci se combine avec la douloureuse présomption de pratiques paresseuses voire malhonnêtes que d'habiles usages des technologies modernes peuvent à la fois amplifier et masquer.

Ainsi, voit-on des listes bibliographiques « préfabriquées », thématiquement organisées, disponibles sous des formes électroniques standardisées (en format

---

[1] La bibliométrie est défini par Hervé Rostaing comme : « *l'application des méthodes statistiques ou mathématiques sur des ensembles de références bibliographiques* », La Bibliométrie et ses techniques, coédité par les Sciences de la Société et le Centre de Recherche Rétrospective de Marseille (CRRM), 1996.
Selon le site internet de l'Institut Pasteur, *« la Bibliométrie se définit comme* ***l'exploitation statistique des publications****. Cette analyse permet de rendre compte de l'activité des producteurs (chercheur, laboratoire, institut...) ou des diffuseurs (périodique, éditeur ...) de l'information scientifique, tant d'un point de vue quantitatif que qualitatif ».*

[2] Nous considérons ici les mémoires de maîtrise universitaire ou de fin de grandes écoles... ainsi que de trop nombreux travaux de DESS, voire même de DEA...ainsi que ceux des prochains « masters ».

« word » essentiellement), et en circulation plus ou moins gratuitement au sein d'une université ou entre universités via internet par exemple.

Certaines institutions académiques ont légitimement pu mettre en œuvre des dispositifs de détection et/ou de répression de comportements académiquement et éthiquement inacceptables.

Mon propos est de dépasser cette simple logique « gendarme-voleur ». Prenant acte des potentialités des techniques documentaires et informatiques modernes, je propose un recours à des méthodes scientifiques et des outils pratiques qui produisent mécaniquement des effets positifs forts sur la qualité des travaux de recherche et l'intérêt de ceux qui les réalisent et les encadrent.

Ainsi, par le recours au dispositif proposé :

- **l'étudiant** est quasiment contraint de travailler originalement son recours spécifique aux sources documentaires[3], en crédibilisant ainsi sa propre recherche,
- **l'enseignant** encadre des travaux de meilleure qualité en étant débarrassé de la suspicion que certaines pratiques actuelles font peser sur l'ensemble de la communauté étudiante.

A l'intérieur du vaste sujet qu'est la méthodologie de la recherche, le périmètre de ma proposition est limité. Il ne concerne que le rapport entre la nature et la qualité de la mobilisation des sources documentaires d'une part, et sa

[3] Il est intéressant de noter qu'une méthodologie maîtrisée concernant la recherche et la pratique documentaires sont des facteurs de réussite pour l'étudiant sur l'ensemble de son cursus universitaire. On lira à ce propos les travaux d'A.Coulon, *«....la chance de passer de DEUG2 en licence est deux fois plus élevée si l'on a suivi un enseignement de méthodologie documentaire. »*, in : Penser, classer et catégoriser : l'efficacité de l'enseignement de méthodologie documentaire à l'université, Espace Universitaire, 1996, n°15, oct.

contribution spécifique à la qualité de la recherche d'autre part.

Pour perfectibles qu'ils soient, les méthodes et outils ici exposés se situent dans la lignée des nombreuses et remarquables contributions déjà consacrées à « la formation des étudiants à la maîtrise de l' IST (Information Scientifique et Technique) [4] ».

Enfin, l'état actuel de mes propositions intègre les enseignements issus de leur confrontation avec mes nombreuses pratiques. Je les ai mis en œuvre depuis plusieurs années auprès de dizaines d'étudiants, tant à l'Université qu'au sein d'une grande école de management. Je les ai également utilisés dans mes propres travaux de recherche, notamment à l'occasion de mon doctorat en Sciences de Gestion.

1. Symptômes et objectifs

1.1. Des symptômes multiformes et convergents

En quelques années (période inférieure à une génération), nous nous sommes retrouvés confrontés à la convergence de deux catégories de phénomènes :

- la croissance du nombre et de l'hétérogénéité des populations étudiantes,

[4] On lira avec intérêt l'ensemble des travaux réalisés en 1999 sous l'égide du Ministère de l'Education Nationale, de la Recherche et de la Technologie. Le résultat en est matérialisé sous la forme d'un Guide intitulé : « Former les étudiants à la maîtrise de l'information, repères pour l'élaboration d'un programme ». (Coordination et la rédaction finale : Bruno Deshoulières, Maître de Conférences à l'Université de Poitiers, Françoise Dubreuil, Ingénieur d'études à l'Université de Paris 7, Claire Panijel, Conservateur Général de bibliothèque à l'URFIST Paris-Ecole Nationale des Chartes, Paris).

- la croissance qualitative et quantitative des potentialités liées à la numérisation et aux réseaux informatiques accessibles à tous.

Pour l'enseignant qui encadre des travaux d'étudiants, il y a donc nécessité à disposer d'instruments efficaces et accessibles à tous (intellectuellement, techniquement et financièrement) pour que l'évolution de ce paradigme soit positivement dominée.

Essayons de caractériser la situation actuelle et certaines des dérives couramment constatées concernant les nécessaires listes bibliographiques annexées aux travaux de recherche :

1. insuffisance de centrage sur la problématique spécifique (= la même liste pourrait être associée à un autre travail),
2. lissage qualitatif de toutes les références (= un ouvrage dont la contribution est essentielle est nommé et traité au même titre qu'un ouvrage parfaitement accessoire),
3. non-discrimination des ouvrages « lus et travaillés» par rapport à ceux qui sont seulement « nommés ou cités» (= l'étudiant a survolé quelques chapitres de quelques ouvrages et présente une liste impressionnante de 150 références),
4. ressemblance (voire superposition) avec des listes déjà produites (dans la même ou dans une autre université) pour des travaux explorant des champs de recherche proches,
5. faiblesse qualitative et quantitative de la mobilisation pertinente des sources au sein du travail lui-même (= moins de 10% des ouvrages cités en bibliographie ont été réellement mobilisés au cours de la recherche),
6. augmentation de la tendance à substituer au nécessaire raisonnement individuel spécifique de

l'étudiant un simple réagencement syntaxique de citations d'auteurs plus ou moins adroitement compilées,

7. présence de listes bibliographiques issues d'un simple assemblage de résultats produits par la sollicitation plus ou moins habile des logiciels « moteurs de recherche »,
8. etc. … …

Précisons que cette liste de symptômes n'est évidemment et malheureusement pas exhaustive. En effet, de nombreux collègues enseignants pourraient l'enrichir abondamment. Néanmoins, elle est déjà suffisante pour ouvrir la voie à un double danger majeur :

- la décrédibilisation de la valeur formatrice d'un travail de recherche,
- la décrédibilisation du processus universitaire lui-même, puisque s'ouvre la porte d'une possible validation massive de travaux réalisés par des étudiants se comportant en véritables « passagers clandestins universitaires ».

Notre communauté universitaire est donc amenée à opérer un réexamen chronique de ses dispositifs d'incitation et d'évaluation, sous peine de devenir à la fois la victime et la caution des dérives précitées.

1.2. Des objectifs reformulés

De nombreux ouvrages[5] ont clairement identifié les contours de la recherche de fin d'études. L'étudiant doit y démontrer sa capacité à :

- agir sur un champ périmétré (historiquement et/ou sectoriellement par exemple),

[5] Tels celui de Michel Beaud, *L'art de la thèse*, éditions La Découverte, Collections Repères, 3ème édition, 2000.

- libeller une problématique qui lui soit spécifique,
- formuler plusieurs hypothèses permettant de mesurer, une fois ses travaux achevés, sa réelle contribution à la réduction partielle ou totale des incertitudes qui leurs sont associées.

Avant d'entrer dans le détail de notre dispositif, reformulons les objectifs à l'atteinte desquels il prétend contribuer… et les bénéfices générés. Quatre catégories d'acteurs sont principalement concernées par les effets du dispositif :

↬L'étudiant,
parce qu'il devra mécaniquement :

- centrer ses efforts sur les spécificités de sa problématique plus que sur le champ général qui l'englobe,
- exclure toute possibilité de recycler telle ou telle liste bibliographique pré-établie et/ou importée,
- coter unitairement, puis catégoriellement, tout élément bibliographique en regard de sa problématique spécifique, puis de chacune des hypothèses de sa recherche,
- opérer un usage repérable et tracé de ses recours aux technologies modernes (bases de données documentaires, logiciels « moteurs de recherche », outils statistiques …),
- justifier (spécifiquement et par rapport au fonds) toute présence bibliographique,
- discriminer les éléments « lus » des éléments simplement « cités »,
- décider de critères métrologiques pertinents par rapport à sa problématique spécifique et à chacune des hypothèses de sa recherche,

- réaliser des travaux spécifiques d'analyse multicritères, (y compris dans le cas de figure d'un refuge vers le « tout qualitatif » au sein de sa problématique),
- positionner et valoriser ses propres travaux[6] (investigations sur le terrain par exemple) et raisonnements par rapport aux résultats issus de ces mesures bibliométriques,
- démontrer sa connaissance représentative des travaux antérieurs cités et cotés.

↳L'enseignant,
parce qu'il pourra se consacrer sans arrière-pensée ni suspicion à :

- mesurer finement et spécifiquement les aptitudes et les performances des travaux réellement attribuables à cet étudiant à ce moment de son cursus,
- discriminer plus aisément ce qui revient à la mobilisation pertinente des savoirs antérieurs de ce qui est du ressort de la contribution originale de l'étudiant, car il disposera d'indicateurs quantitatifs et qualitatifs le lui permettant,

↳La communauté universitaire,

parce qu'elle aura ainsi préventivement éloigné de son champ d'activité certaines dérives issues d'usages nuisibles des outils technologiques modernes ...

---

[6] Parmi les applications de la bibliométrie, « évaluer, ou auto-évaluer le travail d'un chercheur » (source : www.pasteur.fr/infosci/biblio/formation/metrie/index.html).

↳Les professionnels des bibliothèques et médiathèques,

vers lesquels se tourneront des étudiants ayant efficacement et positivement replacé l'approfondissement, la sélectivité et la crédibilité des sources au cœur de leurs pratiques et de leurs travaux,

enfin, optionnellement, mais non accessoirement,

↳les partenaires économiques et/ou institutionnels associés ou intéressés à ces travaux

parce qu'ils disposeront ainsi d'une base référentielle crédible, puisque cotée, analysée et évaluée spécifiquement.

2. Le dispositif opérationnel

Pour le rendre le plus utilisable et adaptable possible, j'en ferai une description reliée à certains moments-clés des travaux de recherche. La corrélation entre les trois grandes phases de la recherche d'une part, et mes propositions d'autre part est schématisée dans l'annexe 1.
Pour rendre mon dispositif le plus concret possible, je l'illustrerai par des exemples d'utilisations réelles lors de travaux que j'ai eu l'occasion de réaliser et/ou d'encadrer.

2.1. Les deux outils en phase initiale de la recherche

Je nomme « phase initiale de la recherche » l'ensemble des travaux réalisés par l'étudiant avant que l'architecture de son plan de rédaction ne soit en place et validée par son directeur de recherche.

2.1.1. La cotation unitaire

Dans toute exploration et recherche documentaires, l'élément de base à considérer est constitué par un article ou un chapitre d'ouvrage que je nommerai indistinctement et par commodité « ***objet documentaire*** ». Après chaque première lecture d'un tel objet, ceci donne lieu au renseignement d'une ***étiquette de cotation***[7] elle-même composée des rubriques suivantes :

_ Numéro séquentiel :	nnn
_ Date de publication :	JJ/MM/AA
_ Intérêt théorique :	1 2 3 4
_ Intérêt applicatif :	1 2 3 4
_ Dominante :	Da, Db, Dc, Dd
_ Contact :	oui/non

- Figure 1 -

Que contient chacune des rubriques de cette « étiquette bibliométrique » ?

- le ***numéro séquentiel*** est classiquement attribué à chaque objet documentaire au fur et à mesure des lectures.
- la ***date de publication*** en format étendu (jour/mois/année)
- et, dès cette première lecture, l'étudiant évaluera ***l'intérêt théorique*** et, distinctement ***l'intérêt applicatif*** de l'objet documentaire. Cette double évaluation[8] est faite selon une échelle de n valeurs (n

[7] Voir deux exemples en annexes 2.1 et 2.2.

[8] H.Rostaing, *La Bibliométrie et ses techniques*, coédité par les Sciences de la Société et le Centre de Recherche Rétrospective de Marseille (CRRM), 1996 : *« Le concept de mesure est bien représenté par les études bibliométriques utilisant des indicateurs univariés où chaque*

= nombre pair). Usuellement, je recommande les 4 valeurs suivantes : 1 = essentiel, 2 = important, 3 = secondaire, 4 = sans intérêt ou intérêt très faible. Ceci a pour effet de :

1 . contraindre l'étudiant-lecteur à positionner chaque objet documentaire par rapport à son intérêt théorique et son intérêt applicatif en regard de la spécificité de la recherche entreprise,
2. éliminer toute valeur « neutre ou médiane » afin de disposer ensuite d'un positionnement net réalisé dès de la première lecture, contrairement au biais fréquemment associé à l'utilisation de graduations comportant un nombre impair de possibilités, et donc permettant le recours faiblement utile (voire même paresseux et simpliste) à la valeur « neutre » (ex :la valeur « 3 » dans une échelle de 1 à 5).

- de nombreuses recherches nécessitent la mobilisation de plusieurs référentiels. Chaque objet documentaire est issu d'un de ces référentiels, et ceci sera repéré à partir de la notion de ***« dominante »***.
- la notion de ***« contact »*** permet de repérer l'existence d'un interlocuteur potentiel que l'étudiant envisage de solliciter ultérieurement.

Selon les moyens et les méthodes personnels de l'étudiant, cette étiquette bibliométrique pourra prendre des formes diversifiées. J'en présente ici deux exemples :

élément à étudier est soumis à une mesure selon la dimension choisie. Le classement et la comparaison des éléments les uns par rapport aux autres, selon cette dimension, sont alors possibles. »

- l'étiquette auto-collante pré-établie[9] que l'étudiant apposera directement sur une photocopie de l'objet documentaire,
- la cotation réalisée par l'étudiant sur ses fiches bibliographiques[10], ce qui requiert que tout objet documentaire fasse l'objet d'une telle fiche.

Il me faut ici opérer une remarque importante : au cours de certaines recherches (exemple un mémoire de maîtrise sur une année), il est fréquent que l'étudiant soit confronté à des « rencontres documentaires » très différentes, notamment en matière de livres et d'ouvrages volumineux.

Je conseille alors de distinguer trois catégories d'objets documentaires :

- La **bibliographie « principale » ou « lourde »** : elle est constituée d'ouvrages ayant été lus dans leur intégralité par l'étudiant et pour lesquels une cotation bibliométrique par chapitre sera réalisée,
- Les **articles** issus des revues académiques ou professionnelles,
- La **bibliographie « secondaire »** : dans cette catégorie figurent les ouvrages cités dans le travail, mais de manière ponctuelle et dont le degré de contribution est faible et/ou très parcellaire. C'est fréquemment le cas pour des parties d'ouvrages que l'étudiant aura repérées dans des bibliographies jointes aux publications figurant dans sa bibliographie principale. Dans ce cas, les cotations bibliométriques pourront être associées à l'ouvrage globalement.

Naturellement, une telle classification en trois catégories d'objets documentaires sera adaptée et modulée en fonction de la durée et de la nature de la recherche entreprise .

[9] voir deux exemples en annexes 2.1 et 2.2.
[10] voir deux exemples en annexes 2.3 et 2.4.

2.1.2. La base de données

Réalisable avec des outils simples (un tableur standard sur ordinateur personnel par exemple), elle permet de stocker l'ensemble des données issues de la cotation unitaire réalisée à partir des renseignements des étiquettes bibliométriques en première lecture. La structure de la « feuille » est donc la simple traduction des critères retenus lors de la cotation unitaire.

N°	Date	Domi nante	Intérêt théorique	Intérêt applicatif	Contact	Titre	Auteur
1	11/79	Da	3	2	Oui		
348	03/99	Dc	2	1	Non		
508	07/86	Db	1	3	Oui		

- Figure 2 -

Ci-après, à titre illustratif, extrait de la cotation bibliométrique et de la base de données associée, travaux réalisés lors d'une recherche réelle consacrée aux « facteurs de succès de l'externalisation des systèmes d'information », recherche achevée en mai 2001 :

N°	Date	Dom[11].	I.T	I.A	Contact	Titre de l'article	Auteur	Source
1	mars -95	IE	2	1	N	Quand faut-il faire le choix d'externaliser ?	P.CHALOS	Journal of Cost Management
2	août-94	IE	1	4	N	Faire ou faire-faire : la perspective de l'éco des organisations	M.PATRY	Cahiers Cirano
3	oct-97	IE	4	2	N	Les services généraux, un cas d'école	O.PIOT	Le Monde
4	oct-97	IE	3	3	O	l'ext. oblige les sous-traitants à se professionnaliser	M.B BAUDET	Le Monde
247	mai-95	II	1	1	O	IT outsourcing : maximize flexibility and control	LACITY, WILLCOCKS, FEENY	Harvard Business Review
248	mai-90	IE	1	1	N	The core competence of the corporation	CK PRAHALAD, G.HAMEL	Harvard Business Review
249	août-85	MG	1	1	N	How information gives you competitive advantage	M.PORTER , E.MILLAR	Harvard Business Review
327	mars -00	AE	2	1	O	externaliser les back-offices	M.A CABRELLI, B.DE L'ETOILLE	Banque Magazine n° 612
328	mars -00	IE	2	2	O	une démarche analytique	J.M BRUSSON	Banque Magazine n° 612
329	mars -00	II	3	1	N	de la mutualisation à la coopération	D.BARBE, B.MORIN	Banque Magazine n° 612
330	mars -00	II	2	1	O	Systèmes d'information : une externalisation plus organisée	L.LALOUM	Banque Magazine n° 612

- Figure 3 -

[11] Dans cette recherche, les quatre dominantes retenues furent :
- IE = Impartition (ou externalisation) et théories économiques,
- AE = Autres Externalisations (logistique ou comptable par exemple),
- II = Impartitions informatiques,
- MG : autres domaines du management.

2.2. Le dispositif en phase intermédiaire[12] de la recherche

A ce stade du travail, l'architecture de la mise en forme rédactionnelle de la recherche est maintenant validée. Ceci se matérialise par un plan construit en parties et/ou en chapitres.
Reprenons l'exemple de la recherche pré-citée qui est maintenant structurée en trois parties et dix chapitres

INTRODUCTION THEMATIQUE ET METHODOLOGIQUE:
Chapitre 1 : Aspects thématiques et techniques liés au champ d'application : le système d'information de l'entreprise
Chapitre 2 : l'instrumentation théorique et empirique (problématique et hypothèses)

PREMIERE PARTIE : L'INFOGERANCE , UNE FORME EVOLUEE D'EXTERNALISATION

Chapitre 3 : du concept économique d'impartition aux différentes formes d'externalisations informatiques
Chapitre 4 : Le maintien des raisons classiques et l'émergence de raisons spécifiques et/ou novatrices
Chapitre 5 : Une externalisation nette mais imbriquée, donc complexe

SECONDE PARTIE : L'OPERATION D'INFOGERANCE : LA MESURE DE SON SUCCES

Chapitre 6 : Les différentes approches de la notion même de succès
Chapitre 7 : Les acteurs, les espaces et les moments de la mesure du succès

TROISIEME PARTIE : LES FACTEURS DE SUCCES

Chapitre 8 : Les facteurs-clés du succès : aspects métrologiques
Chapitre 9 : L'analyse détaillée des facteurs-clés de succès
Chapitre 10 : Le facteur technologique spécifique

- Figure 4 -

L'étudiant va donc reprendre chacun des deux outils (l'étiquette bibliométrique puis la base de données) pour réaliser les travaux permettant de relier chaque objet documentaire à sa contribution dans chacun des dix chapitres.

[12] Voir annexe 1 : phasage de la recherche.

Ceci va donc l'amener à réexaminer l'intégralité de sa base documentaire à partir d'une grille de critères spécifiques à sa recherche. Effectuée plusieurs mois après le début de la recherche, une telle « seconde lecture » recentrée ne peut avoir que des effets bénéfiques sur l'ensemble du travail entrepris. Observons maintenant comment ces travaux de seconde phase vont se matérialiser.

2.2.1. La cotation unitaire en phase intermédiaire de la recherche

Pour mettre en relation chaque objet documentaire et les chapitres ou parties de travail, de nouvelles rubriques (_ et _) sont ajoutées à l'étiquette bibliométrique. Cette dernière est donc organisée comme suit :

_ Numéro séquentiel :	nnn
_ Date de publication :	JJ/MM/AA
_ Intérêt théorique :	1 2 3 4
_ Intérêt applicatif :	1 2 3 4
_ Dominante :	D1, D2, D3, D4
_ Contact :	oui/non
_ Chapitres concernés :	

- Figure 5 -

L'étudiant doit alors « simplement » indiquer[13] les numéros des chapitres au contenu desquels l'objet documentaire apportera une utile contribution. Pour nécessaire et complémentaire qu'il soit, ce travail revêt un degré de complexité plus élevé que celui opéré lors de la phase de première lecture. En effet, initialement, les données étaient dans **une relation 1 ↔ 1** :

[13] Voir exemples en annexes 2.1 et 2.2.

1 objet documentaire =

- **1** numéro d'enregistrement,
- **1** date,
- **1** note d'intérêt théorique,
- **1** note d'intérêt pratique,
- **1** dominante,
- **1** éventuel contact.

Maintenant, il s'agit d'apprécier la contribution de chaque objet documentaire à « N » chapitres. L'étudiant doit donc analyser une **nouvelle relationnalité de 1 ↔ N.**

Dans le cas de travaux portant sur des périodes courtes (= inférieures à trois mois), il est possible de transformer la corrélation « objet documentaire / chapitres » par « objet documentaire / hypothèses ». Enfin, dans certains cas de figure, cette dernière possibilité pourra être associée aux précédentes. Le dispositif bibliométrique est ainsi particulièrement « précis et modularisable».

L'étiquette bibliométrique devient alors :

_Numéro séquentiel : nnn	
_Date de publication :	JJ/MM/AA
_Intérêt théorique :	1 2 3 4
_Intérêt applicatif :	1 2 3 4
_Dominante :	D1, D2, D3, D4
_Contact :	oui/non
_et **Chapitres concernés :**	
- **Hypothèses concernées :**	

- Figure 6 -

Dans le cas d'un travail comprenant dix chapitres et cinq hypothèses, ceci conduira mécaniquement l'étudiant à envisager chaque objet documentaire dans deux dimensions et quinze occurrences relationnelles distinctes. C'est alors une véritable imprégnation de sa problématique, des hypothèses et du plan qui s'opère via ce travail bibliométrique apparemment fastidieux.

2.2.2. La base de données en seconde phase de la recherche

Lors de ce second examen, l'étudiant peut être amené à modifier tel ou tel renseignement antérieurement porté sur les autres rubriques de l'étiquette bibliométrique. Dans ce cas, il opérera immédiatement la mise à jour correspondante dans la base de données.

Lorsqu'il a achevé le renseignement de l'étiquette bibliométrique, il réalise la saisie correspondante dans la base de données. Celle-ci prend donc la forme suivante (pour simplifier la lecture spécifique de cette partie, nous avons « gommé » les colonnes « Titre de l'article », « Auteur » et « Source ») :

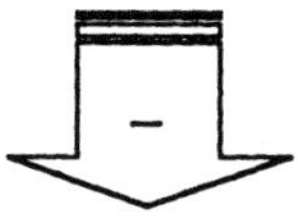

						Numéros des chapitres									
N°	**Date**	**Dom.**	**I.T**	**I.A**	**Contact**	**1**	**2**	**3**	**4**	**5**	**6**	**7**	**8**	**9**	**10**
1	mars-95	IE	2	1	N			X	X						
2	août-94	IE	1	4	N		X	X	X		X	X	X		
3	oct-97	IE	4	2	N			X							
4	oct-97	IE	3	3	O				X						
247	mai-95	II	1	1	O			X	X	X	X		X	X	X
248	mai-90	IE	1	1	N	X		X	X				X		X
327	mars-00	AE	2	1	O					X	X	X			
328	mars-00	IE	2	2	O				X	X					
329	mars-00	II	3	1	N	X			X						
330	mars-00	II	2	1	O	X		X	X			X			
331	mars-00	II	3	2	0	X			X						X
332	janv-89	MG	1	1	N	X		X	X	X	X	X	X		

- Figure 7 -

Examinons le cas d'une corrélation « objet documentaire/hypothèses » en reprenant l'exemple de la recherche pré-citée sur l'externalisation des systèmes d'information, recherche dans laquelle les cinq hypothèses étaient :

H.1 *les théories économiques des organisations sont utiles mais insuffisantes pour appréhender et rendre compte du succès de telles opérations,*

H.2 *le poids des interrelations entre « le resté internalisé / le nouvellement externalisé » est systématiquement sous-évalué,*

H.3 *au-delà de la préparation économico-contractuelle, le management du projet de « mise en œuvre – basculement » est un facteur-clé du résultat,*

H.4 *les externalisations à attentes « concurrentielles » sont plus performantes que celles à attentes purement « budgétaires »,*

<u>H.5</u> *la maîtrise de l'internalisation antérieure est un impératif pour contraindre le risque d'opportunisme de la part du prestataire.*

La base est alors renseignée sur ces nouvelles corrélations :

N°	Date	I.T	I.A	Titre	Source	H.1	H.2	H.3	H.4	H.5
173	janv -95	1	2	les contrats ...	Les Echos					X
174	nov-94	3	2	Axone a ...	Les Echos					
175	sept-94	1	3	infogérance : un acteur ...	Les Echos		X			
176	mai-95	1	1	Comment externaliser ...	BANQUE n°557	X			X	X
177	déc-95	2	1	autres lieux, autres mœurs	BANQUE n°565					
178	déc-95	1	1	l'externalisation : un acte courant	BANQUE n°565	X				
179	déc-95	1	1	infogérer : oui , mais	BANQUE n° 565	X	X	X		X
180	oct-96	2	2	l'informatique contribue à la ...	l'informatiqu professionnel le/147				X	
181	janv -93	2	2	l'outsourcing est un danger	l'informatiqu professionnel le/110		X			
182	mars -93	2	1	l'outsourcing n'est pas un danger	l'informatiqu professionnel le/112				X	
183	nov-94	2	2	l'outsourcing est un problème...	l'informatiqu professionnel le/128	X	X	X		X

- Figure 8 -

Naturellement, les deux catégories de corrélation (avec chaque chapitre, avec chaque hypothèse) cohabitent sans difficulté dans la même base. Dans le cas de l'utilisation d'un tableur standard pour supporter cette base de données, il ne s'agira que de quelques colonnes supplémentaires dans la structure de la feuille de calcul.

Les exigences comportementales (notamment la rigueur et l'exhaustivité) induites par le dispositif se combinent à sa rusticité. Ainsi, l'étudiant peut continuer à l'utiliser pour les nouveaux objets documentaires qui surgissent lorsqu'il se trouve en cours de réalisation de la phase intermédiaire de sa recherche.

Le dispositif opérationnel est maintenant en place et il fonctionne. Il nous reste à en examiner toutes les potentialités positives pour les différents acteurs … ainsi que pour la fiabilité, la crédibilité et le caractère scientifique de la recherche.

3. Résultats, bénéfices et bénéficiaires de ce dispositif

Observons donc ce que produit ce dispositif et qui en tire profit.

3.1. L'étudiant

Focalisons-nous sur la dernière ligne droite de son travail de recherche. Il rentre dans le délicat « tunnel de la rédaction finale ».

3.1.1. L'aide dans le travail de rédaction finale

Il lui suffit de consulter sa base (bibliographies principale et secondaire) et d'exécuter un tri à partir du critère « 1er chapitre ». Le dispositif lui prépare automatiquement la liste indexée de tous les objets documentaires antérieurement « marqués » comme contributeurs à ce premier chapitre ... comme le montre l'extrait ci-dessous :

N°	Date	Dom	I.T	I.A	Titre	Ch. 1
8	mars-98	II	1	3	Les choix d'internalisation - externalisation	X
28	mai-93	II	4	3	Des prestations adaptées aux entreprises de toute taille	X
45	mars-98	II	1	2	Développement d'applis infos : concepts et déterminants	X
50	janv-97	IE	1	1	Gérer l'informatique comme un capital	X
78	janv-97	IE	1	2	l'outsourcing : une approche par la théorie des coûts de transaction	X
79	janv-97	IE	1	4	les coûts de transaction	X
82	janv-97	II	1	2	la rente informationnelle et les nouvelles frontières de l'organisation	X
83	oct-98	II	3	2	l'externalisation sélective des technologies de l'information	X
108	mai-93	MG	1	4	services informatiques : l'euphorie	X
139	juil-97	II	2	3	The information Systems Outsourcing Bandwagon	X
143	nov-97	II	1	1	Effective outsourcing of IT Services	X
153	avr-96	IE	3	2	Planification des Sis et stratégie de l'entreprise	X
160	juin-97	II	2	2	still not ready to go out	X
165	nov-94	II	3	2	les nouvelles frontières de l'infogérance	X

- Figure 9 -

L'étudiant a alors la certitude d'avoir mobilisé, *en quelques « clics » et quelques secondes*, l'intégralité des éléments qu'il a antérieurement repérés … chaque élément étant coté sur l'ensemble des critères : date, intérêt théorique, intérêt pratique …

Au démarrage de la rédaction de chacun des chapitres composant sa recherche, il devra simplement renouveler ce même traitement.

3.1.2. La contribution à la crédibilité de son travail

A partir de sa base de données, il va pouvoir ensuite produire une véritable analyse bibliométrique en produisant de multiples indicateurs qu'il lui appartiendra de commenter spécifiquement. Je ne présente ici que quelques exemples de résultats et d'indicateurs, puisqu'il n'est pas dans mon objectif d'en réaliser ici les analyses spécifiquement argumentées, mais simplement d'illustrer certaines potentialités contenues dans le dispositif.

3.1.2.1. Premier exemple :

A partir des données contenues dans la base, de multiples indicateurs et résultats peuvent être produits et des comparaisons peuvent être opérées. Ce tableau (fig.10), issu des cotations d'intérêt théorique et pratique, permet à l'étudiant de mettre en évidence plusieurs éléments.

- Figure 10 -

	BIBLIOGRAPHIE LOURDE		***ARTICLES***	
	I.T	**I.A**	**I.T**	**I.A**
INTRO	1,71	2,09	1,78	1,67
Partie 1	1,61	1,98	1,79	1,63
Partie 2	1,80	1,73	1,61	1,57
Partie 3	1,83	1,81	1,49	1,45
Moy/Totalité	1,67	1,89	1,94	1,74

Ainsi pourra-t-il s'interroger sur le différentiel de contribution entre les ouvrages de la bibliographie lourde d'une part, et les articles d'autre part. (voir ligne : moyenne sur la totalité). En outre, il y a une nette croissance contributive théorique et pratique des articles au fur et à mesure de l'avancement des trois parties du travail.

Cette analyse pourrait, à la demande, être affinée en étudiant ce qu'il en est pour chacun des 10 chapitres ainsi que ce qui se passe dans chacune des colonnes :

	BIBLIOGRAPHIE LOURDE		***ARTICLES***	
CHAPITRES	**I.T**	**I.A**	**I.T**	**I.A**
1	1,92	2,04	1,92	1,57
2	1,49	2,14	1,63	1,76
3	1,43	2,12	1,70	1,68
4	1,70	1,97	1,94	1,66
5	1,70	1,84	1,74	1,54
6	1,79	1,77	1,58	1,56
7	1,81	1,69	1,64	1,58
8	1,79	1,77	1,54	1,67
9	1,85	1,77	1,51	1,32
10	1,84	1,88	1,43	1,37
Moyenne sur Totalité	1,67	1,89	1,94	1,74

- *Figure11* –

3.1.2.2. Second exemple :

(IE) I 84 % *Eco*	92	**25,14%**
(II) Impartition .Infor.	215	**58,74%**
(AE) Autres.Externalis.	36	9,84%
(MG) Managt.Général	23	6,28%
Totaux	366	

- Figure 12 -

Dans cet autre cas, les résultats proviennent du critère « dominante » et sont appliqués à la catégorie « articles » ; ils indiquent la répartition dans la provenance des articles mobilisés et offrent une possibilité d'analyse sur le degré du « centrage bibliographique ».

3.1.2.3. Troisième exemple :

Cet exemple illustre ce que la recherche peut gagner en crédibilité. Ainsi, la situation des chapitres 9 et 10 qui rendent compte des résultats les plus spécifiques du chercheur s'avèrent être ceux pour lesquels les contributions sont, quantitativement parmi les plus faibles ... ce qui est, à posteriori, un élément en faveur du choix du centrage du chercheur.

CHAPITRES	BIBLIO LOURDE		BIBLIO SECONDAIRE		ARTICLES		Totaux	
	NB	%	NB	%	NB	%	NB	%
1	98	14,2%	15	9,1%	98	9,8%	211	11,4%
2	37	5,4%	10	6,1%	84	8,4%	131	7,1%
3	129	18,7%	34	20,7%	152	15,3%	315	17,0%
4	64	9,3%	23	14,0%	187	18,8%	274	14,8%
5	74	10,7%	13	7,9%	96	9,6%	183	9,9%
6	53	7,7%	19	11,6%	102	10,2%	174	9,4%
7	59	8,6%	18	11,0%	121	12,1%	198	10,7%
8	61	8,8%	9	5,5%	84	8,4%	154	8,3%
9	47	6,8%	13	7,9%	37	3,7%	97	**5,2%**
10	68	9,9%	10	6,1%	35	3,5%	113	**6,1%**
Totaux =	690		164		996		1850	

- Figure 13 -

Une autre illustration de l'intérêt du questionnement qui s'ouvre au chercheur est constituée par les écarts observés entre les chapitres 2 et 3.

3.1.2.4. Quatrième exemple :

Le calcul de l'âge moyen des différentes catégories d'objets documentaires est un autre élément pouvant éclairer le positionnement et la pertinence temporels de la recherche.

	BIBLIOGRAPHIE LOURDE	**BIBLIOGRAPHIE SECONDAIRE**	**ARTICLES**
AGE MOYEN	**10,8 ans**	**15,3 ans**	**2,9 ans**

- *Figure 14 –*

A partir et au-delà de ces différents exemples, de nombreux traitements statistiques utiles pour des éclairages multiples peuvent évidemment être mobilisés (dispersion, écart-type,...). Hervé ROSTAING[14] propose de les regrouper en quatre catégories au sein desquelles chacun puisera ce qui est adapté au type de travail demandé à tel étudiant travaillant à tel niveau de formation supérieure dans tel champ disciplinaire.

Ces catégories sont :

- la modélisation des distributions (répartition du type « cœur/dispersion »),
- l'élaboration d'indicateurs univariés (ex : ratios sur les thèmes, les dates...),
- l'élaboration d'indicateurs relationnels,
- la modélisation de la diffusion des connaissances.

3.1.3. La contribution à la valorisation de son travail

Lors d'une présentation intermédiaire ou finale (une soutenance par exemple) de ses résultats, l'étudiant pourra utiliser des représentations synthétiques et graphiques directement issues de sa base de données et présenter alors les analyses et les conclusions qu'il peut en extraire. Les graphiques présentés en annexes 3.1 et 3.2 sont deux illustrations de ces mises en forme.

3.2. L'enseignant

L'application de l'obligation bibliométrique comme constituante spécifique et valorisante du travail de recherche élimine cette suspicion grandissante que nombre d'entre nous ressentons face à des rédactions relativement décevantes sur

[14] Hervé Rostaing, *op. cit.*

le fond, bien que pourtant complétées par des listes bibliographiques numériquement impressionnantes.

Nous osons parler ici d'un plaisir retrouvé. En effet, certain que l'étudiant a obligatoirement réalisé un vrai travail d'exploration et de cotation spécifiques, l'enseignant va pouvoir, en cours comme en fin de recherche, solliciter l'intelligence et les capacités d'analyse de celui dont il encadre la recherche.

Le questionnement et l'évaluation usuels pourront s'enrichir de nouveaux items dont nous formulons ci-dessous quelques exemples :

- quelle interprétation peut-on donner à tel écart (voir figure 11) ?
- quelle peut être la signification de la faiblesse des contributions bibliographiques aux chapitres 9 et 10 (voir figure 13) ?
- expliquez cette cotation appliquée à cet article (voir n°108, figure 9) ?
- pourquoi avoir maintenu l'article n°174 alors qu'il ne contribue au traitement d'aucune de vos cinq hypothèses (voir figure 8) ?
- comment éclairer la supériorité théorique des articles sur la bibliographie lourde concernant la partie 3 du travail (voir figure 10) ?
- etc. … …

Chacun pourra, selon son expérience et sa vision de la recherche, enrichir et personnaliser le contenu de ce questionnement. Ainsi, des analyses quantitatives multicritères spécifiques pourront être demandées, notamment à partir des données brutes issues des étiquettes de cotation et des différents critères de mesure retenus. Puis, ces résultats pourront être représentés selon des « cartographies bibliographiques »[15].

Positionnement des sources bibliographiques cotées

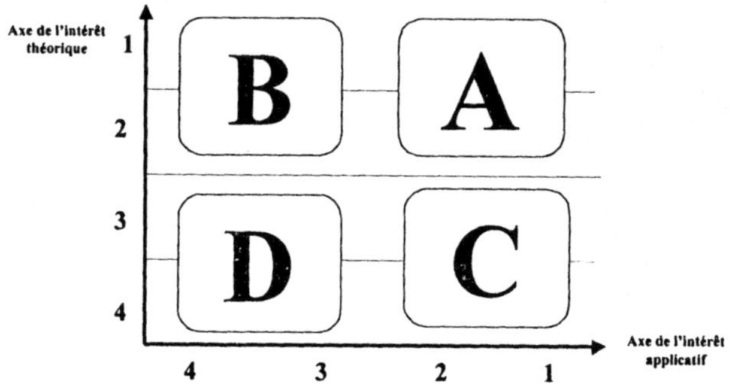

Niveaux de mesure de la contribution spécifique des sources pour cette recherche :
1 = essentiel, 2 = important, 3 = secondaire, 4 = sans intérêt

Des exemples de ces analyses et de ces résultats sont en annexes 3.1 et 3.2.

Ce type de représentation cartographique permet de visualiser une répartition bi-dimensionnelle des sources cotées. A l'exception de la zone « D » qui est bien évidemment une zone d'exclusion dans la mobilisation bibliographique spécifique (faible intérêt théorique et faible intérêt applicatif), les contenus et poids relatifs des zones A, B et C pourront être corrélés avec d'autres critères bibliométriques (par exemple : les trois catégories bibliographiques identifiées, ...) . Les possibilités contributives du dispositif à la qualité intrinsèque de la recherche et à son évaluation spécifique sont donc multiples et personnalisables.

---

[15] L'adaptation de ce type de représentation à la bibliométrie est démontrée dans le second chapitre de l'ouvrage d'Hervé Rostaing (ouvrage pré-cité), chapitre intitulé « les distributions bibliométriques » (p.25-46).

4. Conclusion

Ayant pratiqué ce dispositif en tant que « étudiant-chercheur » ET en tant qu'enseignant ayant à encadrer des travaux d'étudiant, il m'est permis d'affirmer que l'ensemble des acteurs de la communauté universitaire a tout à gagner dans le recours systématique à un tel dispositif.
Intellectuellement exigeant mais aussi gratifiant pour tous (enseignants, étudiants, documentalistes,...), il favorise un usage constructif et volontariste des technologies modernes en en bannissant les dérives plagiaires. Il contribue objectivement à restaurer la spécificité du rapport du jeune chercheur aux travaux et publications antérieurement réalisés. Il favorise le renouvellement de la contribution bibliographique à la qualité et la crédibilité de la recherche par un recours à quelques-une des potentialités de la bibliométrie[16].

De plus, une de ses caractéristiques est sa souplesse et son adaptabilité[17] comme en témoignent les exemples d'application sur des travaux réalisés par des étudiants sur des périodes courtes.[18] Pour illustrer à nouveau cette adaptabilité du dispositif, je citerai un complément pratique mis en œuvre très récemment dans un cursus particulier pour des étudiants ayant tendance à recourir massivement (et souvent abusivement) à des sites en accès gratuit via internet. Dans ce cas précis, l'étiquette bibliométrique a été complétée d'une nouvelle rubrique spécifique : le « *degré de*

---

[16] Pour une approche scientifique et globale de la bibliométrie : Hervé Rostaing, *op. cit.*

[17] Plusieurs collègues en font ainsi un usage personnalisé en fonction, par exemple, de la discipline concernée.

[18] Voir annexes 2.3 et 2.4 qui témoignent de la prise en compte de critères spécifiques au contenu disciplinaire des travaux réalisés par ces étudiants.

crédibililé de l'auteur du contenu sélectionné sur ce site», avec la cotation suivante : 1= fort, 2 = faible, 3 = inconnu. Cette fois encore, les étudiants eux-mêmes ont constaté les effets positifs du dispositif sur la qualité et la crédibilité de leurs travaux.

Enfin, et ceci n'est pas accessoire, le dispositif est d'une mise en œuvre simple et peu coûteuse en moyens techniques (un logiciel « tableur » sur ordinateur personnel pour la base de données, des étiquettes auto-collantes en « planches de format A4 » ou des fiches bibliographiques réalisables avec un logiciel « traitement de texte standard » également sur ordinateur personnel,...).

J'ai eu l'occasion de le présenter à plusieurs reprises[19], tant à des équipes d'enseignants qu'à des étudiants. Pour perfectible qu'il soit, l'intérêt puissant qu'il suscite auprès de l'ensemble des parties prenantes est sans conteste un encouragement à progresser dans cette voie en améliorant encore ce dispositif grâce aux remarques de tous ceux qui en sont (ou seront) les praticiens, et donc les bénéficiaires. Enfin, des bénéfices intéressants et complémentaires interviennent lors du croisement de ces résultats bibliométriques avec ceux qui sont issus de travaux d'investigation réalisés directement sur le terrain par l'étudiant-chercheur... mais ceci[20] appelle des développements ultérieurs.

[19] Lors de séances d'écoles doctorales, de séminaires méthodologiques en DEA ou DESS, etc...

[20] Pour un aperçu, voir annexe 3.2.

Annexe 1 :
Phasage indicatif du travail de recherche

Nous n'indiquons ici que les moments et travaux en lien avec notre préoccupation bibliométrique

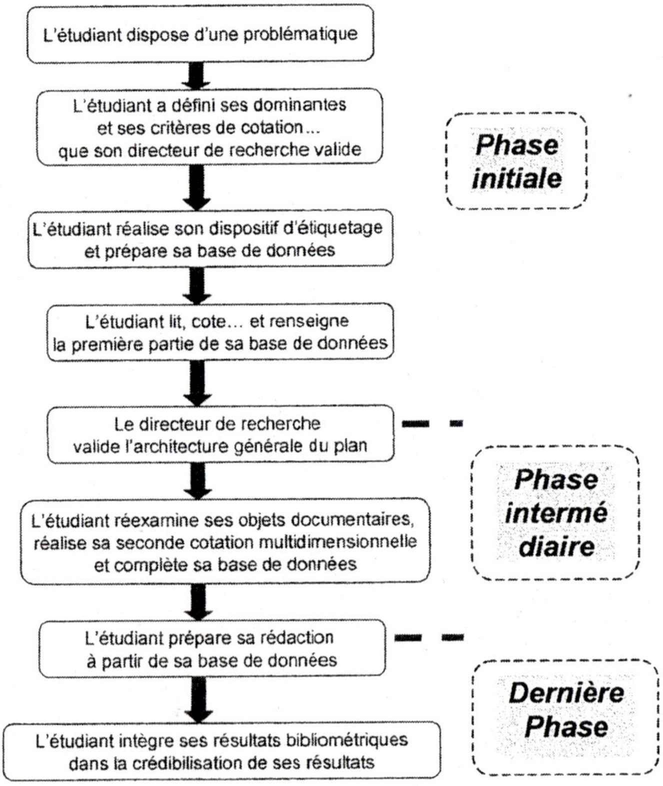

Annexes 2.1, 2.2, 2.3 et 2.4
– l'étiquetage bibliométrique : quatre exemples -

Annexe 2.1- *L'étiquette auto-collante directement apposée sur les photocopies* ***(exemple 1: article extrait de « Harvard Business Review »-1985)***

(ici, réalisation à partir de planches d'étiquettes de couleur disponibles en planches de format « A4 », ce qui en permet la pré-impression sur toute imprimante informatique personnelle.)

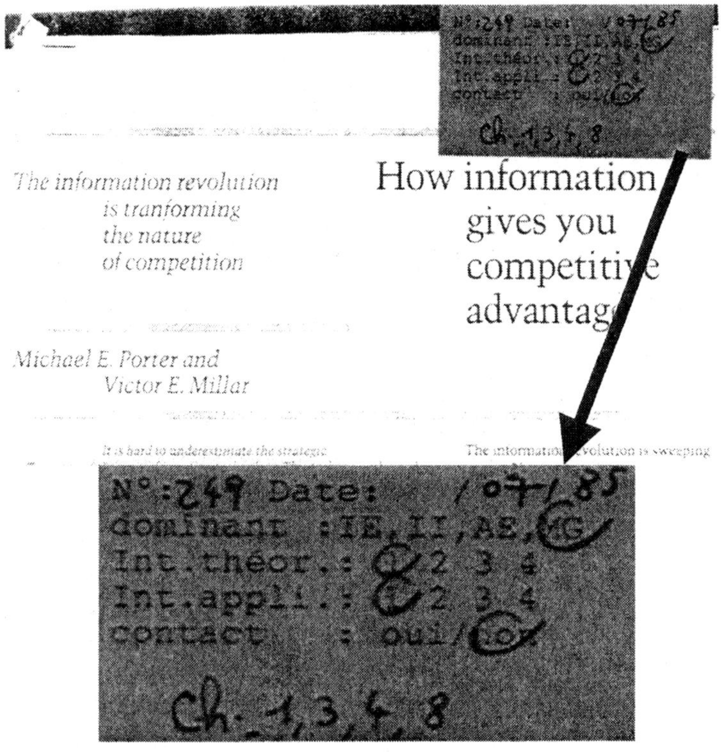

Annexe 2.2- *L'étiquette auto-collante directement apposée sur les photocopies* ***(exemple 2 : article extrait de « Réseaux et Télécoms» -mars 1998)***

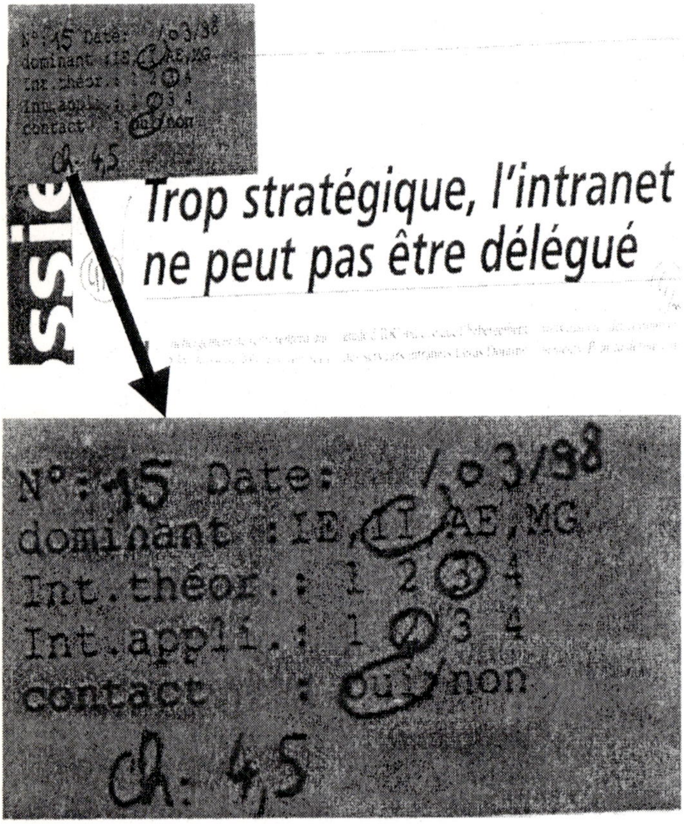

*Annexe 2.3 - La cotation intégrée à la fiche bibliographique unitaire : **exemple 1***

Les deux documents suivants sont directement issus d'un travail de recherche réalisé par un groupe de trois d'étudiants en troisième année d'école de commerce au cours d'un cours de type « électif » consacré au management de projets internationaux. Ce cours a lieu sur une période de 8 semaines calendaires. Outre une investigation auprès d'entreprises, chaque groupe d'étudiants doit étudier et coter au moins 35 objets documentaires, et ceci sur trois catégories de critères). Les trois cotations utilisées démontrent l'adaptabilité et la modularité du dispositif.

Titre de l'élément documentaire :
Gestion d'un projet système d'information

N° de l'élément documentaire : 01 /35
Date de parution : Octobre 2001
➔Type de sources : Ouvrage ←
Langue d'expression : Français
Auteur : Chantal MORLEY de nationalité française
Editeur : Dunod Editions
Lieu de disponibilité : Médiathèque
Moyen d'obtention : Recherche personnelle
Volume total : 377 pages
Partie sélectionnée : L'ouvrage dans sa totalité
Critère de sélection : ouvrage récent et auteur ayant une grande expérience dans le domaine et faisant de la formation en gestion de projet informatique

Abstract : (volontairement éliminé ici)

Mots-clés : Gestion de projet, découpages, estimation des charges, planification, évaluation des risques, pilotage du projet, Qualité, coûts, délais, PERT, diagramme de GANTT…

Chiffres-clés : aucun
Première cotation : intérêt général pour l'électif en cours : 1

Deuxième cotation : intérêt par acteur :

	1	2	3	4
MOA	**X**			
MOE	**X**			
P.C.		**X**		
Prestataires		**X**		

Troisième cotation : Intérêt par Coûts / Délais / Qualité.

	1	2	3	4
Qualité	**X**			
Coûts			**X**	
Délais	**X**			

*Annexe 2.4 - La cotation intégrée à la fiche bibliographique unitaire : **exemple 2***

Titre de l'élément documentaire :

Travailler par projet : difficile mais efficace

N° de l'élément documentaire : 10 / 35
Date de parution : 30 mai 2001
➔ Type de source : internet ⬅
Langue d'expression : français
Auteur : Magali Mauger de nationalité française
Editeur : www.lentreprise.com
Lieu de disponibilité : internet
http://www.lentreprise.com/ASP/chaine/article_dossier.asp?chaine=3&article=477&page=1&dossier=70
Moyen d'obtention : recherche personnelle
Volume total : une page internet
Partie sélectionnée : la totalité de l'article
Critères de sélection : Les apports d'une bonne gestion en mode projet

Abstract : (volontairement éliminé ici)

Mots clés : mode projet, difficultés, résultats
Chiffres-clés : Dans le projet Twingo, diminution des investissements =-25 %, coût de revient = - 15 %

Première cotation : intérêt général pour l'électif en cours : 2

Seconde cotation : intérêt/acteurs

	1	2	3	4
MOA= maîtrise d'ouvrage		X		
MOE= maîtrise d'œuvre			X	
PC= public "cible"= usagers				X
Prestataires				X

Troisième cotation : intérêt :Q-C-D

	1	2	3	4
Qualité				X
Coûts		X		
Délai			X	

Annexes 3.1 et 3.2
Résultats bibliométriques : deux représentations graphiques

Annexe 3.1- graphique bibliométrique : exemple 1

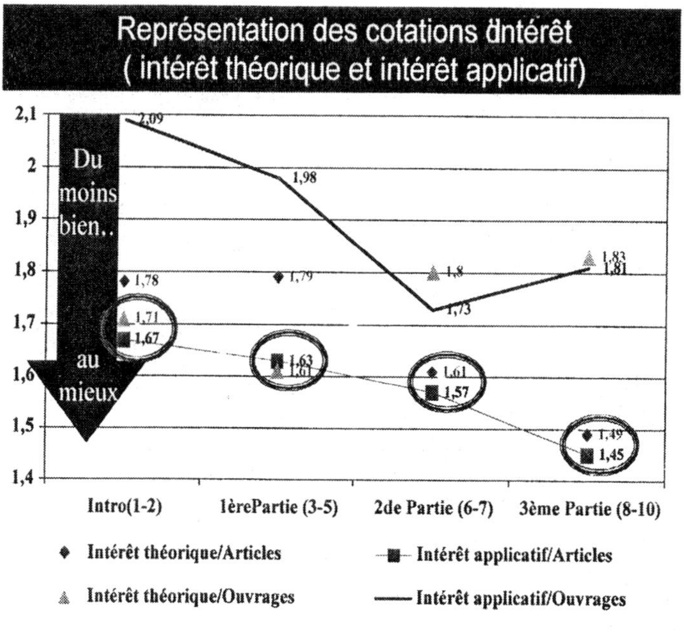

Illustration d'une possibilité (parmi « n ») de représentation des résultats des travaux bibliométriques spécifiques. Ce schéma montre les différences, corrélées aux différentes parties de la recherche, des intensités contributives de deux catégories de sources :

- les articles,
- les ouvrages

Annexes 3.2 – graphique bibliométrique : exemple 2

Indications des contributions (en pourcentages par catégorie de source) aux deux principales parties du travail de recherche ;

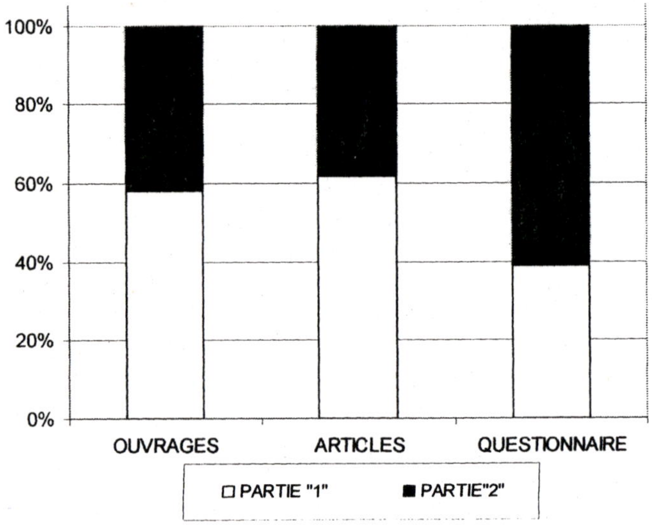

Parmi les trois catégories de sources : deux sont bibliographiques (les ouvrages et les articles), la troisième est l'ensemble des données issues du questionnaire « terrain » réalisé spécifiquement par le chercheur.
Dans ce cas précis, la seconde partie était la plus pointue et la plus novatrice de la recherche.

Thoughts on « Science » in « Management Science: » A Pragmatic View[1]

Wladimir M. Sachs[2]
Visiting Professor at Leiden University School of Management

> **Science:** *systematized knowledge derived from observation, study and experimentation carried on in order to determine the nature of principles of what is being studied.*
>
> **Management:** *the act, art or manner of managing or handling, controlling, directing, etc.*[3]

1. Why is Management Science so Irrelevant?

The business of management scientists is to study behavior of organizations and human beings. Ackoff, Churchman and Emery have shown that all major concepts of interest to management scientists can be approached in

---

[1] The author is grateful for ideas, and for friendly and constructive comments on the first version of this paper by Yvon Pesqueux of Ecole Nationale des Arts et Métiers in Paris, and from Christophe Bouteiller, Hervé Colas, Xavier Deroy and Robert Zrihen, colleagues at Reims Management School.

[2] Visiting Professor at Leiden University School of Management. This paper was written while the author was Professor of Strategy and Technology and Director of TEMA School of Technology and Management at Reims Management School. The author can be contacted at wladimir@sachsofone.com.

[3] Both definitions from Webster's New World Dictionary of the American Language, 1972.

behavioral terms.[4] Their work, based on the American pragmatic philosophy, and particularly on the insights of Edgar Singer Jr.[5], Ackoff's and Churchman's professor and himself a disciple of James, consisted in showing that behavioral and psychological concepts (including concepts as "soft" as "love" or "friendship") can be defined operationally and under controlled conditions observed and measured objectively. Human beings and organizations are specific manifestations of what they call a "purposeful system," which can exhibit all psychological and behavioral characteristics that we often use in rather vague or metaphorical terms, as for example when we talk about "friendship" between two countries or the "personality" of an organization. Their invaluable contribution is to have demonstrated that rigor can be applied to complex concepts. However, their approach depends on one's ability to observe phenomena in "ideal" or "controlled" conditions, and that kind of rigor is seldom practiced, or indeed practical, when dealing with messy and complex phenomena.

A lot of management science is conducted in the traditional hypothetical-deductive manner, characteristic of Scientific Method with a capital "S" and a capital "M." Unfortunately, after decades of massive studies applying this approach there is precious little of interest to point to. Principles that can be established "scientifically" are of little interest, and interesting phenomena do not easily lend themselves to the traditional scientific approach.

---

[4] Russell L. Ackoff and C. West Churchman, Psychologistics, University of Pennsylvania Monograph, 1947 and Russell L. Ackoff and Fred Emery, On Purposeful Systems, Aldine Atherton, 1972. Also, C. West Churchman, Prediction and Optimal Decision, Prentice Hall, 1961.

[5] Edgar Singer, Jr, Experience and Reflection, University of Pennsylvania Press, 1959, edited posthumously by C. West Churchman.

At times one can establish that a great many organizations follow a particular pattern of behavior, and therefore be tempted to conclude that there is a principle involved. However, with time one usually realizes that the pattern was due to a widespread use of an "idea in good currency" or what in French is called a "phénomène de mode."[6] Many well known management techniques, such as "benchmarking" or "best practices", are meant to foster mimetic behavior among organizations, and armies of consultants are dedicated to spreading similar behavioral patterns as widely as possible.[7] At the same time a competing army of management "gurus" exhort organizations to come up with unique behavior that differentiates them from the rest. They are invited to produce "unique selling propositions," and to come up with "business models" that set them apart from their competitors. Thus we are witnessing a paradox whereby organizations are encouraged not to be like any other, while management scientists persist in finding principles by which organizations could be viewed as undifferentiated, just as two grains of sand or two mosquitoes can be viewed as equivalent.

This is not to dismiss the idea of applying statistical and other data-analysis approaches. They can be very useful in more ways than one. They are a handy way of summarizing observations and that summary can often be expressed in the form of a behavioral principle. One simply has to remember that a statement like "*Meat packers in Northern France do not create balance sheet reserves for biological crises*" should really be formulated as "*A significant proportion of meat packers in Northern France*

[6] For the concept of « idea in good currency » see Fred E. Emery and Eric L. Trist, Towards a Social Ecology, Plenum Press, 1973.
[7] See Gary Hamel, Leading the Revolution, Harvard Business School Press 2001.

during the period from 1998 to 2000 did not create balance sheet reserves for biological crises." The first formulation is a shortcut to the second, and should not be read literally, as a principle of predictive nature, for there is nothing to prevent meat packers in Northern France to create balance sheet reserves for biological crises, and one can easily visualize a government action that would result in all meat packers in all of France creating such reserves.

Another way, in which the uncovering of statistical regularities can be useful, is in creation of reference projections.[8] In traditional Science or in its applications a model is used to predict behavior based on observed (and therefore historical) regularities. This is, for example, the method of Econometrics. This generally cannot be done for organizations, for there is nothing that guarantees the persistence or immutability of pas behavioral patterns. However, it is interesting to project pas behavior into the future, for such an exercise reveals contradictions that are inherently present in the historical model. For example, the current public debate in industrialized countries on the crisis of financing retirement is based on a widespread consensus that current dynamics extrapolated into the future results in an infeasible or non-viable situation. In a way, a reference projection is like a magnifying glass. It allows one to better appreciate the current (i.e., historical) situation by "exaggerating" it through a projection into the future.

Yet another unconventional use of statistics is spotting early trendsetters.[9] In traditional scientific model

---

[8] For a definition of reference projections see Russell L. Ackoff, Creating the Corporate Future, John Wiley 1972 and Wladimir M. Sachs, Diseño de un futuro para el futuro, Fundacion Javier Barros Sierra, Mexico 1978 (also available as a monograph in English under the title Designing a Future for the Future.

[9] Fred E. Emery and Eric L. Trist, Towards a Social Ecology, Plenum Press, 1973.

building, observations that do not fit a mathematical pattern are ignored, dismissed as "statistical noise" or representing "oddballs." It is so because the purpose of the inquiry is to unearth the pattern. One can fruitfully reverse this approach. The purpose of an inquiry can be to dismiss the data which follow a pattern and to focus on that which does not. This approach is based on the very simple observation that social and technological change does not happen uniformly. It is usually the result of some particular innovation that is localized and whose diffusion takes time. Thus one dismisses the uninteresting and uninformative bulk of pattern-fitting data as representing the "normal" and focuses one's attention on the oddballs that may be informative of emerging and potentially significant changes. Of course, one has to take a hard second look to make sure that the "oddbality" is not due to some trivial reasons, such as an error in observation or measurement.

Generally speaking, it is clear that behavioral patterns can be uncovered amongst subjects constituting the object of Management Science, and that establishing a mathematical description of such patterns is useful. Yet, we reject the "scientific" approach which consists in formulating a hypothesis and then testing its validity as principle, or even a "law" as in the law of gravity. We accept only the more limited objective of measuring the extent to which a mathematical expression or a pattern accurately reflects the data. The traditional approach asserts implicitly or explicitly that the pattern reflects the "deep nature" of the observed objects. The epistemological difference between these two approaches is fundamental, even though the statistical techniques employed (e.g., a way of measuring the fit of observations to a mathematical curve) are the same in either case. We cannot accept the "scientific" approach for at least three reasons.

First, the objects studied are **essentially unique**.[10] Of course, any two things are "the same" in at least some ways (at the very least by virtue of sharing the property of belonging to the same Universe). And, of course, any two objects are different in some way (at the very least in their space-time coordinates). So by stating that the objects studied are essentially unique we merely assert that what is of interest to Management Science is what makes the objects unique, not what makes them alike. And yet, by miming "hard" or "respectable" science, hordes of Management Scientists flood the literature with irrelevant discoveries of similarities.

Second, the objects studied are **purposeful**[11], and therefore capable of modifying their behavior, including in fundamental (i.e., pattern-breaking) ways. Practitioners, such as consultants, help clients uncover behavioral principles or "laws" that govern their behavior for the explicit purpose of breaking them and thus fundamentally modifying behavior. In that sense the Management Scientists, as an actor or "change agent," is closer in his approach to a Psychologist than to an Engineer. The Physicist uncovers principles so the Engineer can use them to his advantage and respect them as a constraint. The Management Scientist/Consultant uncovers principles to help the client go beyond them. Again, we are merely expressing a point of view on what we think is interesting in Management Science. To us, such science cannot be divorced from action, i.e. continuous practical endeavor to influence in a positive manner human and organizational behavior. Laws that cannot be broken (the law

---

[10] For a formal definition of an object's essential properties see Wladimir M. Sachs, "Toward Formal Foundations of Teleological Systems Science" in General Systems, 1976 and in Fred E. Emery (editor), Systems Thinking, volume 2, Penguin Books, 1981.

[11] See discussion of purposeful systems earlier in this section.

of gravity, for example) are of little interest to Management. And yet the Management Science literature is full of "pseudo-laws" that usually are no longer true by the time they get published, thanks to the mercilessly lengthy publication process.

Thirdly, the objects studied evolve in **environments filled with other purposeful objects** or, as often phrased, "intelligent opponents." Therefore, the attempt to accurately forecast future environmental conditions based on the past is of little use. What is useful, however, is the uncovering of behavioral strategies that adapt quickly and effectively to changing conditions. Yet, there is far more published on the first question than on the second.[12]

One might conclude from the discussion thus far that "science" should be erased from the expression "Management Science." Indeed, Management Science deals with unique objects that change at will their essential characteristics and which cooperate or compete with other such objects. This does not look like a good business for a scientist.

The next two sections argue that "Science" can be usefully coupled with "Management" under two conditions. First; one must limit "Management Science" to "client-based" or "action-oriented" research. Second, one must refine the meaning of "science," to give it content suitable to our purpose.

---

[12] For a discussion of adaptive strategies see Wladimir M. Sachs and Marybeth L. Meditz, "A Concept of Active Adaptation", Human Relations, 1979 and Wladimir M. Sachs, "Adaptation Revisited: Concepts for Proactive Management of Change", Reims Management School Working Paper, 1999.

2. Client-based Research[13]

Parting from a classical conception of science as the "pursuit of truth" one can classify epistemological paradigms in terms of their conception of "truth:"[14]

- *Rationalism*: is true that which can be deduced from that which is known to be true.
- *Empiricism*: is true that which can be induced from observation.
- *Dialectics*: is true that which results from the contradictory interplay of opposing conceptions of that which is true.
- *Pragmatism*: is true that which produces the desired result.

The fourth approach subsumes the first three. Indeed, under some circumstances the most fruitful way of arriving at desired results is through the rationalistic, empiricist or dialectical method. Mathematics developed thanks to the systematic application of rationalism, and biology primarily thanks to the systematic use of empiricism. But the pragmatic method leaves room for methods of inquiry that are neither rational, nor empirical, nor dialectic, nor a combination of those.

In the fifties two American philosophers, C. West Churchman and Russell L. Ackoff, decided that it was not possible to be a pragmatist without involving oneself in research on concrete problems, that is doing research in a context that allows one to test solutions for their effectiveness. They created the first American doctoral program in Operations Research at Case Institute of

---

[13] The term as used here is closely related to the more widely used concept of « action research ».

[14] This taxonomy is adapted from C. West Churchman, The Design of Inquiring Systems, Basic Books, 1971.

Technology. At the time, Operations Research was broadly defined as any research dealing with operational (i.e. practical or applied) problems. Only later did the field of Operations Research "degenerate" into application of specific mathematical techniques to devise optimal solutions to operational problems.

Churchman and Ackoff initiated their collaboration together just before Pearl Harbor as junior Faculty at the Philosophy Department of the University of Pennsylvania. They continued their collaboration by correspondence while Ackoff was soldiering in the Pacific and Churchman worked on developing quality control techniques for the munitions industry (apparently the military censors did not stop this strange correspondence on grounds that it might be a secret code). They were under influence of Professor Edgar A. Singer Jr., who has devised a conceptual system to show the compatibility and complementarity of teleology and mechanism. They were coached by a younger Professor, Thomas A. Cowan, himself a student of Singer. The trio Cowan, Churchman and Ackoff became "inseparable," dominating the early developments of Management Sciences, although Cowan spent a good deal of his time as a Philosopher of Law.

Later, Churchman moved to Berkeley and Ackoff to Wharton, where he linked up in mid sixties with Eric Trist, a British behavioral and management scientist, one of the founders of the Tavistock Institute for Human Relations. Later, Trist's Australian disciple, Fred E. Emery, became Ackoff's close collaborator. Trist and Emery came from the Lewinian tradition of "action research" which was very compatible with the pragmatic point of view.[15]

[15] The content of this box is based on the author's personal acquaintance with Ackoff, Churchman, Cowan, Emery and Trist.

In their early contributions to the development of Management Science, C. West Churchman[16] and Russell L. Ackoff[17] have established the principle that there can be no valid problem without there being a client for that problem. They actually define a problem in a way that makes no sense without a client. A problem occurs when there is a situation with two or more available courses of action and when there is doubt as to which course of action is most likely to lead to the most satisfactory outcome. The notion of "doubt" requires reference to an entity that doubts, hence the integration of the notion of "client" into the definition of a problem. The client is that which has doubt about which course of action to take.

Based on this conception of a problem, we reject the dichotomies between management science and management action, between descriptive or analytical on the one hand and the normative or prescriptive on the other. They are two sides of the same coin.

Indeed, analyzing a problematic situation is not possible without reference to the problem holder, that is to say, an entity that has an interest in the problem. And that interest is not in analysis or description alone, but in normative recommendations or prescription as well. As a problem-holder I am not merely interested in knowing more about it or understanding it better, but rather in what to do to get rid of the problem.

This is not to say that one cannot on occasion engage in research on problems that not have a "client" in the literal sense of that term. However, one has to formulate the problem as if there were a client, i.e. an institution or an

---

[16] C. West Churchman, Prediction and Optimal Decisions, Prentice-Hall, 1961.

[17] Russell L. Ackoff, Scientific Method: Optimizing Applied Research Decisions, John Wiley & Sons, 1962.

individual that would harbor doubt and therefore could benefit from the outcome of the research by implementing and testing its recommendations. The strict application of the client principle carries three benefits.

First, it integrates an institutional dimension into Management Science. To study a problem, there must be somebody (an organization or an individual) capable of acting on the problem. That "somebody" can be hypothetical, but a good problem is one where a client, if it does not exist already, can be reasonably expected to come into existence. Consider for example the sleuth of research on "global" problems, starting with the early Club of Rome work[18], which comes up with recommendations that nobody is capable of implementing and for which there are no institutional instruments in sight. Such research serves no obvious purpose, and would not be undertaken if the institutional dimension were taken into account. Alternatively, it must propose institutions, such as "World Government", for the benefit of which the research is undertaken. But then its weakness, in the sense of political feasibility, becomes immediately apparent.

Second it dissolves the dichotomy between descriptive or analytical and the prescriptive or normative aspects of research. This dichotomy is sometimes quite emotional as many academics consider prescription as "impudence" and prefer research that limits itself to understanding a problem, not acting on it. In fact, the analytical side of research is an instrument for the devising of prescription for action. The pragmatic point of view holds that the only ultimately valid test of a solution comes from putting it into practice and "seeing if it works." Historically, most sciences combined the analytical and normative aspects of research without much drama. Physicists studying natural

[18] D. M. Meadows *et al*, The Limits to Growth, Universe Books, 1972.

phenomena developed good mathematics, and Astronomers were very interested in practical problems such as improving the precision of navigational techniques for sea-going vessels. The divorce between those who "study" and those who "act" is more a sociological consequence of the way academia is coping with its phenomenal growth since World War II, than result of a rational scheme for division of labor.

Third, it ensures the relevancy of what is being researched. To be a valid subject for research, there must be someone to whom the results matter. There is a built-in methodology for answering the "so what?" question.

We leave it to the reader to imagine what Management Science journals would look like if the client principle were universally applied.

3. Science as Control

Instead of looking at Science as essentially being a "body of knowledge," let us instead focus on the process through which science augments and refines that body of knowledge. In traditional science that process is governed by a strict and codified methodological doctrine, which is designed to ensure that scientifically established facts or principles have a greater probability of being true than would be the case if common sense approaches were used. The doctrine or methodology is in itself constantly refined. Thus science is the process of inquiring into the nature of things through the use of scientific method and the process of enriching that method.

The scientific method has been developed to render the process of inquiry more efficient relative to the objectives of that inquiry. For example, statistical methods of inductive inference allow the scientist to work with population samples that are neither too small (thus casting doubt on the validity of results) nor too big (thus involving excessive observation and measurement costs).

A process that is being pursued efficiently with a clear objective in sight can be referred to as controlled process. This is compatible with the usual cybernetic notion of control, in which the process is kept within an acceptable range of a particular value of a measurable parameter through the use of feedback to correct possible deviations.

In any event, the notion that science is a process of controlled inquiry should not be too shocking. After all, biologists and chemists speak of "controlled" experiments, and more phenomenological statistical inquiries compare a target group subject to some particular influence to a "control" group that is allegedly immune from such influence. Scientific concepts and measurements are defined under "ideal" conditions and the un-ideality of reality is considered to be the source of measurement or observation error. Thus the notion of "control" is pervasive throughout the discourse on the scientific method.

Furthermore, scientific method accepts that perfect control is an unattainable ideal. For example, the standard definition of a unit of measurement such as the "meter" has constantly evolved as the ability of science to measure with greater precision has evolved. Most scientists will probably agree that such a measure will continue to evolve and the evolution may never stop. Since control is a matter of degree, so is the extent to which the process is scientific.

Science is also about improving the process, or ameliorating the manner in which control is exercised.

4. Management Control and Applied Management Science

We assert that management science is necessarily applied (client based or problem oriented) and that it is a learning and adaptive process of controlled inquiry. This suggests to us that a management control system within an organization is a fairly adequate context in which to conduct management science. Indeed, consider the most salient characteristics of a management control system.

The purpose of a management control system is to monitor an organization's progress towards its end, to alert as early as possible of actual or potential problems, and to prescribe corrective action when needed. The points of departure for constructing such a system are decisions, which may be isolated or grouped (as in a "plan"). A decision is a set of instructions to the organization. Decisions makers hope that as result of their decisions the organization will achieve some specific results in some specified future. In other words, they associate with each decision some expectations.

Those expectations are based on some kind of a model that associates the action undertaken with the expected results. This model necessarily contains assumptions about the organization and its environment; it is necessarily based on information collected from these sources, and involves some kind of a methodology or process that links all the elements involved in a casual or probabilistic manner.

So far, the management control system consists of a decision-maker, the organization and its environment, and of decisions that are characterized in terms of instructions issued to the organization, expectations, assumptions, information and process used. To be complete, the management control system must also include a monitoring function, and a diagnostic and prescriptive function.

To monitor progress towards its ends, the management control system must collect relevant information. That information must be related to the decision in at least two ways. First, it must allow the evaluation of the extent to which expectations are met. Second, it should continually assess whether the assumptions based on which the decision was made continue to be true.

Suppose now that the monitoring function detected a significant deviation between expected and actual state of affairs. This could be due to one of the following factors, or a combination thereof:

- The decision was wrong because it was based on wrong information. A corrective action is needed to improve the information gathering process ("observation" in scientific terms).
- The decision was wrong because of the model or decision process used. The model or process ("theory" in scientific terms) needs to be changed.
- The decision was right, but the organization failed to implement it correctly. In other words, the instructions issued did not have the expected effect on the organizations' behavior. The organization must be modified ("change management" in action-research terms).
- The decision was right under the assumed circumstances, but the assumptions proved incorrect, either because of the information gathering process used during the decision making process (errors in "observation"), or because of subsequent changes in circumstances (the "theory" is no longer applicable). A new decision needs to be made.

- The decision was right and the organization as exactly where one wants it to be, but the monitoring system issued a false alert ("measurement" error). The monitoring system needs a fix.

The diagnostic and prescriptive function determines which combination of aforementioned causes is in play and recommends a corrective action.

Most organizations do not come close to implementing a management control system as described here. When they do, only a limited and quantitative implementation is available, usually built around the budgeting process. Management control, as commonly practiced, consists of *a posteriori* analysis, which may be useful and a source of insights, but has little to do with the ideas presented here. Indeed, what is essential in the system described here is that the expectations, assumptions, information and methodology of decision making be spelled out explicitly at the same time as the decision is made. A decision is not just an order issued to an organization, but a carefully crafted construct, which explicitly justifies it, including most salient supportive information and opinion. By analogy, it is more like a court verdict than like a scene from a TV drama in which a tycoon barks orders at terrified subordinates.

For the decision to be carefully justified, preferably in writing or through some other unalterable medium, is essential for two reasons. First, in practice the organizational units in charge of monitoring are not the same as the ones making the decision, and therefore there must be a convenient way of briefing the monitors. The idea of budget analysts monitoring an organization without having the foggiest idea of its strategy always struck the author as bureaucratic nonsense. Second, the sociology of organizations is such that if the decision is not recorded on unalterable media, it will often get modified ex *post* in collective memory to hide mistakes and make deviations appear as "perfectly anticipated and normal occurrences."

Note that the management control system described here is very rigorous and therefore onerous. It therefore should be applied only to a few decisions, those that really matter. It raises the question of distinguishing between essential decisions, non-essential decisions and pseudo-decisions, which are elaborate rituals that are meant to look like decision-making, but in fact serve no other practical purpose than to provide members of the organization with the kind of psychological comfort that rituals are good at providing. This, however, is a subject beyond the scope of this essay.[19]

The system described here hypothesizes that certain actions will lead to certain outcomes, it spells out the assumptions about the context in which that will happen, records the information based on which it acts and the methodology or process used to connect all of these elements together. It then rigorously monitors the actual situation, analyzes errors and suggests changes. "If it looks like a duck, if it quacks like a duck, then it is a duck." The management control system looks very much like a scientific process.

5. In Guise of Conclusions

This essay started by questioning the desirability of applying science to management. Based On ideas developed in early days of "management science" by Churchman and Ackoff, it then proposes an alternative view of science as "controlled inquiry." It ends on an optimistic note, suggesting

[19] Hervé Colas and Robert Zrihen, contributors to this volume, are actively involved in research on ritual aspects of decision making.

that any organization whose control system is sufficiently rigorous is in effect a “laboratory” of management science. Good management is scientific and good management science is management.

« Qui est entrepreneur ? » Une comparaison de deux modes d'approche par le caractère et le portrait

Hervé COLAS
Reims Management School

1. Quelques points de repérage sur les portraits et les caractères

Un portrait est une représentation de quelqu'un ou d'une réalité plus ou moins complexe, par la parole (éventuellement), par la peinture, mais surtout, en droite ligne de la tradition du XVIIème Siècle, **par l'écriture** : une écriture volontairement descriptive, illustrative, mais aussi, pour une grande part normative, et qui, à cet effet, préfère à l'exposé de préceptes, **la représentation d'exemples concrets « en action »**,. Un père jésuite, le Père Le Moyne (1602 – 1676), fut pionnier en France, rappelant la force de l'exemplarité dans un propos argumentatif : *« car dans le bien non moins que dans le mal, un homme qui fait, en persuade plus que douze qui haranguent »*[1].
Progressivement émancipé de son statut rhétorique initial, le portrait, est devenu une catégorie littéraire à part entière, catégorie dont Cioran a proposé une anthologie[2].
Cette catégorie se situe à la fois dans un ordre descriptif et dans un ordre normatif, comme le souligne La Bruyère lui-même dans l'introduction de ses fameux « Caractères »[3]:
- dans les interstices du décrire :

[1] Cité par E. Bury *Introduction aux Caractères de La Bruyère*, Livre de Poche, Edit 7705, 1995.
[2] M. Cioran *Anthologie du portrait*, Arcades, Gallimard, 1996.
[3] La Bruyère, *Les caractères*, Préface, Livre de Poche, édition 7705, 1995.

> *« Je rends au public ce qu'il m'a prêté : j'ai emprunté de lui la matière de cet ouvrage ; il est juste que l'ayant achevé avec toute l'attention et la vérité dont je suis capable, il mérite de moi que je lui fasse la restitution »*

- et du prescrire :

> *« Il peut regarder avec loisir ce portrait que j'ai fait de lui d'après nature, et s'il se connaît quelques-uns des défauts que je touche, s'en corriger…Comme les hommes ne se dégoûtent point du vice, il ne faut pas aussi se lasser de leur reprocher ; ils seraient peut-être pires, s'ils venaient à manquer de censeurs ou de critiques ; c'est ce qui fait que l'on prêche et que l'on écrit : l'orateur et l'écrivain ne sauraient vaincre la joie qu'ils ont d'être applaudis ; mais ils devraient rougir d'eux-mêmes s'ils n'avaient cherché, par leurs discours ou par leurs écrits, que des éloges…. On ne doit parler, on ne doit écrire que pour l'instruction ; et s'il arrive que l'on plaise, il ne faut pas néanmoins s'en repentir, si cela sert à insinuer et à faire recevoir les vérités qui doivent instruire »*

En sciences de gestion, la narration intervient à un premier niveau pour restituer le passé. Les histoires deviennent artefacts de l'informel, cherchant à rendre compte de manière intelligible (nous sommes tenté d'écrire rendre « conte ») de situations réelles auprès d'un lecteur-modèle scientifique. Les anecdotes qui abondent dans le portrait ont alors valeurs de métaphores allotopiques, emmenant le lecteur scientifique sur le lieu de l'interaction, c'est-à-dire dans l'organisation elle-même, ou en le « transportant » dans le passé.

Après avoir présenté le portrait dans sa forme descriptive et prescriptive, nous verrons, que le portrait favorise l'intrusion d'une dimension esthétique au sein du corpus scientifique.

1.1. La dimension descriptive des portraits

Si les portraits sont traditionnellement associés aux caractères, nous devons considérer leurs spécificités respectives, quand bien même ces deux types d'écrits s'inscrivent tout à fait dans une dimension descriptive. La Bruyère, proposait, dans ses « Caractères », à la fois des portraits (*e.g. : Giton* : illustratif de la richesse) et des caractères-types *(« des biens de fortune », « des jugements », « des femmes », « des grands* »).
Description de petites anecdotes, d'histoires, que l'on complète si possible avec des données externes.
A titre d'exemple fort utile pour notre propos, nous incluons un extrait de portrait de Richard Branson, PDG de Virgin, rédigé par Manfred Kets de Vries[4] :

> *« Richard Branson naît en Juillet 1950, premier enfant et seul fils de Ted et d'Eve Branson. Il a deux sœurs Lindi et Vanessa. La famille est très unie et Richard garde le souvenir d'une enfance « heureuse et protégée ». Ted et Eve sont tous deux issus de milieux aisés de l'establishment. Ted est le fils et petit-fils d'avocats éminents. Eve vient d'une famille qui compte des ecclésiastiques, des agriculteurs et des courtiers en bourse et dans laquelle les femmes ne sont pas reléguées à la cuisine. Eve a des opinions arrêtées en matière de pédagogie. Elle n'impose pas une discipline de fer, mais elle pousse ses enfants à être autonomes et responsables, à prendre en main leur propre destinée plutôt qu'à s'en remettre aux autres. Un après midi d'été, alors qu'elle revient avec Richard d'une visite à ses grands parents, elle ordonne à l'enfant, alors âgé de quatre ans, de descendre de voiture et de rentrer*

[4] M. Kets de Vries, *Un rebelle créatif, in l'art d'entreprendre*, les Echos – Arthur Andersen, Village Mondial, 1998.

tout seul à pied. La ferme où ils logent n'est pas très éloignée, mais Richard se perd dans la campagne et se retrouve dans une ferme du voisinage.

... Richard est l'archétype même du garnement, souvent réprimandé pour ses frasques, accumulant les bêtises et débordant d'énergie ; ses parents le trouvent aussi attachant qu'épuisant. Son père raconte que c'est vers l'âge de onze ou douze ans que Richard lance sa première affaire. Après avoir planté un millier de jeunes plants de sapin, il retourne au pensionnat, convaincu de faire fortune en les vendant aux vacances de Noël. Malheureusement, les lapins se régalent de ses plantations. Un an plus tard, nouveau projet. Avec des perruches cette fois. C'est encore un échec ».

1.2. La dimension normative du portrait

Cette dimension est portée par l'auteur du portrait à la fois dans le choix du personnage, dans la sélection et la description d'éléments caractéristiques. Est-il besoin de préciser que ces anecdotes reflètent souvent la propre axiologie du chercheur, qui manifeste ainsi ce qu'il considère comme exemplaire (en positif ou en négatif).
Le portrait met en œuvre également une forme de rhétorique latente : description de l'action dans l'organisation, il permet l'exercice de la « phronésis » grecque, cet art de la « délibération », en invitant le sujet d'étude à la lecture et à la contradiction participante. Rhétorique également en explorant le champ du vraisemblable et du possible, par opposition à une « vérité » ontologique, alors que tous les praticiens de la gestion connaissent la fragilité des décisions humaines, et l'incertitude des résultats notamment en matière de management.

Faut-il souligner, à l'issue de certaines crises financières récentes, la redécouverte de cette nécessité de délibérations contradictoires dans les conseils d'administration, perçus parfois jusqu'à présent comme des chambres d'enregistrement des décisions du PDG.

1.3. Une approche « artisanale [5]» des portraits par rapport aux caractères

Excusez moi d'insister et de forcer le trait...Mais comme on le dit souvent, l'art montre et ne démontre pas. Nous sommes (quasiment) convaincu que la comparaison des images qui suivent vous sera plus utile à la compréhension de notre propos, qu'un long discours, même si nous savons pertinemment qu'il s'agit d'une « monstration », peut-être même d'un « monstre », et aucunement d'une « démonstration ».

La démarche Durkheimienne consiste à dire que :

> *Tout ce qui est réel a une nature définie qui s'impose, avec laquelle il faut compter et qui, alors même qu'on parvient à la neutraliser, n'est jamais vaincue. Et, au fond, c'est là ce qu'il y a de plus essentiel dans la notion de contrainte sociale. Car tout ce qu'elle implique, c'est que les manières collectives d'agir ou de penser ont une réalité en dehors des individus qui, à chaque moment du temps s'y conforment. Ce sont les choses qui ont leur existence propre. L'individu les trouve toutes formées et il ne peut pas faire qu'elle ne*

[5] Ceci pour rappeler que le statut du peintre au XVIIIème siècle est un statut d'artisan, maître d'une technique et non d'un pouvoir de création, comme nous l'entendons aujourd'hui.

soient pas ou qu'elles soient autrement qu'elles ne sont[6].

Pour utiliser deux démarches alternatives, bien qu'en général utilisées de concert dans le dessin artistique, nous pourrions dire qu'au plan scientifique, la posture qualifiée « d'ontologique » par les chercheurs est une approche par le dehors de l'objet. (image a). Le chercheur, en étudiant la relation dehors-dedans, donne un sens à la relation de l'extérieur vers l'intérieur: la forme de l'objet apparaissant par négatif. Cette forme est donnée par la « peau » de l'objet, comme le montre l'image (a) ci-après, image tirée d'une photographie et retravaillée avec un logiciel de traitement d'image.

Image (a)

Durkheim ou la représentation par « l'extérieur » de l'objet

L'objet est façonné, contenu et cantonné par le « fond » mais, comme l'indique simplement cette image, l'objet étudié n'a pas d'âme, au sens latin du terme, c'est-à-dire un souffle intérieur, qu'on peut appeler conscience. Cette position nous

---

[6] E. Durkheim, *Les règles de la méthode sociologique*, Paris, Flammarion, 1988, cité par M. Girod-Séville, V. Perret, "Fondements épistémologiques de la recherche", in R. A. Thiétard, et coll., *Méthodes de recherche en management*, Dunod, Paris, 1999, p.18.

paraît quelque peu gênante pour étudier le management, dont un grand volet, comme le souligne Pfeffer[7], repose sur des rapports humains, et notamment une quête de sens qui se manifeste, entre autres, par le recours à des symboles. Cette même démarche pourrait se rapporter à l'économie, qui ne s'occupe pas de savoir comment l'entreprise réussit à motiver ses troupes, et qui ne parvient donc pas très bien à nous expliquer, pourquoi deux entreprises comparables (à effectifs et technologies semblables) peuvent dégager des résultats différents.

L'idéal-type weberien, (le caractère) est défini comme suit dans les essais sur la théorie de la science[8] :

> *on obtient un idéal-type en accentuant unilatéralement un ou plusieurs points de vue, et en enchaînant une multitude de faits isolés, diffus et discrets, que l'on trouve tantôt en grand nombre, tantôt en petit nombre, par endroits, qu'on ordonne selon les précédents points de vue choisis unilatéralement pour former un tableau de pensée homogène.*

Weber nous décrit ainsi le mode de constitution de ce que les littéraires appellent un « caractère ». Pour illustrer la différence de posture, nous proposons une interprétation-caractère de la même photographie que ci-dessus. C'est-à-dire que la relation va ***« du dedans vers le dehors »***. Comme vous le remarquez, la posture weberienne de l'intérieur vient **compléter** la durkheimienne « dans l'autre sens », puisque l'objet perçu par le dehors ne donnait pas l'intégralité des éléments nécessaire à une vision correcte de ce dont il s'agit. La relation phénoménologique weberienne, force, pousse

[7] Voir à ce propos : Pfeffer, *Power in organizations*, Pitman, Boston, 1981.

[8] M. Weber, *Essais sur la théorie de la science*, Agora, Press Pocket, 1992, p. 172.

l'objet vers l'extérieur (image b), de telle sorte que cet objet apparaît par la butée, ou la résistance de son environnement. La sociologie compréhensive weberienne accroît donc la connaissance de l'objet social « perçu comme une chose ».

Image (b)
Weber ou l'approche par l'intérieur de l'objet

Bien entendu, la bonne démarche pour produire un savoir, consiste certainement à mêler les deux approches comme on l'apprend dans un cours de dessin, (et comme le fait La Bruyère lui-même le long de ses « Caractères »).
Cependant, ces deux tournures complémentaires ont tendance à « gommer » un personnage pourtant pesant : le chercheur lui-même. A l'instar de « La lettre volée » de Poe, cette présence est tellement prégnante, qu'on ne la voit pas. Alors que notre chercheur est porteur lui-aussi d'une vision du monde et de son objet. Pour faire un mauvais jeu de mots en allemand, on pourrait dire qu'il s'agit certes d'une ***Weltanschauung*** *(un regard sur le monde),* mais aussi, et surtout, d'une ***Wertanschauung*** (*un regard sur les valeurs*). Le chercheur croit se taire dans sa description, pensant qu'il « laisse ses métaux à la porte du temple » de la science. La tentative est ambitieuse, mais nous paraît quelque peu vaine… Aussi, préférons nous privilégier une démarche de portrait, dans laquelle « nous bruissons » afin de laisser au

lecteur le soin de mieux nous neutraliser. Neutralisation « à la carte » au sein d'une relation dialogique inachevée, à l'instar, pour caricaturer, d'une auberge espagnole, dans laquelle la communauté scientifique, dans son travail de lecture, pourra tirer ce qu'elle apporte sur la table de l'interprétation. C'est cette troisième voie que nous illustrons à l'aide, non plus d'une image mais d'un dessin que nous avons réalisé.

Image (c)
Le bruissement de l'auteur dans le rendu de l'objet et l'intégration d'accidents

Pour réaliser ce dessin, nous avons été aidé par les deux précédentes images. Même si le dessin est de piètre qualité, il nous paraît « vibrer » davantage que les images (a) et (b). Cette vibration provient notamment du fait que rien n'est mécanique, et qu'il est porteur des propres maladresses de son auteur et de son regard (y compris déformant) sur l'objet d'étude.

Quelle que soit la méthode utilisée (explicative durkheimienne ou compréhensive weberienne), nous sommes convaincus que le chercheur en sciences humaines, notamment **lorsqu'il adopte une posture interprétative** est porteur d'une incontournable axiologie. Sa manière d'écrire n'est pas si neutre qu'il veut bien le faire croire aux non-scientifiques. Une nouvelle manière d'interpréter le fait scientifique n'est plus tant une tentative d'epochè personnelle, mais de laisser le soin de cette epochè au lecteur. Aussi, nous proposons de nous manifester au grand jour plutôt que de chercher soigneusement (voire sournoisement…) à nous camoufler en empruntant le treillis d'un discours distancié avec notre objet d'étude. Pour utiliser encore les enseignements de l'histoire de l'art, une posture alternative à la pseudo neutralité du chercheur face à son objet, revient à adopter la posture bruyante de Velázquez dans les Ménines. Un Velázquez qualifié de « peintre des peintres ». Le travail de neutralisation de l'observateur n'est alors plus tant l'affaire du chercheur lors de l'interaction et surtout lors de la transcription des résultats de la recherche, mais l'affaire du lecteur scientifique, qui en repérant le vacarme de l'auteur, peut le placer entre parenthèses plus facilement.

1.4. La dimension esthétique des portraits

Les portraits se marquent d'une certaine stylistique, destinée à manifester clairement les propres valeurs du chercheur, et les rendre lisibles, alors que ces a-priori, pourtant inévitables, sont en général soigneusement camouflés.
Nous souhaitons ici, tenter de justifier l'intrusion de l'esthétique dans une approche *« scientifique »* des représentations des organisations.
Adam Smith présentait le caractère, dans son ouvrage de rhétorique, comme une manifestation de la beauté, définie pour lui, comme la forme la plus coutumière [9], notion très proche de l'idéal-type weberien:

> *Combien de formes diverses et contraires sont jugées belles selon les différentes espèces de choses ! Les proportions qui sont admirées dans un animal sont*

[9] A. Smith., *Traité des Sentiments Moraux*, Coll. Leviathan, P.U.F., 1999, pp. 276 – 277.

> *entièrement différentes de celles qui sont estimées dans un autre. Chaque classe de choses a sa propre conformation particulière qu'on approuve, et sa propre beauté, distinctes de celles de toutes les autres espèces. C'est pour cela qu'un savant Jésuite, le Père Buffier, a établi que la beauté de chaque objet consiste en la forme et en la couleur qui sont le plus répandues parmi les choses de la classe particulière à laquelle l'objet appartient. Ainsi, s'agissant de la forme humaine, la beauté de chaque trait consiste en un certain milieu, également éloigné de toute une variété d'autres formes qui sont laides. ...Dans chaque espèce de créatures, ce qui est le plus beau montre la plus grande ressemblance avec les caractères les plus marqués de la fabrique générale de l'espèce, et entretient la plus grande ressemblance avec la plus grande partie des individus de la même classe.*

La beauté de chaque espèce est la plus rare des choses. La condition nécessaire à l'émergence d'un canon de référence est ***« une certaine expérience de la contemplation de chaque espèce d'objets »***, pour ***« savoir en quoi consiste le milieu et la forme la plus répandue »*. L'idéal type a alors valeur de canon de beauté, comme les canons artistiques de différentes académies artistiques[10].**

L'introduction d'esthétique dans la science devient alors une conséquence de cette sociologie compréhensive, puisque le beau peut se définir comme la forme idéale « moyenne » d'un trait particulier.

Cette forme la plus coutumière, idéale, a cependant très peu de chance d'exister, comme le précise Max Weber lui-même :

---

[10] Par exemple, le rapport de la tête au reste du corps est une valeur entre 7 et 8, selon les époques .

> *On ne trouvera nulle part empiriquement un pareil tableau dans sa pureté conceptuelle : il est une utopie.*

Le portrait peut également prendre la valeur de mode scientifique de validation du « canon de beauté » (à l'instar du raisonnement mathématique apportant réponse à la question *« ∃ ? »*) tout en reconnaissant pertinemment que le portrait, ne peut que très rarement se rapporter à un seul idéal-type. De ce fait, le portrait devient un mode d'appréhension de la fragmentation du réel, voire d'un rendu de sociologie phénoménologique au sens de Schutz[11]. A titre d'illustration, nous présentons un exemple de l'auteur de référence en la matière. Nous regrettons de ne pas avoir trouvé un portrait de créateur d'entreprise, aussi avons-nous

---

[11] La distinction entre le réel et l'irréel, toute la psychologie de la croyance (*belief*), de l'incrédulité (*disbelief*), et du doute, est toujours premièrement que nous sommes susceptibles de penser différemment au même objet ; et secondement, que lorsque nous l'avons fait, nous pouvons choisir la façon de penser à laquelle nous adhérons et celle que nous ne prenons pas en compte. L'origine, la source de toute réalité, que ce soit du point de vue absolu ou pratique est, ainsi, subjective, c'est nous-mêmes. Conséquemment, il existe plusieurs, probablement un nombre infini d'ordres de réalité, chacun possédant son style d'existence spécifique et indépendant propre ; ils sont nommés par James « sous univers ». Parmi eux se trouve le monde des sens ou des choses physiques tels qu'ils sont expérimentés par le sens commun, qui est la réalité fondamentale ; le monde de la science ; le monde des relations idéales ; des « idoles de la tribu » ; les mondes surnaturels, tels que le paradis et l'enfer chrétiens ; les nombreux mondes d'opinion individuelle (the numerous worlds of individual opinion) ; et enfin les mondes de la folie pure et du caprice, également infiniment nombreux. Chaque objet auquel nous pensons est référé à un monde (au moins) ou à un autre figurant sur cette liste, ou sur une liste similaire. Chaque monde pendant qu'on s'en occupe, est réel à sa façon, et toute relation avec notre esprit qui a lieu en l'absence d'une relation plus forte à laquelle il se heurterait, suffit à rendre un objet réel. A. Schutz, *Eléments de sociologie compréhensive*, Article Don Quichotte et problème de la réalité, L'Harmattan, 1998, pp.125-126.

choisi celui qui suit, car La Bruyère passe de l'individu Pamphile (sous le mode du portrait) à un type général « un Pamphile (c'est-à-dire un caractère) en jouant comme le souligne Bury, sur l'antonomase[12] avec l'indéfini puis avec le pluriel.

> *Pamphile ne s'entretient pas avec les gens qu'il rencontre dans les salles ou dans les cours ; si l'on en croit sa gravité et l'élévation de sa voix, il les reçoit, leur donne audience, les congédie, il a des termes tout à la fois civils et hautains, une honnêteté impérieuse et qu'il emploie sans discernement ; il a une fausse grandeur qui l'abaisse et qui embarrasse fort ceux qui sont ses amis, et qui ne veulent pas le mépriser.*

Ici La Bruyère généralise le portrait d'un personnage unique à un « caractère », procédant de la même démarche que l'ethnométhodo-logie de Garfinkel de partir de l'unique et d'en tirer des enseignements (notamment éthiques) pour le groupe[13] :

> *Un Pamphile est plein de lui-même, ne se perd pas de vue, ne sort point de l'idée de sa grandeur, de ses alliances de sa charge, de sa dignité : il ramasse, pour ainsi dire, toutes ses pièces, s'en enveloppe pour se faire valoir, il dit : « Mon Ordre, mon cordon bleu », il*

---

[12] Antonomase : (n.f.) variété de figure de style qui consiste à remplacer un nom commun par un nom propre ou un **nom propre par un nom commun** ou un groupe nominal.

[13] "***Je voudrais limiter mon attention dans ce papier à la discussion d'un seul cas****. Je voudrais raconter ce que cette personne avait à cacher spécifiquement, la pertinence de ses secrets, les situations socialement structurées de crise, les stratégies de gestion de ces crises et les justifications qu'elle a employées et* ***la pertinence de ces considérations pour un travail d'analyser les circonstances pratiques comme phénomène sociologique"***. H. Garfinkel, *Studies in Ethnomethodology,* Englewood Cliffs NJ, Prentice Hall 1967 (2de édition 1984, Cambridge, Polity Press, p. 118.

l'étale ou le cache par ostentation. Un Pamphile en un mot veut être grand, il croit l'être, il ne l'est pas, il est d'après un Grand. Si quelquefois il sourit à un homme du dernier ordre, à un homme d'esprit, il choisit son temps si juste qu'il n'est jamais pris sur le fait ; aussi la rougeur lui monterait-elle au visage s'il était malheureusement surpris dans la moindre familiarité avec quelqu'un qui n'est ni opulent, ni puissant, ni ami d'un ministre, ni son allié, ni son domestique ; il est sévère et inexorable à qui n'a point encore fait sa fortune : il vous aperçoit un jour dans une galerie, et il vous fuit ; et le lendemain, s'il vous trouve en un endroit moins public, ou s'il est public en la compagnie d'un grand, il prend courage, il vient à vous, et il vous dit : « vous ne faisiez pas hier semblant de nous voir ». Tantôt il vous quitte brusquement pour joindre un seigneur ou un premier commis ; et tantôt s'il les trouve avec vous en conversation, il vous coupe et vous les enlève : vous l'abordez une autre fois, et il ne s'arrête pas ; il se fait suivre, vous parle si haut, que c'est une scène pour ceux qui passent : aussi les Pamphiles sont-ils toujours comme sur un théâtre ; gens nourris dans le faux, et qui ne haïssent rien tant que d'être naturels ; vrais personnages de comédie, des Floridors, des Mandoris.

On ne tarit point sur les Pamphiles ; ils sont bas et timides devant les princes et les ministres, pleins de hauteur et de confiance avec ceux qui n'ont que de la vertu ; muets et embarrassés avec les savants, vifs hardis et décisifs avec ceux qui ne savent rien ; ils parlent de guerre à un homme de robe et de politique à un financier ; ils savent l'histoire avec les femmes, ils sont poètes avec un docteur, et géomètres avec un poète : de maximes, ils ne s'en chargent pas, de

> *principes encore moins, ils vivent à l'aventure, poussés et entraînés par le vent de la faveur, et par l'attrait des richesses ; ils n'ont point d'opinion qui soit à eux, qui leur soit propre, ils en empruntent à mesure qu'ils en ont besoin ; et celui à qui ils ont recours, n'est guère un homme sage, ou habile, ou vertueux, c'est un homme à la mode.*

Les études littéraires, à l'instar des propos de Lafond[14], posent une distinction à laquelle nous nous tiendrons, selon laquelle : *le portrait vise à la connaissance individuelle à partir de thèmes généraux, alors que le caractère, vise à établir un type, par des traits concrets, par des actions.*
Les deux genres, « portraits » et « caractères », se séparent, ainsi, par leur mode de constitution.
Le caractère est issu d'une agrégation d'individus, projetés sur des axes de caractéristiques spécifiques. Ces différents axes discriminants sont ensuite reliés au sein d'une structure textuelle, sous la forme d'un idéal-type, plus ou moins complexe, qu'on présente à un lecteur – modèle scientifique, à l'instar des propos de Manfred Kets de Vries[15] nous présentant un idéal-type de l'entrepreneur:

> *A quoi reconnaît-on les entrepreneurs ? Qu'est-ce qui les distingue des autres hommes d'affaires ? Ils sont assez difficiles à appréhender en tant que groupe, mais présentent pourtant des caractéristiques communes. Les entrepreneurs sont tournés vers l'action et les résultats concrets, ils aiment décider et refusent la routine, le travail répétitif. Les entrepreneurs créatifs possèdent de grandes réserves d'énergie, de ténacité et*

[14] J. Lafond, "Les techniques du portrait, recueil des portraits et des éloges de 1659", pp. 139-148, et "Discussions sur les maximes et portraits », pp. 272 – 279, *Cahiers de l'Association Internationale d'Etudes Françaises*, n°18, 1965.
[15] M. Kets de Vries, *op. cit.*

d'imagination, et ces qualités combinées à leur aptitude à prendre des risques calculées, leur permettant de transformer en un projet concret ce qui souvent au départ n'était qu'une idée très simple et assez floue.

Les entrepreneurs savent faire partager leur enthousiasme à une organisation. Le volontarisme et la détermination qui les animent leur permettent de susciter l'adhésion autour de leur projet d'entreprise. Quelles que soient les qualités mises en œuvre, séduction, talents de joueur et charisme, les entrepreneurs savent diriger une entreprise et la dynamiser.

Les autres caractéristiques personnelles de l'entrepreneur type, que Kets de Vries met en avant sont les suivantes :

1) Un besoin de tout contrôler, qui affecte leurs relations avec les autres et avec le pouvoir.

Ils jugent souvent étouffantes leurs relations d'autorité et les structures qui vont avec.

2) Un sentiment de défiance :

Défiance à l'égard du monde qui les entoure. Ils vivent dans la crainte d'une revers de fortune et se tiennent prêts à parer à toute éventualité, si désastreuse soit-elle.

3) Le besoin d'être admirés ou narcissisme.

4) Une stratégie défensive : notamment dans le recours à des décalages entre la vérité narrative et la vérité objective : les faits sont arrangés pour coïncider avec les besoins de l'individu.

Le portrait que nous avons réalisé de Monique, sans tenir compte d'une aucune façon des propos de Kets de Vries, établit de profondes similitudes avec ce que d'autres nous ont communiqué comme manière d'être de Monique (par delà, notre propre perception du personnage)

1.5. Portrait et le recours à l'idéal type comme « arbre de visée phénoménologique »

Une question délicate lors de la rédaction d'un portrait, est de tenter d'avoir des points de repère, c'est-à-dire un arbre de visée phénoménologique. Lors d'un travail précédent d'étude des rites et des symboles dans les organisations, nous avions été grandement aidé par la typologie idéal-typique de Trice et Beyer pour ordonnancer notre appréhension du monde.
En effet, la science se doit de conjurer le chaos, et notamment le chaos d'états intentionnels de conscience au sens husserlien : Nous avons, nous précise Husserl, des structures typiques dominantes, dont la plus triviale est le schème : EGO - COGITO - COGITATUM, que l'on pourrait traduire en français par :

> **JE VISE** (cet acte s'appelle chez Husserl *"la noèse"*) **UN OBJET VISE PAR MOI** *("le noème")*.

Cet acte de visée est transcendant, puisqu'il vise quelque chose d'autre, alors que ce qui est visé, est contenu dans la signification intentionnelle de l'acte. Cet objet visé, le noème, est immanent. Même si cet objet, par ma visée intentionnelle, est saisi et visé dans ma conscience, comme existant en dehors d'elle.
Lorsque je vise, cette visée correspond à une multiplicité d'états de conscience : perception, souvenir, prévision... Outre cette visée, il subsiste encore une multiplicité d'états de conscience, pour viser le même objet.
L'unité de tous ces états, leur vient du fait qu'ils visent le même objet. C'est ainsi que cet objet intentionnel sert de **guide transcendantal**.

Chaque objet, en général, correspond à une règle de structure du moi transcendantal et donne, en conséquence, des règles pour d'autres possibilités de conscience de cet objet :
La totalité des objets et types d'objets que je puis concevoir, ou pour parler en langage transcendantal, que *« le moi transcendantal peut concevoir »*, n'est pas un chaos, mais un ensemble ordonné. Les ethnométhodes de l'entrepreneur sont foisonnantes et riches. L'idéal-type aurait valeur d'auxiliaire très précieux d'ordonnancement de notre mode de visée, pour éviter le chaos.
Aussi, JE suis le point de départ de tout, non pas chronologiquement mais logiquement, parce que **je me trouve moi-même comme ayant une expérience et une connaissance scientifique du monde**. Cependant cette expérience et cette connaissance du monde, ne sont que pour moi, car elles sont le "*perçu de ma perception, le pensé de ma pensée, le compris de ma compréhension"*.
Comment mettre au pluriel une conscience du monde (voire de mondes) et comment transférer ces connaissances que j'ai acquises dans le monde par mes visées intentionnelles ? Husserl nous propose une solution par une démarche « sympathique »
Husserl s'est occupé de cette question en cherchant comment se " constituait " le monde, et comment il était possible de fuir le solipsisme. Pour lui, l'universalité est accessible par " l'intersubjectivité ". La visée intentionnelle n'est pas une lettre anonyme : Si tout vécu est vécu d'un moi pur *(après la réduction epochèïque, c'est-à-dire après la neutralisation , mise en suspens de la thèse de l'existence du monde)* qui vit en lui, et, par lui, se dirige vers un objet (le moi). Ce moi, ainsi, acquiert une transcendance, dans l'immanence du flux de la conscience. Ce moi obtient la valeur de monde, qui me transcende, et **je peux alors, reconnaître qu'il existe pour d'autres. Le monde est ainsi constitué, et il se manifeste**

d'autant mieux dans certaines expériences transcendantales, comme la souffrance ensemble (“ la sym - pathie ”), ou d'autres comme le sym - bole[16].
C'est dans le monde que l'autre est reconnu comme autre “ personne ”, un autre ego, un alter ego, et c'est dans le monde que je le “ vise ”, **constituant lui aussi le monde**“ *en tant que personne , en chair et en os, dans cette expérience perceptive que JE fais de **son** corps et de **sa** chair.*
Pour revenir dans notre champ d'investigation, nous aurions été grandement aidé dans la rédaction de portraits par une typologie idéal-typique. Mais l'examen de la littérature, ne nous en a donné aucune qui nous satisfasse pleinement.
Le portrait se charge pleinement et visiblement des propres valeurs, qualités et défauts, accidents de l'interaction, breaching ethnométhodo-logique (rupture du conventionnel) lors de l'observation. La représentation se charge du vrombissement du chercheur et de ses maladresses, à la fois dans l'interprétation et dans le rendu. Par delà la subjectivité du chercheur, la démarche de portrait non seulement inclue les ratés fatals (fatals au sens économique de produit secondaire inévitable) d'une interaction participante, mais va chercher à les valoriser. En effet, ces ratés sont des écarts par rapport à une norme de relation figée (l'entrepreneur qui considère le chercheur comme un «hors de son monde», mais qui se rend compte à la suite d'un incident ou d'une histoire que tous les deux vivent sous le joug de la même humaine condition[17]). Valorisons donc les déchets lors du rendu de l'expérience, pour autant que nous les signalons comme tels,

---

[16] P. Ricœur, *Le conflit des interprétations - Essais d'herméneutique*, Seuil, 1969, p. 253.

[17] Nous pensons en écrivant ces lignes à un de nos amis entrepreneurs qui nous signalait qu'il considérait un collègue chercheur comme un martien, jusqu'à ce que la femme du chercheur raconte une colique de son mari lors d'un séjour scientifique « dans les îles ».

à l'instar des ratés de mon dessin[18]. La démarche ethnométhodo-logique à laquelle nous nous référons, exalte l'analyse des « écarts » obtenus par ces breaching à l'instar des cabinets d'audit qui peuvent privilégier l'analyse des « écarts » de procédures dans ce qu'on appelle les « tests de conformité », et en tirer des enseignements sur le fonctionnement de l'organisation. En ceci, une technique scientifique issue de l'ethnométhodo-logie, parfois considérée comme sulfureuse, souvent comme farfelue, est du même ordre qu'une technique classique d'entreprises pourtant symboles de sérieux et de rigueur (les cabinets de commissariat aux comptes). Même si, au passage, ces entreprises-« symboles » *(étymologiquement « qui réunit »)* est conjoncturellement perçu depuis quelque temps comme un « diabole » *(ce qui divise)...*

1.6. Mode de constitution des portraits

Les portraits s'inspirent de l'unique, en combinant une lecture d'individus ou de situations idéal-typiques, alors que les caractères se fondent sur une agrégation de caractéristiques individuelles auxquelles l'auteur donne une forme globale, structurée autour d'axes discriminants.
Les portraits sont, en littérature, distingués selon deux catégories, issues des traditions grecques et romaines :

- *effictio,* le portrait : représentation physique et non pas morale de la personne

[18] Par delà, vous l'avez noté, le fait que je ne suis pas Velázquez (j'ai bien raté les deux courbes du col de la bouteille de champagne, la tasse est tordue, je ne parviens pas à dessiner le « raccourci » de l'anse de la tasse, auxquels s'ajoutent deux petit accidents propres au dessin lui-même (à gauche le long du col de la bouteille une espèce de tâche involontaire, tentative d'estomper un raté, ce qui a « plombé » la texture de fond : Accident qui en même temps évite la monotonie de la densité du fond. Tout en haut à droite deux points qui sont survenus je ne sais comment).

- *notatio*, caractère : étude du caractère de l'individu par le type comme « l'avare », « le glorieux », « l'ambitieux ».

Au sein de la tradition rhétorique *(d'après la rhétorique à Herrenius attribuée, vraisemblablement à tort, à Cicéron)*, le portrait, est envisagé dans les trois premières tâches de l'orateur parmi cinq lorsqu'il compose un discours :

1) invention, (trouver le personnage propre à illustrer une situation caractéristique, et, notamment en gestion, regrouper d'autres éléments informatifs, concernant ce personnage : articles de journaux, récits d'autres interactants, petites histoires de machines à café,...),
2) disposition (ordonner et répartir l'ensemble des situations mises en avant, chronologiquement éventuellement, ou ce qui nous semble préférable par unité narrative),
3) style (trouver les mots, les tournures, appropriés non seulement à ce que l'invention fournit, mais aussi au regard que le rédacteur – observateur porte sur le sujet dépeint, propres à recontextualiser pour le lecteur)

et les deux dernières tâches de la rhétorique,

4) mémoire (la technique pour bien retenir les idées dans l'ordre) et,
5) action oratoire (discipline de la voix et jeux de physionomie et gestes),

n'ont pas lieu d'être pour notre propos, puisque nous entendons le portrait fondamentalement, comme un **écrit destiné à être lu, et, dans notre travail, lu par un public scientifique, au titre de représentations concrètes d'idéaux-types formalisés par des chercheurs** et qui ne nécessite pas alors, l'emploi d'une discipline mnémonique de classement des idées ou d'un accompagnement gestuel.

L'invention rhétorique tire ses arguments de la personne, et notamment lorsqu'il est besoin de faire allusion aux mœurs ou aux pratiques des acteurs dépeints.

La description peut prendre des noms différents selon ce qui est décrit [19] :
- Topographie (description des lieux),
- Chronographie (description des époques),
- Prosographie (description physique des personnages),
- Ethopée (description de leur caractère) .

Cicéron proposait de passer en revue 11 lieux descriptifs : le nom, la nature (sexe, patrie, race, défauts ou qualités physiques et moraux), le genre de vie (éducation, amitiés, profession,), la condition sociale, les habitudes, les affections (épreuves morales, les passions, les épreuves du corps), les goûts, les desseins, les actes, les évènements, les paroles.

En matière de description physique, Cicéron donnait même un ordre (la disposition), de haut en bas (cheveux, front, sourcils, yeux, joues, teint, nez, bouche, dents et menton, cou et nuque, épaules, bras, mains, poitrine, taille, ventre, jambes et pieds.)

2. Exemple d'application : Monique

2.1. Présentation

Le portrait que nous rédigeons ici est issu à la fois de notre connaissance personnelle de Monique et de ses propos lors de sa venue dans un séminaire de création d'entreprise à Reims Management School, en automne 2000. Nous avons complété ce portrait de propos de collaborateurs, de membres de sa famille ayant eu des relations professionnelles avec elle, de l'interview d'un client, mais également de propos et de jugements personnels.

---

[19] Nous empruntons les lignes qui suivent à Joëlle Gardes-Tamine, *La rhétorique*, Armand Colin, 1996.

2.2. Créer, c'est possible à tout âge, n'est-ce pas Monique ?

Je ne sais pas si vous êtes comme moi : mais j'adore traîner dans les estaminets du Nord. Vous trouvez très souvent des femmes qui viennent parler assez fort et raconter leurs malheurs en prenant une distance incroyable par rapport aux évènements : un humour décapant tout chargé d'une amertume semblable à la bière qu'elles sirotent abondamment.
Une autre caractéristique de ces gens du Nord, ce n'est pas tant la chaleur de leur cœur comme dans la chanson d'Enrico Macias, il s'agit plutôt d'une capacité à faire ***« comme si »*** : la parole est créatrice et tout le monde se met presque à y croire.
Monique est une femme du Nord : non pas qu'elle passe ses journées à l'estaminet, ce serait faux, **mais elle rit facilement après coup de ses malheurs, et surtout, elle raconte « comme si »**. Vous croyez acheter une maison Phénix : et bien non : elle vous vend une demeure de prestige : et le mieux c'est qu'elle y croit elle même.
Croire à la parole, ce n'est pas mentir : c'est trouver qu'une réalité interprétée vaut mieux qu'une réalité tout court. Elle tient vraisemblablement ce côté de « Mia » sa mère. Mia, femme très respectée par son entourage, par sa douceur, son ouverture aux autres, sa très grande mémoire et une certaine manière de voir les choses plus belles qu'elles ne sont. Mia, très respectueuse des rapports d'amour après les liens sacrés du mariage, qui croit que ses petits-enfants vont effectivement chercher un verre d'eau la nuit, alors qu'ils se précipitent pour retrouver leur fiancé(e).
Mia croyait fermement que la petite jument de son mari pourrait bientôt courir à Longchamp parmi les meilleurs galopeurs, et lui faire des magnifiques poulains qu'elle

pourrait admirer dans son grand jardin, et je vous passe le mouton qui remplace la tondeuse à gazon, et l'élevage de lapins angora, très profitable à ce qu'on lui a dit…
Non pas que Mia soit bête, puisque, à 90 ans, à la tête de 7 enfant (dont 5 créateurs ou repreneurs d'entreprise), aïeule de 5 générations (justement grâce à Monique, qui ne le répétez à personne, est arrière grand-mère), encore consultée par des clubs d'investissement pour son excellente connaissance de la bourse. Elle est quasiment aveugle, alors c'est « Ginette », sa femme de ménage (qu'elle a embauchée parce qu'elle avait son certificat d'études) qui lui lit quotidiennement les cours de bourse, sa grande passion.

De René, son père, qui, à 82 ans, montait encore tous les jours la fameuse petite jument, et terrorisait les pieds de ses cavalières de bal par son interprétation toute particulière de la valse, Monique a gardé une énergie débordante et communicative, une capacité à danser jusque 5 heures du matin, et surtout un tempérament très marqué de « bosseuse ».

Comme l'a écrit sa belle-sœur, à qui j'ai demandé de m'aider dans la collecte de descriptions plus personnelles, ***« Monique est née en 1952 et s'est mariée en 1954 …»*** Faut-il préciser qu'à chaque nouveau lifting, elle gagne une génération, ce qui fait que quand je l'invite à dîner elle précise *« on fait un dîner entre jeunes, tu n'invites pas de vieux »*.

Comme elle le dit elle même, son éducation correspondait à l'éducation d'une jeune femme de la bourgeoisie du Nord : Pour plagier la fameuse trilogie « métro, boulot, dodo », son destin humain aurait pu se résumer en *« ménage, mijotage, pouponnage »*, à l'issue d'un mariage avec un dentiste ou un notaire, ou éventuellement un avocat. Aussi, il convenait

qu'elle ne fasse pas trop d'études (afin de mieux se soumettre à son mari). On lui apprit donc le piano (dont elle joue fort mal), à très bien faire la cuisine, et à tenir son rang, rang qui s'apparenterait quelque peu, dans une forme moderne, aux images de week-end de Madame Figaro. Sa soif d'indépendance la fit donc se marier assez jeune, (mais dois-je le rappeler avec insistance, elle est toujours jeune) avec un certain Henri, homme plutôt froid et réservé, sans défaut apparent, classique, quoi...
3 ans après son mariage, une première fille, puis une autre 4 ans après. Les deux filles sont tirées à quatre épingles et d'une rare élégance. Pendant ce temps , Monique astique la maison, ré-astique, et supporte sa belle-mère et sa belle-sœur Guilène.
Notre Henri, le classique, pendant ce temps-là, travaille dans une robinetterie industrielle et pousse l'élégance bourgeoise à « se taper » sa secrétaire, (que voulez-vous quand on est classique…). Pour la petite histoire, Monique engagea à grand frais un détective privé (la lecture du journal de télé Bonne Soirée donne des idées originales en matière de gestion d'adultère). Ce détective ancien inspecteur de police, s'y connaissait, notamment en négociation d'honoraires. Henri se rendit très vite compte qu'il était « escorté », et de faire coffrer le « privé » au commissariat.
C'est donc à 18 ans d'âge officiel (d'après mes calculs, c'est-à-dire *1970 - 1952*, n'oubliez pas qu'elle s'est mariée en 1954, j'insiste mais c'est important pour elle, et je sais qu'elle sera contente…), Monique divorce, sans métier, fors la garde de ses deux filles. Pour pouvoir tenir son rang, il faut travailler, et c'est ainsi qu'elle devient « pionne » dans une institution religieuse de bourgeoisie Lilloise. Face à sa détresse, la Mère Supérieure ne pouvait rien lui refuser (et surtout elle avait inscrit ses deux filles…).

En 1974, excédée par le poids des petites grandes bourgeoises de Lille , et le regard las des sœurs qui ne goûtent guère sa garde-robe trop courte, elle se lance dans la représentation, devient visiteuse médicale, et apprend sur le tas la vente « relationnelle » dans un laboratoire de matériel dentaire.
Comme elle le dit « ça marchait très bien », (d'ailleurs quand elle raconte son histoire professionnelle, elle est toujours la première en terme de résultats…), mais elle cherchait à gagner plus. Ce n'est pas qu'elle soit radine, mais elle est un peu âpre au gain dès qu'il s'agit de « grisbi » professionnel, ça c'est de famille (je ne vous ai pas dit que Mia est auvergnate).

L'entrée dans la construction de maisons individuelles :

Monique tombe sur une annonce d'une entreprise de maisons individuelles : « L'entreprise V… cherche une jeune femme dynamique, attachée commerciale, maximum 25 ans ». Elle a 45 ans, mais se regardant dans la glace, trouve qu'elle peut bien faire 24 ans et se présente.
Elle lui fait le coup de l'œil en coin, ah oui, je ne vous ai pas dit, Monique a de superbes yeux pers, qui s'adaptent instantanément à ses vêtements (à moins qu'elle n'adapte ses tenues de fée à ses yeux), et parvient à convaincre son interlocuteur. Elle n'hésite jamais à user de son *« regard en coin »* pour vendre une maison voire parfois, disent les mauvaises langues, pour embaucher… Mais qui pourrait lui reprocher d'être sensible à la beauté ?
Tout va très bien pour elle, nous dit-elle, mais le secteur est plutôt sinistré, y compris la propre entreprise qui l'a embauchée.
Son second mari arrive à l'âge de la retraite en 1990, à l'entendre, si les calculs sont justes, elle doit avoir environ 28

ans, mais d'après de perfides correctifs, elle doit avoir environ le même âge définitif que maintenant, c'est-à-dire 58 ans. L'entreprise « dépose le bilan », elle décide de prendre à son compte la construction de maisons individuelles. Son frère, entrepreneur lui-même et jamais avare de participations plus ou moins hasardeuses, ne sait rien refuser à sa sœur chérie et l'assure de son soutien à la fois managerial et financier pour la constitution du capital.

Sur les chantiers, Monique ressemble un peu à Maria Pacôme : ses tailleurs sont clairs, elle porte toujours des talons hauts (c'est plus pratique dans les gravats), mais elle tient tête dans un milieu plutôt « macho ».

Un chantier doit être fini pour respecter les délais, elle vient régulièrement dans la journée, pour encourager les équipes et vérifier que tout sera propre (sa première vie l'a marquée) et prêt à temps. Le tout dans une ambiance que tout le monde reconnaît comme très conviviale. Alors que très souvent, comme me l'a avoué un de ses clients que j'ai interviewé, son conducteur de travaux est très laxiste, et oublie des détails pourtant cruciaux. Par exemple, il avait oublié un volet électrique de cuisine, et proposait d'ouvrir (après l'aménagement de la maison) de creuser une tranchée pour faire passer le câble. *Ce n'est pas grave, on vous refera le papier peint ».*

Les délais ont été tenus à la semaine près. De plus, *« elle fait tout pour arranger ses clients,* dans un esprit *« d'honnêteté, elle a une très bonne réputation dans le secteur ». C'est malheureux de la voir flanquée de glandus et de son traîne-savates, car c'est elle qui doit prendre les choses en main lorsqu'il y a un problème.*

Au plan professionnel, dès qu'il est question d'argent, elle est portée par cette énergie farouche que tout le monde lui reconnaît. Pas de rabais aux clients, Pas de rallonge aux fournisseurs. De toute façon les marges sont, d'après elle, très serrées.

Au passage, j'ai regardé les comptes de notre Monique ou plutôt de son entreprise, en même temps qu'une étude Xerfi sur la construction de maisons individuelles[20]. La rentabilité à première vue est plutôt faible (j'entends d'ici Monique se plaindre en disant : *« il faut se battre tout le temps »*, et *« je ne trouve personne de compétent, qui ne soit pas feignant pour m'aider »*). En effet, le ratio résultat courant avant impôt/CA chez Monique est de l'ordre de 0.2% à comparer aux 4.2% du secteur. Vous pourriez penser qu'elle est nulle. Je vous répondrais que c'est vous qui l'êtes en pensant cela. En effet chez l'entrepreneur, on ne peut pas utiliser la comptabilité comme elle se présente, puisque l'entrepreneur ajuste son résultat comme il l'entend, notamment en termes de prime. Et comme Monique doit penser à sa retraite (même si elle est née, je vous rappelle, en 1962, et ce n'est pas une faute de frappe...). Elle joue sur ce qu'on appelle « l'élastique ». Une PME très associée à son PDG doit se regarder par sa capacité à générer du revenu à son patron et pas à générer de l'IS ou des dividendes dans une relation filiale Holding.

Radine en affaires, dirait un esprit chagrin. Dure à la négociation, je dirais plutôt.

[20] Au passage l'étude Xerfi est une approche durkheimienne du secteur, et qui laisse une grande part d'ombre. Il faut appeler Monique (ou plutôt son expert comptable) pour comprendre que les comptes de Monique ne peuvent pas se comparer, notamment à ceux des grands groupes de maisons individuelles, car elle dispose d'une très grande latitude pour fixer sa rémunération, ce qui n'est certainement pas le cas pour le manager d'une structure de taille comparable dans un groupe comme Maison individuelle SA, ancienne filiale du groupe Générale des Eaux devenu Vivendi en 1998. MI est détentrice de sociétés à marques comme Phénix, Catherine Mamet, Maisons Florilège ...

Il faut dire que ces constructions de maisons nécessitent des présences quotidiennes samedi compris, parfois dans des hypermarchés, sans compter les visites à domicile le dimanche. Et ça, si on peut qualifier Monique d'être un peu « allumeuse » de prime abord, on ne pourra jamais la traiter de « limace ».

Plutôt autoritaire, architecte de sa propre vie, Monique est égogyre. Aussi, ses collaborateurs n'ont guère d'autonomie. Seuls le commercial et la standardiste savent la prendre, il s'agit de la vieille garde », qui parviennent à lui dire M.... Elle n'hésite pas, à l'instar de Zeus à diviser pour régner...[21]

---

[21] J. Lacarriere, *En suivant les Dieux*, Hachette Pluriel, septembre 1994, p.141.

"*Ils (les androgynes) se déplaçaient en ligne droite, sans avoir besoin de se tourner pour se diriger. Pour aller plus vite, il leur suffisait de prendre appui successivement sur leurs huit membres, si bien qu'ils avançaient en roulant littéralement sur eux-mêmes, un peu comme quand on fait la roue. Ils avaient un corps robuste et vigoureux et beaucoup de détermination. Si bien qu'un jour, ils décidèrent de grimper jusqu'au ciel pour y combattre les dieux, ainsi qu'Homère l'écrit d'Ephialtes et d'Otos. Zeus examina alors avec les dieux, le parti à prendre. L'affaire n'était pas si simple. Les dieux ne tenaient nullement à anéantir les hommes en les foudroyant, comme ils l'avaient fait autrefois avec les géants, car ils auraient cessé de recevoir d'eux offrandes et sacrifices. Mais, par ailleurs, ils ne pouvaient tolérer l'audace et l'insolence des mortels. Aussi après y avoir mûrement réfléchi, Zeus déclara aux autres dieux : « Je crois avoir trouvé un moyen d'épargner les hommes tout en châtiant leur arrogance.* ***C'est de diminuer leur puissance. Je vais les séparer en deux et ainsi je les affaiblirai.*** *Et nous aurons de plus l'avantage de doubler leur nombre. Ils marcheront désormais sur deux jambes seulement et si, après cette punition, ils persistent dans leur insolence, alors je les séparerai de nouveau et ils seront réduits à avancer sur un seul pied, comme ceux qui, aux fêtes de Dionysos, s'amusent à danser sur des outres graissées. Le Dieu procéda donc ainsi.* ***Il sépara les hommes en deux****, exactement comme on divise les oeufs quand on veut les saler. Il ordonna ensuite à Apollon de guérir leurs plaies et de placer le visage du côté où le cou avait été tranché, afin que la vue de ce châtiment humain rendit les humains plus modestes. Apollon mit donc le visage du côté*

Commercial, qui vient de l'ancienne équipe, porte beau, plutôt insolent, mais qu'elle ne parvient pas à évincer car elle a besoin de lui.
Avec ses clients, Monique est très sympathique, le matin elle offre systématiquement un « petit café ». L'après-midi, Monsieur Du Manoir, chauffé à blanc par sa femme, vient négocier un avenant. *« Vous prendrez bien une petite coupe, de toutes façons, je connais un inspecteur de police et il n'y a pas de barrage aujourd'hui ».* Quelques coupettes, la conversation va bon train, *« Ah non ça c'est impossible, je ne gagne déjà pas d'argent sur votre maison,...Il faut bien que je fasse vivre mon équipe ».*
L'avenant est facturé, le client est cocu de sa remise, mais content...

3 .Tentative d'élaboration d'un « caractère » d'entrepreneur à l'aide d'un échantillon

3.1. Présentation du test PAPI-I™ utilisé

A titre d'exemple de comparaison des deux démarches caractères et portrait, nous cherchons à établir un idéal-type d'entrepreneurs, à l'aide d'un test de préférences professionnelles appelé PAPI-I™. Elaboré par le Cabinet PA Consulting Group, ce test vise à mesurer les préférences professionnelles d'un individu dans le cadre de son travail à l'aide de réponses à choix forcé parmi 90 couples

---

indiqué et, recueillant les peaux coupées sur ce qui est aujourd'hui notre ventre, il les réunit à la manière d'une bourse qu'on ferme, ne laissant qu'une ouverture au milieu appelée nombril. Quant aux autres plis, qui étaient très nombreux, il les polit et façonna la poitrine avec un instrument semblable à celui qu'utilisent les cordonniers pour lisser le cuir des souliers. Mais il laissa quelques plis sur le ventre et sur le nombril pour que l'homme ait souvenir de son ancien état".

d'affirmations. Nous avons eu recours à ce test car RMS était détentrice de la licence d'utilisation pour aider ses étudiants dans leurs choix professionnels.
Le test PAPI-I™ cherche à mesurer des échelles de besoins et de rôles dans une structure situationelle, les rôles et besoins étant définis comme suit :

- **Rôles :** Perceptions qu'une personne a de sa situation professionnelle, **ce que l'individu pense qu'on attend de lui**. Il s'agit de composantes qualifiées « d'externes » de la personnalité. Pour extrapoler il s'agirait d'une porte d'accès aux actes déterminés par les autres (reflet partiel d'une philosophie Sartrienne, d'un individu en attente de l'autre pour se définir lui-même).
- **Besoins :** Préférences d'une personne pour certains comportements : il s'agit cette fois-ci de composantes qualifiées « d'internes » de sa personnalité.

<u>Les rôles considérés par le test sont les suivants: (ce que l'individu pense qu'on attend de lui) :</u>

- L : Rôle de leader
- C : Organisation personnelle (-) capable de travailler dans un lieu désordonné
- H : Rôle de Planification
- D : Sens du détail
- R : Rôle de créativité conceptuelle (+) apporte des solutions nouvelles aux problèmes
- S : Rôle de facilitateur
- I : Rôle d'aisance dans la prise de décision
- T : Rôle de rythme d'action (-) : rythme d'action décontracté, peu préoccupé par le temps de travail
- E : Rôle de contrôle émotionnel
- G : Rôle de travailleur intensif (-) : enclins à se focaliser plus sur l'efficacité que sur l'effort

Besoins : préférences d'une personne pour certains comportements :

- P : Besoin de contrôler autrui
- W : Besoin de règles et de directives (-) : non conformisme, n'aime pas travailler en suivant des instructions précises
- Z : Besoin de changement
- N : Besoin d'activer une tâche
- X : Besoin d'être remarqué
- B : Besoin d'appartenir à un groupe
- O : Besoin d'instaurer des relations étroites
- K : Besoin d'imposer son avis (+) : francs et directs prêts au conflit, voire agressifs
- A : Besoin de réussir
- F : Besoin de soutenir la hiérarchie (-) conteste l'autorité

Le test a été administré pour tenter de réaliser des portraits de personnes, c'est la raison pour laquelle nous avons utilisé ce test au départ, alors que sa nature ipsative rend délicate l'interprétation de groupe.
L'ipsativité est un terme introduit par Cattel[22] en 1946, qu'il a défini comme « une mesure relative à d'autres mesures propres à un individu ». Une échelle ipsative utilise donc le comportement de l'individu pour créer son propre standard. Les items sont donc présentés sous forme de choix forcés. Le choix forcé s'effectue entre des descriptions dont le score sera imputé sur des échelles différentes. La somme des scores étant de 90, correspondant aux 90 paires d'items forcés, il convient de souligner également la quasi impossibilité de procéder à une véritable analyse de corrélation entre plusieurs variables. En effet, les compensations de scores

[22] R. B. Cattell, *Description and measurement of personality*, World Book, New York, 1944.

empêchant mathématiquement d'établir des corrélations entre couples de variables.
Aussi, pour établir le « caractère », nous prendrons la moyenne de l'échantillon, en privilégiant les variables très fortes et les variables très faibles. De surcroît, les écarts-types sont plus faibles autour de ces valeurs extrêmes.
Les mesures ipsatives sont utiles (et c'est l'approche que nous souhaitons privilégier) pour la compréhension de l'individu, et ne cherchent aucunement à établir un jugement sur le comportement des individus.

3.2. Résultats d'un PAPI-I ™ individuel : Monique, créatrice d'une structure de constructions de maisons individuelles (6 personnes, CA d'environ 3 M€)

Les résultats qui suivent précisent les résultats de Monique, dont nous avons établi le portrait ci-après. Nous n'avons, lors de la rédaction, tenu aucun compte de ces résultats, puisque le portrait fut rédigé avant d'intégrer une démarche PAPI-I™ plus personnalisée.

3.2.1. Résultats analytiques :

	PAPI MONIQUE (OCTOBRE 2000)		Moy. Ech.	Ecart type Ech.
G	Rôle de travailleur intensif	8	3,6	2,0
P	Besoin d'exercer une influence sur les autres	5	5,6	1,5
L	Rôle : confiance dans ses capacités de leader	5	5,3	1,6
C	Rôle Organisation personnelle	3	3,0	1,6
H	Planification du travail	2	4,3	2,1
D	Sens du détail	5	4,4	2,1
W	Besoin de Directives	6	3,0	1,9
R	Créativité conceptuelle: approche globale	3	6,1	1,8
Z	Besoin de changement	5	6,0	2,0
N	Ténacité: besoin d'achever une tâche	1	4,6	2,1
X	Extraverti : besoin d'être remarqué	6	4,8	1,8
B	Besoin d'appartenir à un groupe	1	3,8	1,9
S	Sociabilité: évite les tensions cherche harmonie	6	4,6	2,4
O	Besoin des autres dans le travail osmose	6	4,1	1,7
I	Initiatives - Aisance dans la prise de décisions	5	5,6	1,9
T	Rythme d'action sens de l'urgence	6	4,7	2,3
K	Besoin d'imposer son avis voire agressivité	5	5,6	1,9
E	Contrôle émotion	2	3,4	1,6
A	Ambition besoin réussite	6	5,3	1,5
F	Besoin de soutenir la hiérarchie	4	2,2	1,5
	Total	*90*	*90*	

Résultats du test Papi Monique (Octobre 2000)

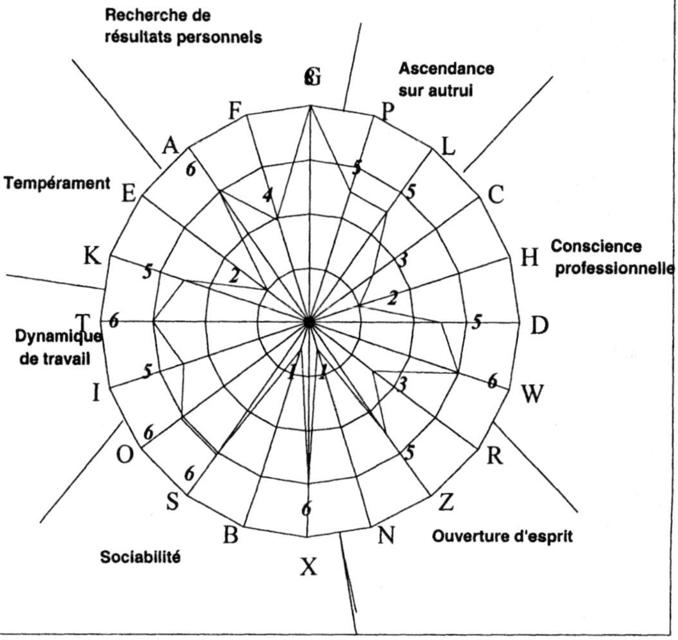

3.2.2. Commentaire et tentative d'interprétation des scores PAPI™ (Monique)

Pour Monique, travailler est un impératif absolu (G=8 très élevé), Monique se dépense sans compter, et justement ce « sans compter » pose en soi la question de l'économie de moyens pour parvenir à l'efficacité. La planification du travail (le score H=2 est un de ses plus faibles) et l'organisation personnelle (la variable C =3) sont plutôt approximatives : En s'organisant un peu mieux, Monique pourrait certainement soulever des montagnes. Elle aime l'action pour elle même plus que pour ses résultats, en se perdant parfois dans les détails (la variable D=5). Peut-être

est-ce le reflet d'une certaine incapacité à appréhender l'entreprise comme un tout (la variable R=3, créativité conceptuelle marquant un individu procédant par approche globale est très faible). L'important est le rythme d'action, le sens de l'urgence (un T=6 plutôt élevé), un peu comme si cela lui donnait l'impression de vivre plus. Pour parler comme un consultant, la question de la « création de valeur » n'est pas son fort. Ce qu'il lui faut c'est s'épuiser tous les jours et se créer l'illusion de vivre de *« feu et d'électricité ».*
L'essentiel n'est pas de terminer une tâche (la variable N=1 très réduite), c'est d'avoir le sentiment de continuer de bouger. Pour ce faire, elle n'hésitera pas à papillonner (Z=5) plutôt que de finir une tâche, à moins que l'urgence de la situation ne le lui commande impérieusement.
Ambitieuse, elle l'est assurément (A=6), mais elle ne sait pas très bien comment faire pour avoir la manifestation de la réussite. Aussi aimerait-elle qu'on l'aide un peu pour y parvenir (elle a plutôt besoin de directives W = 6 est fort). Pour prendre une décision, elle doit réfléchir, notamment en délibérant avec d'autres, préférant une prise de décision à plusieurs. Elle peut laisser passer des opportunités, par prudence peut-être en tergiversant trop longtemps (I=5)
Très extravertie, elle souhaite qu'on la remarque (la variable X=6), même si c'est à grands fracas , car elle contrôle très peu ses émotions (E=2). elle aime la vie en société, comme si travailler était l'occasion pour elle de rencontrer autrui (S=6), un autrui, visage individuel, car ce n'est pas la meute, le groupe qui lui importe (la variable B est particulièrement faible B=1). D'ailleurs, la fidélité à une forme de hiérarchie est plutôt faible, elle n'est professionnellement pas attachée à l'organisation en tant que telle, car l'entreprise en soi n'a d'intérêt pour elle, que par l'occasion des rencontres qu'elle suscite, et pour exister à travers cela.

Voilà quelqu'un qui pense que le patron, ce n'est pas tant celui qui commande (la variable L de leadership est passable L=5), que celui ou celle qui montre l'exemple en travaillant plus que les autres. Pour elle, un patron doit apporter du lien, du liant dans l'organisation, car Monique cherche l'harmonie au sein de son équipe (O=6). Elle n'éprouve pas toujours le besoin d'imposer son avis (le score K=5 est assez moyen), ni celui incoercible d'exercer son ascendant sur les autres en terme de pouvoir (P=5).

Le secret d'une certaine réussite, chez Monique, n'est pas une qualité de management hors pair, c'est plutôt une capacité à créer du lien en étant à l'écoute (parfois trop à l'écoute) des autres, notamment de ses clients, une énergie débordante (même si elle est mal canalisée) et une capacité à susciter de la sympathie par cette extraversion communicative. N'a-t-on pas là une forme de ce qu'on appellerait du « charme » ?

3.3. Antonomase à un échantillon de 24 entrepreneurs

3.3.1. Présentation de l'échantillon

Le test a été distribué à un échantillon de 24 entrepreneurs, pour la plupart intervenants à RMS dans les cycles d'entrepreneuriat. Nous sommes tout à fait conscients de la faiblesse de l'échantillon, pour les raisons suivantes :

- Sa taille très modeste (N=24).
- Le choix des entrepreneurs fait qu'ils sont, pour leur grande majorité, issus de notre carnet d'adresses personnel. Nous sommes donc au centre de l'échantillonnage. Ce point se ressent certainement dans les résultats (cf. page 176, la remarque de notre amie psychologue lors de l'analyse de l'entrepreneur « moyen ».

A ces deux objections, nous répondons qu'il s'agit d'une expérience exploratoire, et que notre propos est plutôt de définir deux méthodes de travail, entre caractère (issu de notre échantillon) et portrait.
En fait, et c'est ce qui nous importe, nous souhaitions établir initialement qu'il n'y a pas de profil type d'entrepreneur, et nous avons été surpris par une certaine convergence de quelques résultats.
Si nous incluons une rosace PAPI-I™ de notre échantillon, nous obtenons un profil de préférences professionnelles d'un groupe d'individus, que nous allons qualifier d'entrepreneur-type, même si nous sommes conscients de la faiblesse de l'échantillon.

3.3.2. Résultats analytiques

Rosace Papi-I de l'échantillon (N=24)

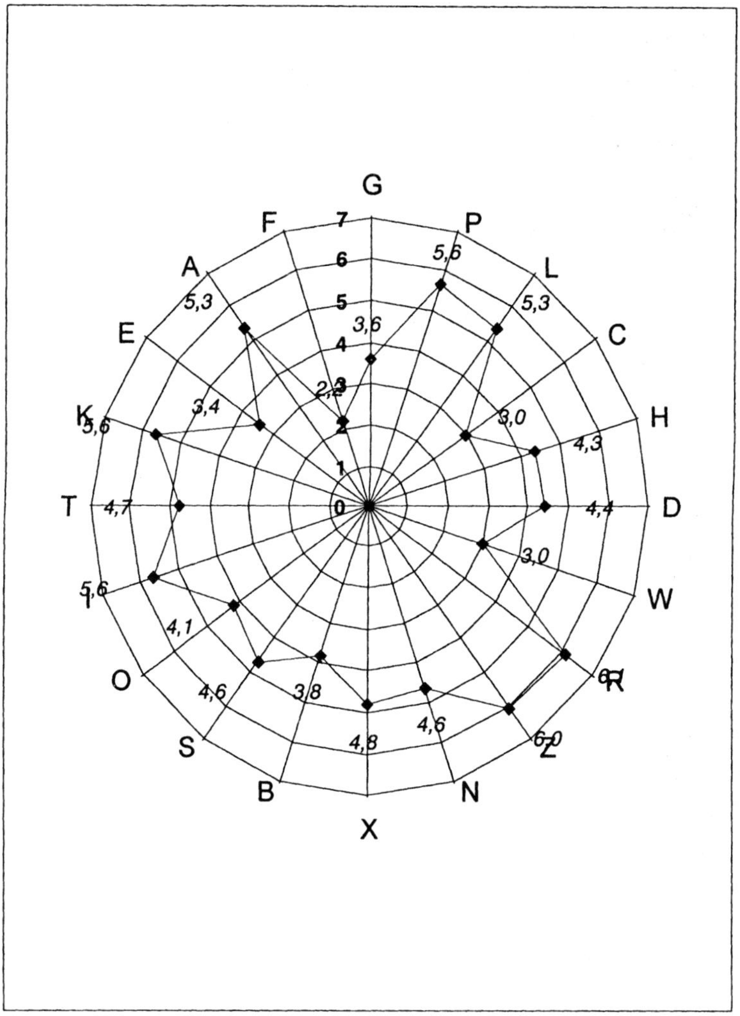

Moyennes et écarts-types de l'échantillon (N=24)

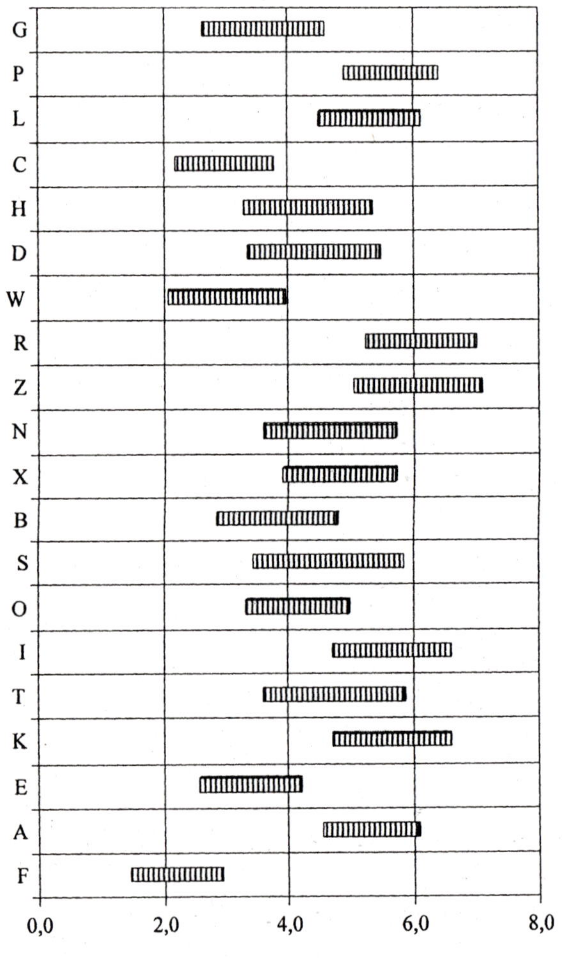

3.3.3. Lecture des résultats

Il semblerait (à la réserve près de la faiblesse de notre échantillon) que les variables particulièrement fortes (supérieures à 5) soient :

- La créativité conceptuelle (R)
- Le besoin de changement (Z)
- Le besoin d'exercer une influence sur le comportement des autres (P)
- L'aisance dans la prise de décisions (I)
- Le besoin d'imposer son avis, voire une certaine agressivité (K)
- Une certaine confiance dans ses qualités de leader (L)
- Un besoin de réussite (A)

Les variables particulièrement faibles sont les suivantes :

- Le besoin de directives (W)
- Le rôle d'organisation personnelle (C)
- Le besoin de soutenir sa hiérarchie (F)

Dans cette phase exploratoire, il apparaît que certaines qualités que l'on attribue généralement aux entrepreneurs se retrouvent dans les résultats de ce test, et puissent s'interpréter en termes d'idéal-type. Alors que notre propos initial était d'établir qu'il n'y pas de profil de créateurs....

3.3.3.1. Le caractère du créateur moyen (idéal-type issu de la moyenne du PAPI-I^{TM})

3.3.3.2. Présentation de la méthode

Nous avons soumis les résultats de notre échantillon à une psychologue recourant fréquemment à ce test, sous la forme de résultats d'une personne « agrégée », tout en la prévenant de la démarche et qu'il s'agissait bien de créateurs

d'entreprise. Cette psychologue nous connaît très bien tant au plan professionnel qu'amical.
Sa première remarque fut de signaler l'absence de points très saillants, ce qui est normal, lorsqu'on utilise le PAPI-I^{TM} sur un groupe, point que souligne le manuel d'utilisation du cabinet PA Consulting Group.
Aussi a-t-elle préféré recourir à une lecture par groupe d'échelles associées dans le test, et en cherchant à exagérer l'échelle des résultats (c'est-à-dire en prenant pour des valeurs extrêmes les échelles supérieures à 5 et celles inférieures à 3).

Nous rédigeons ainsi le caractère qu'elle dégage de notre entrepreneur type.

3.3.3.3. Caractère de l'entrepreneur

L'entrepreneur se marque de deux aspects principaux dans ses choix professionnels : une certaine ascendance sur autrui et une très grande ouverture d'esprit. L'ascendance sur autrui s'affirmant dans la double quête : ***« suis-je légitime dans ma démarche d'entraînement des autres »***, et ***« est-ce que les autres me considèrent comme légitime »*** ? Ce rôle et ce besoin se renforcent mutuellement de manière marquée, à la fois conscience, mais aussi fierté de ce besoin.[23].

L'ouverture d'esprit (R et Z) :
R la créativité conceptuelle marque un individu raisonnant sans a-priori. Voilà quelqu'un qui ne semble pas écrasé ou dominé par un quelque modèle, s'interrogeant sans répit sur le pourquoi, mais surtout du ***pourquoi pas ?***. Ce

---

[23] Posant une double interrogation : quel est le lien entre ces critères et la création d'entreprise et pourquoi faut-il être leader pour avoir envie de créer une activité ?

questionnement permanent lui permet d'inventer souvent de nouveaux modèles, puisqu'il ne se satisfait jamais de ce qui existe éprouvant l'envie de créer de nouvelles choses.
Le besoin de changement (Z) peut éventuellement être conjoncturel, et lié à l'activité présente du créateur, qui gère de nombreux éléments à la fois, et dans une limite forte, il peut s'agir d'une forme de « papillonnage », ou tentative de tout examiner dans son entreprise. Forcer les choix dans le test induit une limite puisque nous ne pouvons pas corréler significativement cette variable Z avec la variable N (le besoin d'achever une tâche), dont le score est de 5 (moyenne supérieure de l'échelle entre 0 et 9). L'entrepreneur «papillon » se marquerait d'un N faible, alors que celui marqué par une très forte ardeur dans l'exécution de sa mission se marquerait d'un N Fort[24].
On pourrait résumer ainsi que le créateur a l'énergie pour mener à bien sa mission, même si fondamentalement c'est un « zappeur » d'activités.

Dynamique de travail (rôles) :
Le rythme d'action (T) et l'aisance dans la prise de décisions (I) sont plutôt élevés. Ce I marquant une capacité à ordonner le néant, tout en étant marqué par un sentiment d'urgence, sans que nous puissions dire s'il subit une pression de l'extérieur (un rôle) ou si ce sentiment d'urgence est un moteur interne (un besoin). Il se voit comme quelqu'un qui va vite et qui pense que les autres le regardent comme quelqu'un de rapide.

Tempérament : (K fort et E faible) :

---

[24] Cette limite repose sur la philosophie du test qui sous entend que les individus ne peuvent tout faire à la fois, mais qu'il est impossible de comparer le niveau d'énergie sur chaque type de tâche à exécuter d'un individu à l'autre,.

Il s'agit d'individus qui peuvent paraître brusques et cassants, peu soucieux de la forme notamment dans la manifestation de leurs sentiments (K forts).

Le biais possible dans l'échantillon …

Notre psychologue a précisé à ce stade, qu'il pouvait s'agir d'un biais d'échantillonnage, lors de la sélection des entrepreneurs, car cela ressemblait trop à la manière d'être de l'auteur du présent article …

Un contrôle émotionnel fort (E) est le fait de personnes voulant paraître lisses. Cette faiblesse du E indiquerait une certaine spontanéité, un côté naturel, voire peut-être gaffeur…, très enclins à communiquer leurs émotions.

La recherche de résultats personnels est plutôt contrastée : le A fort manifeste la grande soif de réussir d'un individu voulant aller jusqu'au bout de ses idées et prouver au monde ce qu'il peut faire. Aussi, cette soif les entraîne t-elle dans une quête permanente de se dépasser, tout en se rappelant que le rapport à l'autre dans l'organisation n'est pas forcément essentiel (W faible à rapprocher du F- *le besoin de soutenir la hiérarchie* - est faible.

En somme, nous avons là un individu capable de se fixer lui-même des objectifs et les modèles notamment nouveaux) pour parvenir à ses objectifs. Seul maître à bord, régi par la devise ***« ni Dieu, ni maître »***.

Une forme de paradoxe peut apparaître ici : même si notre créateur semble un peu *« brut de décoffrage »*, il ressent de manière assez significative son rôle de facilitateur (la variable S), comme s'il cherchait à éviter les tensions entre ses collaborateurs, voulant aplanir leurs difficultés, en étant à l'écoute de ce que ses collaborateurs lui disent. Il prend en compte le confort des autres dans l'organisation et cherche à

leur donner des moyens pour la réalisation optimale de leur tâche, ce qui, dans une certaine mesure, pourrait s'approcher d'une forme de paternalisme (ce serait le cas, si le O, - besoin d'instaurer des relations étroites quasi affectives dans le travail - était significativement élevé).
La variable B, plutôt faible, tendrait à souligner une certaine solitude du chef d'entreprise vis-à-vis de son équipe. Elle marque un individu un peu en dehors du groupe, qui aurait le sentiment intime de ne pouvoir se reposer que sur lui-même.
Solitude, notamment dans la prise de décision, puisque le I est élevé : **il faut décider vite et seul, et prendre sans vertige des décisions sans repères, aidé seulement par des modèles inventés par lui seul.**
Les éléments de conscience professionnelle sont relativement faibles, ce qui ne signifie pas un manque de professionnalisme dans le travail, mais plutôt le fait de gens qui ne sont pas centrés sur une seule tâche à réaliser (en quelque sorte un anti « besogneux »).

Conclusion

Nous avons tenté de clarifier deux modes d'approche de l'entrepreneur via le portrait et le caractère. Nous tenons à souligner une dernière fois que cette esquisse de « caractère » appelle à confirmation et/ou infirmation. Naturellement, nous préférerions une infirmation, car nous souhaitons le rappeler, **notre souhait initial était de montrer qu'il n'y a pas de profil-type d'entrepreneur** et de montrer ainsi, pour paraphraser Simone de Beauvoir, ***que l'on ne naît pas entrepreneur, mais qu'on apprend à le devenir***.
Une « pirouette » intellectuelle consisterait à proposer l'hypothèse que ces rôles et besoins mis en lumière par certaines convergences des résultats du test, sont le reflet, non pas d'un « inné » de l'entrepreneur, mais plutôt d'un

« acquis » en situation. Situation singulière, laquelle signifie, en utilisant l'acception quotidienne « d'entrepreneur » lors de la construction d'une maison, **la manifestation, voire la lutte d'une intention en proie à l'inertie de la matière**.

BIBLIOGRAPHIE

BARTHES R., *Mythologies*, Coll. Seuil

BERGEZ D., GERAUD V., ROBRIEUX J. J., *Vocabulaire de l'analyse littéraire*, Dunod, Paris, 1994, éd. corrigée 1996

BERTAUX D, *Les récits de vie*, Coll. Sociologie 128, Nathan Septembre 1997.

BURY E, *Introduction aux Caractères de La Bruyère*, Livre de Poche, Edit 7705, 1995

CARATINI R, *Vent de Philo - Sur les chemins de la philosophie*, Michel Lafond, Mars 1997

CATTELL,R.B. *Description and measurement of personality*, World Book, New York, 1944

CIORAN *Anthologie du portrait*, Arcades, Gallimard, 1996.

DURKHEIM E., *Les règles de la méthode sociologique*, Paris, Flammarion, 1988,

ECO U., *Lector in Fabula, le rôle du lecteur*, Livre de poche, Grasset, 1985

FOUCAULT M., *Les mots et les choses*, Coll. tel, Gallimard, 1966.

GARDES-TAMINE J., *La rhétorique*, Armand Colin, 1996

GARFINKEL H., *Studies in Ethnomethodology*, Englewood Cliffs NJ, Prentice Hall 1967 (2de édition 1984, Cambridge, Polity Press

GEERTZ C, *Ici et là bas – l'anthropologue comme auteur*, Metailié, 1996.

HUSSERL , *Méditations Cartésiennes*, Trad Peiffer et Levinas, Paris, Vrin, 1969

KETS DE VRIES M., *Un rebelle créatif, in l'art d'entreprendre*, les Echos – Arthur Andersen, Village Mondial, 1998

LA BRUYERE, *Les caractères*, Préface, Livre de Poche, Edit 7705, 1995

LACARRIERE J., *En suivant les Dieux*, Hachette Pluriel, Septembre 1994

LAFOND J, "Les techniques du portrait, recueil des portraits et des éloges de 1659", pp. 139-148, et "Discussions sur les maximes et portraits", pp. 272–279, *Cahiers de l'Association Internationale d'Etudes Françaises*, n°18, 1965.

LES ECHOS – ARTHUR ANDERSEN, *L'art d'entreprendre*, Village Mondial,1998

MOUNOUD E., *L'inscription sociale des discours, et des représentations, stratégiques dans l'industrie de l'environnement*, Thèse HEC, Janvier 1997

PA CONSULTING GROUP, *Manuel de formation au PA Preference Inventory*

PFEFFER J., "Management as symbolic action : the creation and maintenance of organizational symbolism", *Research in Organizational Behavio* , 1981,Vol 3, pp. 1-52

PFEFFER J., *Power in organizations*, Pitman, Boston,1981

RICŒUR P., *Le conflit des interprétations - Essais d'herméneutique*, Seuil, 1969

RICOEUR P., *Du texte à l'action. Essais d'herméneutique II*, Paris, Ed du Seuil, Coll. Esprit, 1986

RICOEUR P., *Soi-même comme un autre*, Points Seuil, Paris 1996

RICOEUR P., *Temps et récit* , Seuil, 1985

SCHUTZ A, *Eléments de sociologie compréhensive*, article "Don Quichotte et problème de la réalité", L'Harmattan, 1998

SMITH A., *Traité des Sentiments Moraux*, Coll. Leviathan, P.U.F., 1999

TRICE AND BEYER, "Studying Organizational Cultures through Rites and ceremonials", *Academy of Management Review* 1984, Volume 9, n°4 , pp. 653 – 669.

VILLETTE M., *Le manager jetable récits du management réel*, La Découverte, coll. Essais, 1996
WEBER M, *Essais sur la théorie de la science*, Agora, Press Pocket, 1992
WEBER M, *Essais sur la théorie de la science*, Agora, Press Pocket, 1992
WEBER M., *Le savant et le politique*, coll. 10-18, Plon, 1959

ANNEXE

Explicitations de quelques variables du Test PAPI-I™

Nous explicitons un peu plus certains rôles et besoins à l'aide des interprétations proposées par le PA Consulting Group.

W : Cette échelle évalue dans quelle mesure quelqu'un a besoin d'instructions claires et de lignes directrices pour faire son travail. Ceux qui obtiennent des W faibles ne font pas toujours leur travail avec conformité avec la politique de la société. Ils ont tendance à créer leurs propres règles. Ils ne dépendent pas d'une supervision étroite de leur hiérarchie et sont plus à même de faire preuve d'initiative pour faire face à des problèmes imprévus. N'ont pas besoin de supervision, sont non conformistes, et peuvent établir des règles en contradiction avec celles de l'organisation.

K : Besoin d'imposer son avis. Ceux qui obtiennent des scores K forts ne redoutent pas les conflits et les confrontations. Leur approche est parfois plus agressive qu'affirmée, mais ils disent clairement ce qu'ils veulent. Ils arrivent à leurs fins mais peuvent éveiller du ressentiment contre eux. Francs directs, choisiront plutôt de lutter que de coopérer.

F : Besoin de soutenir la hiérarchie. Ceux qui obtiennent des scores F faibles sont moins enclins à manipuler l'organisation afin de réussir. Ils n'ont pas besoin de la reconnaissance de leur hiérarchie. Toutefois, ils peuvent manquer d'engagement vis-à-vis d'elle et peuvent même favoriser le mécontentement en contestant le système d'autorité de l'organisation.

G : Rôle de travailleur intensif. Si G n'est pas prioritaire dans le classement des rôles, ceci indique que travailler beaucoup

n'est pas une motivation significative pour cet individu. D'autres domaines de travail sont plus importants et travailler beaucoup est un produit dérivé du temps et de l'énergie consacrés aux dits domaines. L'individu peut les gérer avec efficacité et parvenir à équilibrer les comportements qui sont importants dans son travail. Toutefois, un score G faible peut indiquer qu'une personne se sent démotivée ou insatisfaite par son travail ou qu'elle manque de lignes directrices. A son niveau le plus simple, un score G faible peut indiquer qu'une personne évite de travailler beaucoup ou aborde sa charge de travail de manière optimum pour lui.
A rapprocher du C faible car si mal organisé, problème d'efficacité.

T : Rythme d'action, mesure le rythme de travail et l'énergie produite par quelqu'un et les réponses aux sollicitations. Un score T faible indique un style de travail soigné, mesuré. L'individu donne l'impression d'être posé et modéré, notamment en période de stress et il ne se laissera pas aller à une réaction irréfléchie sous la pression. Un tel individu est souvent perçu comme dépourvu du sens de l'urgence et son style de travail comme trop décontracté pour traiter efficacement des demandes qui changent fréquemment.

R : Créativité conceptuelle, évalue dans quelle mesure un individu possède une vision en matière de concepts, d'idées et d'approche globale. L'individu met l'accent sur l'importance de la réflexion en tant qu'activité afin de satisfaire et de tirer parti de sa créativité. Ses idées et ses processus de réflexion peuvent souvent apparaître comme étant radicalement différents des autres et il est capable d'aborder les problèmes sous plusieurs angles différents. Toutefois il peut manquer de sens pratique, être irréaliste, ne pas se préoccuper des événements quotidiens et donner l'impression d'avoir la tête dans les nuages. S'intéresse aux idées et aux théories. Apporte des solutions nouvelles aux problèmes.

C : Organisation personnelle, évalue dans quelle mesure un individu perçoit l'importance de l'organisation personnelle. Il peut donner l'impression de dominer les choses et de contrôler entièrement sa charge de travail. Un score C faible marque un individu se préoccupant peu des questions de planification, d'organisation et de gestion de projets, et accordant la priorité au travail plutôt qu'à l'espace de travail. Il donnera l'impression d'être désorganisé, ou désordonné. Tendance à la flexibilité et à l'adaptation.

Un ordre caché des organisations

Robert Zrihen
Reims Management School

La mise en place dans les organisations de nouveaux systèmes de contrôle de gestion se traduit par un nombre certain d'échecs, qui reposent souvent, à notre avis, sur une vision erronée de ces dispositifs et une conception désuète de l'organisation. Les outils de gestion sont dans cette optique considérés comme neutres, essentiellement porteurs d'une plus grande rationalité. Quant au contexte organisationnel, il est le plus souvent réduit à ses aspects formels et visibles.

Nous voulons montrer, à travers un cas réel, les raisons profondes de l'échec relatif de l'implantation d'un nouveau système de contrôle de gestion : comment comprendre cet échec, alors que l'entreprise étudiée fait figure d'une des sociétés les plus dynamiques et rentables de son groupe ?

Il s'agit d'aller au-delà des apparences formelles et organisationnelles. Nous nous sommes appuyés sur une étude de cas que nous avons dirigée. Celle-ci a été rendue possible grâce à un travail de recherche du contrôleur de gestion de cette entreprise. En effet, comme pour l'approche ethnologique, les études de terrain approfondies en gestion demandent une immersion profonde du chercheur dans son milieu d'études[1].

D'un point de vue théorique, nous nous inscrivons dans la perspective ouverte par les travaux de la sociologie clinique (Gaulejac et Roy, 1993). Et, pour reprendre les

[1] Pour des raisons de confidentialité, nous avons masqué et changé certains noms. Nous sommes redevables du remarquable travail de terrain effectué par le contrôleur de gestion de Mediast-France, en particulier pour les interviews, dont nous présentons ici des extraits.

travaux d'un auteur comme E.Enriquez, qui ont largement inspiré notre démarche, *« le but n'est pas de trouver le sens caché des institutions et des conduites, mais de trouver un* autre sens, *ainsi que* l'autre scène *sur laquelle elles existent et* l'autre registre *par rapport auquel elles s'expriment »* (Enriquez, 1992, p. 30).

1. Les Laboratoires Mediast

Les Laboratoires Mediast appartiennent à un groupe suédois créé dans les années 1960 dans le domaine d'activité des dispositifs médicaux à usage unique, destinés à des patients généralement hospitalisés avec des pathologies à vie.

Le groupe emploie 4500 personnes en Suède où se situe le siège et les unités de production, et dans une vingtaine de filiales de par le monde.

Mediast a dégagé en 2001 un chiffre d'affaires de 700 millions d'euros, dont 70 % en Europe et 20 % aux Etats-Unis. La France, l'Allemagne et l'Angleterre réalisent la majeure partie de la croissance européenne. Le groupe, d'origine familiale, est maintenant coté en bourse. Il a pour ambition de doubler dans les cinq ans son activité et de devenir un groupe international de santé, tout en maintenant un profit opérationnel de l'ordre de 15 % du CA.

L'activité est organisée autour de deux grandes gammes de produits, destinées, d'une part au soin des plaies (pansements ...), d'autre part aux troubles de la continence (sondes ...). Ces produits dont la spécificité réside dans le caractère unique de leur utilisation sont sans cesse améliorés par Mediast, qui propose des solutions adaptées pour chaque client et la pathologie correspondante. Cela suppose un développement constant de nouveaux produits ainsi qu'une stratégie marketing-produit proche des prescripteurs et des besoins des patients. D'où la mise en œuvre par Mediast, dans chacun des pays, d'études qualitatives très précises, grâce à la constitution de réunions regroupant patients et professionnels. Les dirigeants de Mediast ont compris que les services (livrets, conseils, vidéos d'apprentissage ...) et les *packages* associés aux produits (destinés à favoriser le retour à la vie active des patients) vont générer une valeur ajoutée supérieure aux produits vendus. Ces derniers sont en effet à faible valeur ajoutée et fabriqués à partir de matières premières peu transformées (polyéthylène, caoutchouc, latex) qui peuvent être facilement substituées. Grâce à ses efforts pour fournir des produits de qualité dans des domaines bien définis, le groupe occupe une position clé sur des niches avec près de 20 % de part de marché.

1.1. Mediast-France S.A.

Avec 300 personnes, Mediast-France S.A. est la filiale la plus importante et la plus rentable des filiales de Mediast. Créée en 1978, elle a, sous la houlette de son P.D.G., réussi à acquérir une bonne notoriété auprès des prescripteurs hospitaliers et à atteindre une part de marché moyenne de 30 % dans les niches stratégiques qu'elle occupe, soit la première place de toutes les sociétés du groupe. En France, les produits de Mediast sont remboursés par la Sécurité Sociale. Ils doivent donc se conformer aux règles du Tarif Inter ministériel de Prestation Sanitaire (T.I.P.S.). Si Mediast ne peut donc fixer le prix de ses produits, elle va s'efforcer de différencier ses produits, leur présentation, tout en essayant d'anticiper les besoins des utilisateurs et de proposer aux laboratoires de recherche en Suède des adaptations de produit pour mieux répondre aux diverses demandes. Il s'ensuit que les produits Mediast sont régulièrement prescrits par les praticiens hospitaliers, grâce aux réseaux tissés par les vendeurs de la société.

Mediast-France qui a la forme d'une société anonyme avec conseil de surveillance est organisée sous forme de quatre grandes directions :

- Affaires médicales et réglementaires, avec des médecins, des pharmaciens et des techniciens.
- Service commercial et service clients, qui représente, avec la force de vente près de la moitié de l'effectif de l'entreprise.
- Administration, Finances et Opérations, qui regroupe outre l'administration et la GRH, le service entrepôt logistique.
- Marketing, avec les chefs de produits.

Le comité de direction regroupe le P.D.G. ainsi que les quatre directeurs de chacune de ces fonctions.

La moyenne d'âge de Mediast-France est de 35 ans, avec une ancienneté moyenne de 8 ans, traduisant une certaine fidélité du personnel qui a accompagné la croissance de l'entreprise.

1.2. Le système de contrôle de gestion

Le système de contrôle de gestion est principalement organisé autour du système budgétaire.

Celui-ci s'inscrit de façon classique dans un processus plan - budgets. En amont, des plans stratégiques sur 5 ans sont déclinés en plans opérationnels, puis en budgets annuels pour chacune des filiales.

Le processus budgétaire se déroule ainsi :

- En mars, établissement du budget de l'année suivante, l'année budgétaire commençant au 1er octobre n et se terminant au 30 septembre n+1.

- Envoi de ce budget à la maison mère, puis nombreux allers et retours avec le Siège. Le document final est présenté officiellement en septembre à tous les cadres de la société, lors d'un séminaire dans un Relais-Château en province.
- Ce dernier budget constitue la référence pour tous les objectifs, individuels et collectifs. Il donne lieu à des nouvelles prévisions trimestrielles, pour les trimestres restant à effectuer, ce qui constitue l'essentiel du *reporting*, avec l'envoi mensuel des résultats des ventes.
- En interne, le principal suivi - appelé "plan d'activité annuel"- est axé sur le chiffre d'affaires, suivi qui se fait hebdomadairement par le P.D.G. et les autres directions. Les résultats commerciaux sont intégrés dans un tableau de bord; ils sont alors comparés à ceux des concurrents, par l'intermédiaire d'un syndicat professionnel.

En fait la planification budgétaire, selon les termes du contrôleur de gestion, est vécue par la filiale « comme une corvée et un véritable cauchemar », tant pour la collecte des données et leur consolidation, que pour le respect des délais. L'outil budgétaire est peu intégré dans le management quotidien, restant largement un exercice comptable ; celui-ci donne lieu à certains « ajustements » pour que les résultats trimestriels réalisés correspondent aux objectifs, grâce à certaines ventes « stockées » chez les distributeurs.

Avec l'introduction en bourse de la société, la maison mère, et en particulier sa direction financière, souhaiterait renforcer l'outil budgétaire : elle a inauguré la mise en place d'un système d'information financier intégré, lequel doit permettre de remplacer les différents systèmes d'information actuels et ainsi de faciliter les processus de décision. Jusqu'à présent c'est un échec : retards dans la mise en œuvre, problèmes de coordination, faible implication des acteurs, etc…

L'implantation complète de ce logiciel est repoussée finalement par la maison mère de deux années, soit début janvier 2004.

Nous allons essayer de comprendre les raisons de ce report, qui coïncide avec la date du départ à la retraite du P.D.G. de Mediast-France. Pour sortir de la « myopie organisationnelle », nous nous appuierons sur les travaux et la grille d'analyse d'un auteur comme E.Enriquez (1992, 1997).

2. L'entreprise, système culturel, symbolique et imaginaire

Comme nous l'indique E.Enriquez (1992), l'entreprise n'est pas seulement une « machine à produire » des biens et des services, mais aussi :
- **Un système culturel**, c'est-à-dire « une structure de valeurs et de normes, une manière de penser, un mode d'appréhension du monde qui orientent la conduite de ses divers auteurs ». Ce système comprend des représentations sociales, généralement intériorisées qui vont de pair avec des rôles et des habitudes de pensée convergeant avec une action collective.
- **Un système symbolique**, avec lequel l'entreprise va créer ses propres mythes, ses rites d'initiation et de passage, ses héros (parmi les fondateurs réels ou imaginaires de l'organisation), mythes et rites qui servent à légitimer les pratiques organisationnelles.
- **Un système imaginaire**, qui prendra deux formes : un "imaginaire moteur" que E. Enriquez identifie à une imagination créatrice et féconde, à l'opposé d'un "imaginaire leurrant", clos sur lui-même et basé sur la répétition.

A partir de cette grille d'analyse organisationnelle, E.Enriquez propose une lecture de l'organisation selon sept niveaux ou instances : les instances mythiques, social-historiques, institutionnelles, organisationnelles, groupales, individuelles et l'instance pulsionnelle.

Nous pouvons appliquer cette grille d'analyse à Mediast, en indiquant le contenu de chacune de ces instances et en l'illustrant avec des extraits d'interviews de ses employés. Ces entretiens, inclus sous un seul niveau de la grille, peuvent dans la réalité se rapporter à plusieurs instances. Ces différentes instances sont inévitablement articulées : elles essaient de rendre compte de la complexité des phénomènes sociaux. Tout phénomène, comme l'indiquait dès 1924 M.Mauss - un des auteurs dont les travaux ont largement inspiré la démarche de la sociologie clinique - ne peut être compris que comme « un fait social total » (Mauss, 1993).

2.1. L'instance mythique

« Au début était le verbe » et il n'y a pas de communauté sociale, nous dit Enriquez, sans la référence à un mythe d'origine, qui raconte l'histoire de la création de la société, qui permette de s'identifier à ses héros et de légitimer l'organisation.

L'histoire du groupe Mediast en Suède commence en 1957 lorsque, selon une des plaquettes du groupe :

> *« Une infirmière, consternée par le cancer du colon de sa petite sœur et son rejet par la société décide de trouver une solution permettant de faire face à cette limitation physique. Elle conçoit une poche de recueil à usage unique, de façon artisanale. Sa rencontre avec un ingénieur va concrétiser la fabrication de manière industrielle*

de cette idée. De cette invention naîtront les fondations de Mediast et toute sa philosophie de développement et de fonctionnement. Depuis lors le groupe n'a jamais cessé de développer de nouvelles technologies ...pour améliorer la qualité de vie des personnes atteintes d'un handicap physique non apparent ».

A l'origine de l'entreprise, une idée simple, pratique d'une infirmière désireuse d'alléger la souffrance de sa jeune sœur. C'est la rencontre avec un ingénieur qui va permettre de développer le procédé de façon industrielle et d'en étendre les bénéfices à toute la population. Tel est le "mythe fondateur" qui vise certes à retracer un commencement, mais surtout s'adresse à nos sentiments : comment ne pas être touché par cet acte, cette générosité ? Le mythe mobilise les affects et les sentiments. Il fonde la "communauté Mediast" ou du moins sa mission : « *améliorer la qualité de vie des personnes atteintes d'un handicap physique non apparent* ».

En France, l'histoire de la création fut plus mouvementée, ainsi que le rapporte M. Z., P.D.G. de Mediast-France :

> « *Notre filiale a été créée en 78 lorsque notre fabricant français sous licence décida d'interrompre sa coopération. Ce fabricant disposait alors de la connaissance des clients et des réseaux de distribution et de la neutralité bienveillante des autorités de santé. Il ne nous restait qu'une seule solution pour vivre sur le marché français : se battre contre notre ex-licencié ! Moi et une équipe de 17 personnes, nous nous sommes lancés dans un combat pour la vie qui a duré 2 ans. Le siège initial de l'état-major de cette petite armée fut même pendant*

deux mois mon appartement, et l'instrument financier mon chéquier personnel ! Après un an, le chiffre d'affaires de l'entreprise atteignait 6 millions, soit à peu près 8% de l'ensemble du groupe.
Aujourd'hui, soit 23 ans plus tard, la part de marché de Mediast est de 10 points supérieur à celle de notre principal concurrent ».

Le récit du P.D.G. sur la création concrète de Mediast-France est beaucoup plus contrasté : une belle idée n'est pas suffisante pour s'imposer, il a fallu se battre, âprement. Le récit reprend ici la métaphore guerrière, avec le combat contre les "méchants" et les "traîtres" pourtant plus forts. Mais autour du P.D.G., la "petite armée" a réussi à vaincre ... et deux décennies plus tard, les « justes » ont largement gagné.

2.2. L'instance sociale-historique

L'appel au mythe est insuffisant pour expliquer les pratiques sociales dans nos sociétés modernes. C'est l'idéologie qui remplace la mythologie dans ce rôle. Pour quelles raisons l'idéologie permet-elle de rationaliser les désirs les plus secrets ? C'est, nous dit E. Enriquez, parce que *« la naissance humaine entraîne une faille irrémédiable et une angoisse devant l'incertitude de l'avenir que, d'une part, tout message à caractère explicatif et donnant sens définitivement à l'action peut être écouté et intériorisé et que, d'autre part, à chaque fois que la société est en proie à une crise des valeurs, elle permettra la prolifération de discours généraux énonçant la certitude et anticipant l'avenir »* (Enriquez, 1992, p.69). Les idéologies s'érigent alors dans les organisations en "véritables religions scientifiques", unifiant le registre de la vérité, celui de la croyance (de la religion) et celui de la certitude mobilisatrice.

> La mission de Mediast s'affiche ainsi :
> « *Notre préoccupation majeure est d'améliorer la qualité de vie des personnes souffrant d'une altération de leur état physique.*
> *Dans le monde entier nous souhaitons être perçus comme des fournisseurs fiables de produits et services consommables. Nos clients sont les patients et les professionnels de la santé.*
> *Nous réagissons rapidement aux attentes du marché et procurons le plus haut niveau de satisfaction à nos clients. ... Nous nous efforçons d'être les meilleurs dans notre domaine d'activité, procurant ainsi croissance et valeur pour notre entreprise, ses collaborateurs et ses actionnaires.*
> *Afin de soutenir nos stratégies, notre organisation doit être : claire et compréhensible pour chacun de nos collaborateurs, orientée sur l'action à travers des équipes multidisciplinaires et multi-fonctionnelles, flexible mais stable, composée d'un maximum de 6 niveaux hiérarchiques, y compris le Directoire du Groupe* ».

Cette mission de Mediast s'inscrit clairement dans un « *système de représentations et de valeurs propres à un groupe social, concernant l'organisation et les normes* » qui participent à la régulation des comportements : c'est ainsi que P. Ansart (1999) définit l'idéologie. En même temps ce discours relève aussi d'un processus d'*incantation* et de *simplification*, qui est une des caractéristiques de l'idéologie, comme le souligne Y.Pesqueux (2000). On peut illustrer ce point avec la phrase suivante que l'on retrouve très souvent dans les définitions des missions des entreprises : « *Nous nous efforçons d'être les meilleurs dans notre domaine d'activité, procurant ainsi croissance et valeur pour notre entreprise, ses collaborateurs et ses actionnaires* ». Ce discours masque la réalité, mais il en découvre aussi certains aspects, comme l'insistance mise à la fin sur l'importance de l'action et de la flexibilité, qui correspond à l'une des pratiques concrètes de Mediast-France.

2.3. L'instance institutionnelle.

L'idéologie seule est impuissante à expliquer les comportements des acteurs. Des éléments structuraux, caractérisés par leur permanence, vont exercer des contraintes sur les individus, qui les intériorisent : ce sont les institutions.

Les sociologues Berger et Luckmann (1986) montrent que l'institutionnalisation. se réalise à travers un triple processus :

- un processus d'extériorisation par lequel les institutions se détachent des individus qui les ont créées,
- un processus d'objectivation par lequel elles acquièrent l'apparence d'une réalité objective,
- un processus d'intériorisation au terme duquel elles sont intériorisées par chacun.

Il s'ensuit pour ces deux auteurs un "ordre institutionnel" qui peut être appréhendé en termes réifiés et aboutit à la création d'un processus de "légitimation", c'est-à-dire "*une objectivation de significations de "second ordre*".

Dans les organisations, l'instance institutionnelle regroupe toutes les normes explicites et implicites régissant les conduites des acteurs. Elles constituent un "savoir légitimé". Elles ont pour mission d'assurer un certain

équilibre social. Contrairement à ce que pourrait laisser suggérer une analyse superficielle, elles trouvent leur origine dans la société et prennent ensuite des formes spécifiques dans les organisations et les entreprises.
Ainsi, comme nous avons essayé de le montrer dans nos travaux, les outils de gestion représentent souvent des dispositifs non seulement fonctionnels, mais aussi institutionnels (Zrihen, 2002). Ils aident les acteurs dans leurs décisions, dans les mécanismes concrets de coordination. Ils permettent surtout une "mise en ordre" du monde, en indiquant “le vrai et le faux”, le "bon et le mauvais". Ils reposent toutefois sur une conception largement instrumentale de la rationalité : "combiner de façon efficace et efficiente des moyens et des agents pour atteindre un objectif". Cette conception de la rationalité va s'étendre à tous les niveaux de la société et devenir un quasi "nouveau sacré" (Castoriadis, 1997).

Dans le cas de Mediast-France, nous citerons un dispositif organisationnel qui devient un élément institutionnel : le plan annuel d'activité, une sorte de budget des ventes qui structure l'agenda et l'activité de Mediast-France.
Le P.D.G., M. Z. indique à son sujet :

> *« La clé du succès c'est l'esprit d'équipe.*
> *Un des moyens de construire cet esprit d'équipe, c'est le plan annuel d'activité de la filiale dont ressort, sous la forme d'un objectif mesurable et partagé, la contribution de 40 cadres de Mediast-France appartenant à l'ensemble des services...Chaque cadre de l'entreprise est évalué en fonction de ses performances individuelles, et lorsque le plan annuel d'activité est bouclé, chacun doit se sentir personnellement impliqué dans sa réalisation ».*

Le plan annuel d'activité, en imposant ses nomes d'efficacité et de performance, détermine les comportements tant individuels que collectifs. Il devient un dispositif structurant de Mediast-France, dispositif quasi-routinier, qui énonce la conformité des conduites des acteurs.

2.4. L'instance organisationnelle

L'organisation correspond, au sens strict, à une des modalités de l'institution, une sorte de transformation de cette dernière en « technologie », selon E. Enriquez (1992). Elle est définie généralement comme un système de structures et de rôles qui établit formellement les processus de décision et de coordination. L'instance organisationnelle correspond à la description que nous avons faite de Mediast-France dans la première partie : structure formelle, organisation budgétaire,... Mais on ne peut ramener l'entreprise Mediast-France à cette seule instance, car ce serait la réduire à ses seuls aspects formels et visibles.

Or les aspects informels peuvent être déterminants dans la compréhension des phénomènes organisationnels . Les structures peuvent avoir pour rôle de répartir le pouvoir, de mettre de l'ordre, y compris symboliquement, face au « chaos » et de participer ainsi à la lutte contre l'angoisse (Jaques,1990 ; Zrihen, 2002).

2.5. L'instance groupale

Cette instance regroupe tous les processus de fonctionnement des groupes, qui se constituent autour d'une action à réaliser, d'un projet commun. Ces processus sont essentiels dans l'analyse des phénomènes organisationnels et collectifs.

Tout groupe, nous rappelle E. Enriquez, reprenant les apports de la psychosociologie, fonctionne à l'idéalisation, à l'illusion et à la croyance.

M. A., pharmacien entré à la création de l'entreprise : *« Ce que j'apprécie chez Mediast c'est le mode de fonctionnement très réactif, nous donnons la priorité à nos patients plutôt qu'aux détails administratifs. Depuis 23 ans ma fonction a beaucoup évolué ..., mais Mediast reste une grande famille ».*

Mme C., secrétaire depuis 2 ans chez Mediast-France : *« Mediast-France est une entreprise typiquement française ; les gens sont proches les uns des autres et chaque événement, professionnel ou privé, est une occasion de se réunir ».*

Mediast-France est une entreprise à la fois :

- très réactive, orientée sur l'action,
- une "grande famille", soudée, qui se réunit souvent autour d'évènements professionnels, mais aussi familiaux : d'où le qualificatif de "paternalisme", avec une culture "française" qui s'oppose à celle de l'Europe du Nord.

M. E, responsable logistique, entré à la création de l'entreprise :

« Je qualifierais Mediast de boite paternaliste, même si l'on peut remarquer une évolution ces dix dernières années avec les nouveaux venus...qui amène un style plus gestionnaire, moins affectif. Mais les changements sont longs à venir, douloureux. Pour que les nouveaux l'emportent, il faudrait que les anciens partent.

Quand il y a un problème, on dit que c'est la faute aux cadres moyens, que l'on envoie alors en formation, mais cela ne change rien aux conflits, car les cadres supérieurs ne vont jamais en formation et ne s'impliquent jamais dans la gestion courante.

Je suis toujours resté chez Mediast, qui a répondu à mes attentes ».

Mme F., cadre administratif du personnel, entrée chez Mediast-France en 1985 :

« Mediast, c'est une entreprise sympa., un bon climat dans l'ensemble. Pour être chez Mediast, il faut être flexible, et savoir s'adapter à toutes les situations.

Mais la communication entre les services n'est pas géniale, car chaque service fait un clan... ».

Mme G., assistante du P.D.G. Z., entrée en 1979 :

« Mediast est une entreprise qui a beaucoup évolué, avec ses 15 pelés du début. Avec l'augmentation du C.A. il y a eu des possibilités d'évolution des gens. ...C'est une entreprise qui donne les moyens aux gens de travailler, c'est peut-être pas toujours bien réfléchi. On se donne parfois des grands projets, comme le CRM, parce que c'est dans l'air du temps, et pas forcément adapté. Il y aurait d'autres choses à faire avant.

On est plus nombreux, plus anonymes...

La façon de manager peut sembler inégalitaire, en fonction des services auxquels on appartient.

Et puis c'est très affectif ».

M. H., chef de produit, chez Mediast-France depuis 4 années :

« Moi, j'ai fait une école de commerce, et si je devais définir Mediast, qui est ma première "boite", c'est une entreprise paternaliste conviviale ...

Dans le service il y a une dégradation du service, on ne nous tient pas informés des décisions stratégiques ...
Au comité de direction, il n'y a que des mammouths, arrivés là non par leur compétence, mais par ancienneté. ...
Z ne communique que sur les bonnes nouvelles... ».
M. I., comptable fournisseur, entrée en 1989 :
« On se sent bien dans cette "boîte", mais il faut donner de sa personne...
Les grands manitous restent entre eux, les cadres aussi, il n'y a pas de convivialité entre les différents niveaux de la hiérarchie ...
En général, il y a peu de considération pour les employés, on est là pour bosser, c'est tout.
Surtout quand on fait de la comptabilité. La comptabilité, c'est jamais un service bien perçu. C'était comme cela dans les autres "boîtes" où j'ai travaillé.
Ici, le patron ne connaît que le marketing et les ventes. Pour lui, on est comme il dit des « improductifs » ou des « boulets ».
Pour bosser, il y a une bonne coordination entre les gens. Les gens font bien leur travail, ils sont autonomes et ont une grande conscience professionnelle, c'est pour ça que cela marche.
Notre chef, à la finance, n'est pas compétente, tout le monde le sait. D'ailleurs elle a été très mal notée lors de l'enquête de satisfaction interne ; elle est maladroite ; elle n'assiste presque plus aux réunions de direction ».

Le P.D.G., M. Z. :
« Je suis particulièrement fier de la parité homme/femme puisque sur 100 personnes en France, nous comptons 60 femmes, pour 40 hommes. Je suis toujours surpris que notre maison mère puisse tout simplement survivre sans une prépondérance féminine au sein de sa direction ».

En fait derrière la "grande famille", on entrevoit des groupes et des clans, avec des lignes de partage entre :

- Les "anciens" et les "nouveaux" qui recouvrent quasiment à l'identique la catégorie suivante :
- Les membres du comité de direction (les cadres supérieurs) et les autres salariés de Mediast-France (cadres moyens et employés). Les premiers sont pour l'essentiel les premiers collaborateurs du P.D.G. M. Z., au moment de la création de l'entreprise.
- Les personnes des départements "Marketing" et "Ventes" et celles des autres fonctions. Mediast-France est une filiale de distribution, le P.D.G. M. Z. est d'abord un vendeur, orienté sur l'action concrète, sur le terrain. Les fonctions "nobles" sont les fonctions Ventes et Marketing, alors que les autres fonctions, en particulier administratives, sont considérées comme "improductives".
- Les médecins et les non-médecins, même si ce clivage est très atténué du fait que les produits sont relativement peu complexes. Le P.D.G. M. Z. n'est d'ailleurs pas un médecin.
- Les hommes et les femmes. Tout le comité de direction de Mediast-France est quasiment féminin, comme l'indique avec fierté le P.D.G. à la tête de ce comité, en

"avance" du point de vue de la parité sur la maison mère qui appartient pourtant à un pays de l'Europe du Nord.

Ces traits distinctifs plus ou moins formels dessinent des groupes où les acteurs vont mettre en place :

- des stratégies de pouvoir, suivant l'analyse désormais classique des "systèmes d'action concret" de la sociologie des organisations (Crozier et Friedberg, 1977),
- des logiques d'action différentes qui tiennent compte en particulier des cultures des groupes en présence (Sainsaulieu, 1987).

Ces jeux et ces systèmes d'action vont à leur tour structurer l'organisation Mediast-France.

2.6. L'instance individuelle

Comme le note E.Enriquez, cette instance est généralement "oubliée" par les sociologues qui écartent le rôle des individus et de leurs personnalités dans la compréhension des phénomènes sociaux. La dimension individuelle est en effet évacuée par ceux qui considèrent "les faits sociaux comme des choses", comme les sociologues durkheimiens. Mais c'est aussi le cas de la sociologie des organisations qui fait peu de place à la psychologie des acteurs.

E. Enriquez distingue dans les organisations les "créateurs d'histoire" qu'il classifie en trois grandes catégories :

- Le *mégalomane*, plutôt paranoïaque, qui se sent élu pour sauver un groupe plus ou moins important d'individus et le remettre dans le droit chemin.
- Le *manipulateur-pervers*, est possédé par « le fantasme de la maîtrise totale des êtres et des choses, croit parler le langage de la vérité, réduit les rapports humains à des rapports d'objets ».

- Le *séducteur hystérique* qui considère le monde comme un théâtre où il s'agit d'écrire et de jouer la pièce la plus "médiatique". C'est un type de personnage que l'on reconnaîtra.

Chez Mediast-France, la "personnalité prestigieuse" est le P.D.G., M. Z., objet de toutes les passions.

M. E, responsable logistique :

« Il n'y aura jamais de changement tant que Z restera en place. Les décisions, c'est Z qui les prend, il ne se fait pas influencer, c'est lui qui décide.

Les anciens ont un poste confortable, ils se rendent compte des problèmes, mais ils ne bougent pas.

A la retraite de Z, je pense que la maison mère choisira le futur remplaçant, et ce ne sera pas quelqu'un de chez nous. Quant au staff, il partira de lui-même, avec des gentlemen agreements.

Il y a un côté attachant chez Mediast, c'est le côté très social du patron, Z, mais c'est aussi un frein.

Les gens restent car le côté affectif de Z est indiscutable.

C'est quelqu'un notre patron, non ? ».

Mme D, directeur des ressources humaines, chez Mediast-France depuis 1998 :

« Mediast est une organisation basée sur l'efficacité et l'atteinte des objectifs, tout en gardant une dimension très humaine où l'affectif tient une place très importante ».

Mme F., employée au service du personnel :

« Z a un pouvoir sans limites, surtout pour le marketing et le développement. Z est tellement présent, il a tellement de charisme qu'on se

demande ce que cela deviendra après lui ! En fait, Mediast c'est Z.
Franchement, je pense que quand Z partira, le directoire partira aussi. En fait, je regretterai Z, mais je crois que ce sera bien pour Mediast.
Quand je le croise dans les couloirs, j'ai toujours une angoisse, c'est qu'il me demande quelque chose. Il me fait peur. C'est un gueulard, et je n'aime pas les gens qui crient. Mais si la société en est où elle est, c'est grâce à lui ».
Mme G., assistante du P.D.G. Z. :
« Z, c'est lui qui décide au niveau de la France, surtout pour le marketing. Il ne s'investit pas trop dans les autres services, comme les finances, car il ne connaît pas. ...Z ne met pas le nez dans les domaines qui lui sont méconnus. Il s'attache aux faits et aux chiffres.
L'information en interne passe mal, mais tout le monde sait par des moyens non officiels ce qui se passe. En fait ça l'arrange, car pour les choses qui ne sont pas agréables à dire, on laisse pourrir la situation. C'est une stratégie de diffuser l'information sous le sceau du secret, tout en sachant que ça se saura. Z n'aime pas les gens qui ne communiquent pas. Donc il utilise ce biais. Z est un grand comédien. L'information bonne ou mauvaise a circulé, donc il n'a plus à la dire. Z est un manipulateur. Il se sert de cela pour donner une bonne image de lui. Tous les gens qui ne travaillent pas en direct avec lui l'aiment. Quand il fait des réunions au personnel, c'est seulement pour des bonnes choses.
Moi je travaille avec lui depuis 15 ans, on se connaît trop ... Je finis même par m'exprimer par

ses mots. On est influencé par cet homme, il modèle les gens.
Z veut rester maître sans partage.
Mais les nouvelles technologies, ce n'est pas son domaine de prédilection. Le marketing, oui.
D'ailleurs il fait toujours ses calculs à la main.
Son ordinateur sur le bureau, c'est seulement pour lire ses mails, et encore c'est récent.
Mais il est très respecté par la maison mère, on ne cherche pas à le contrarier. Il impose ce qu'il veut à la maison mère. C'est lié à son ancienneté, sa clairvoyance, son charisme ».

Le P.D.G., M. Z., se comporte au sein de Mediast-France comme le véritable metteur en scène : Z a créé, développé Mediast-France, pour lui faire atteindre une position de *leader* sur son segment de marché. Toutes les décisions stratégiques ou du moins celles qui lui importent sont prises par lui ou à défaut avec sa "garde rapprochée". Et cela continuera ainsi, nous disent les personnes interrogées, tant que M. Z. sera là.

M.Z est aussi, comme le souligne son assistante, un *comédien* qui veut et sait séduire. Toutes les personnes l'aiment et le craignent à des degrés divers. Il est admiré, tel une figure du Père, à la fois clairvoyant et surtout protecteur. M. Z. n'annonce que les bonnes nouvelles, nous dit une des personnes interrogées, qui ajoute que Mediast-France ne communique jamais sur les mauvaises nouvelles.

2.7. L'instance pulsionnelle

E.Enriquez ajoute enfin un dernier niveau : l'instance pulsionnelle, qui traverse toutes les différentes instances énumérées. A l'origine, le concept de pulsion a été élaboré par Freud dans la seconde partie de son œuvre pour comprendre et rendre compte de phénomènes inconscients. Freud distingue deux types de pulsions :

- les *pulsions de vie* (ou Eros) recoupent les pulsions sexuelles et d'auto-conservation ; elles tendent à *lier* et à maintenir des unités toujours plus grandes,
- les *pulsions de mort* (ou Thanatos) tendent à l'auto-destruction et se manifestent par des pulsions d'agression et de destruction qui visent à ramener l'être vivant à l'état inorganique (Laplanche et Pontalis, 1990).

Une partie de la psychosociologie d'inspiration psychanalytique reprend ces concepts pour analyser les organisations. Dans ces dernières, les pulsions de mort peuvent prendre la forme des mécanismes de déni, en particulier de la réalité, pour au contraire s'investir dans des processus répétitifs, mortifères. E.Enriquez y inclut l'investissement des membres de l'organisation dans un "imaginaire leurrant" : comme celui dans un dirigeant, devenu une idole, qui exigerait une totale soumission de ses fidèles.

Nous pouvons désormais nous demander comment caractériser Mediast-France, après l' avoir décrite au travers de ces diverses grilles. A partir de là, nous serons en mesure de mieux comprendre pourquoi la mise en place du système d'information intégré (E.R.P.) a échoué.

3. Mediast-France : une organisation de type charismatique

L'analyse de toutes les instances, et en particulier des deux dernières – individuelles et pulsionnelles -, montre le rôle central du P.D.G. Z. autour duquel se cristallisent les passions de tous les acteurs de Mediast-France. Personnage à la fois charismatique et séducteur, il constitue de fait le ciment de l'entreprise.

On se situe alors dans une structure de type *charismatique*, pour reprendre une typologie établie par E.Enriquez (1997), c'est-à-dire une organisation fonctionnant autour :

- d'une part d'une personnalité avec des capacités « extraordinaires »,
- d'autre part des collaborateurs qui dépendent, non seulement formellement, mais affectivement de leur chef. Ils constituent en général des serviteurs obéissants et dévoués.

Dans une telle structure, les décisions sont centralisées, y compris pour des décisions secondaires. Finalement d'un point de vue psychologique, une telle structure repose sur l'amour porté au leader, vers lequel est tournée toute une partie des énergies psychiques. Et le *leader* est, comme un père, objet à la fois persécuteur et bienveillant, sachant punir et récompenser les fidèles. Tel est le modèle de l'organisation charismatique, qui repose largement sur des mécanismes psychiques inconscients - identification, projection, etc ...- qui permette à leur tour de faire fonctionner "l'illusion groupale". Force est de reconnaître que Mediast-France en est très proche.

Les trois autres structures-types décrites par E.Enriquez sont les structures bureaucratiques, communautaires et technocratiques.

On comprend mieux le contexte dans lequel doit prendre place le nouveau système d'information de gestion, et l'analyse qu'en font les salariés de Mediast-France :

M. E, responsable logistique :

« Avec l'arrivée de l'E.R.P., il y aura des changements. Les jeunes n'auront pas de problèmes. Mais comme ici on a l'habitude des programmes faits maison et que ce sont les

programmes qui s'adaptent aux gens et non le contraire...
L'E.R.P., ce sera la mainmise de la maison mère sur nos fichiers.
Cela va amener des changements dans le style de gestion, mais ils (le comité de direction) *n'en voient pas l'ampleur »*.
Mme G., assistante du P.D.G. Z. :
« Par rapport à l'E.R.P., on a déjà une implication directe de la maison mère qui vient chercher nos fichiers ; on leur prépare le fichier que Z. veut leur donner.
Z. n'est pas conscient des changements que cela va apporter, quand on aura des bases de données partagées ».
M. I., comptable fournisseurs :
« Pour le changement qui va se passer, c'est pas trop le changement de programme informatique qui fait problème, car on s'adaptera. Mais c'est le départ à la retraite du patron. Mais pour moi ça ne changera rien, juste pour la hiérarchie ».

La volonté de mise en place d'un E.R.P. par la maison mère correspond d'abord au désir d'accroître le contrôle sur ses filiales, et les acteurs en sont parfaitement conscients. Ce système d'information intégré entre de plein fouet en contradiction avec le type de management et de structure de Mediast-France. La mise en place de l'E.R.P. risque de casser toute la dynamique de Mediast-France et donc ses résultats.
L'inquiétude majeure du personnel ne vient pas de ce nouvel outil de gestion… mais de l'incertitude du départ à la retraite de Z., c'est-à-dire en 2004. C'est à cette date, c'est-à-dire lorsque Z. partira, que sera mis en œuvre l'E.R.P. – soit une reconnaissance par la maison mère des autres instances de Mediast-France !

Nous avons voulu montrer ici l'impasse à laquelle aboutissent un certain nombre de projets et d'études en gestion, qui se concentrent essentiellement sur l'aspect formel des organisations, alors que l'entreprise ne peut être abordée que comme « un fait social total ». Faire abstraction de tous les aspects psychosociologiques reviendrait à dire qu'un être humain équivaut à son squelette. Or, pour garder la métaphore du corps, l'entreprise est le plus souvent réduite, dans les articles de gestion, à la tête.

La dynamique d'une entreprise se situe au carrefour des interactions entre les différentes instances que nous avons examinées. Dans la pratique, on ne peut ignorer certaines de ces instances.

Privilégier outre-mesure la gestion par les chiffres ou le fantasme d'une maîtrise totale conduit à laisser peu de place à l'humain et la pulsion de vie, au risque de tomber dans une organisation mortifère. La sociologie clinique constitue à ce titre une des démarches les plus riches pour agir dans cette complexité organisationnelle et éviter ces écueils.

Bibliographie

ANSART P., *Idéologie*, in Dictionnaire de sociologie, Paris, Dictionnaire Le Robert/Seuil, 1999.

BERGER P., LUCKMANN T., *La construction sociale de la réalité,* Paris, Méridiens Klincksieck, 1986, traduit de : *The Social Construction of Reality,* Doubleday, 1966.

CASTORIADIS C., *La résistible emprise de la rationalité instrumentale*, Revue Internationale de Psychosociologie, Vol. IX, N° 8, 1997.

CROZIER M., FRIEDBERG E., *L'acteur et le système*, Paris, Seuil, 1977.

ENRIQUEZ, E., *L'organisation en analyse*, Paris, P.U.F., 1992.

ENRIQUEZ, E., *Les jeux du pouvoir et du désir dans l'entreprise*, Paris, Desclée de Brouwer, 1997.
De GAULEJAC V., ROY S., *Sociologies cliniques,* Paris, Desclée de Brouwer, 1993.
JAQUES E., « Des systèmes sociaux comme défense contre l'anxiété dépressive et l'anxiété de persécution » (1955), in : *Psychologie sociale, Textes fondamentaux anglais et américains*, traduits par Levy A., Paris, Dunod, 1990, p.546-565.
LAPLANCHE J., PONTALIS J.B., *Vocabulaire de la psychanalyse*, Paris, PUF, 1990.
MAUSS M., *Sociologie et Anthropologie*, Paris, P.U.F., 1993.
PESQUEUX Y., *Le gouvernement de l'entreprise comme idéologie*, Paris, Ellipses, 2000.
SAINSAULIEU R., *Sociologie de l'organisation et de l'entreprise*, Paris, Presses de la Fondation Nationale des Sciences Politiques, 1987.
ZRIHEN R., *Rôles informels du contrôle budgétaire*, Thèse en Sciences de Gestion, Université Paris-IX Dauphine, 2002.

Un ordre caché des organisations L'identité des firmes innovantes implique-t-elle leur contingence radicale ?

Xavier Deroy
Reims Management School

"*Si Spinoza, non sans ironie, peut ainsi réunir Descartes et Aristote, c'est parce qu'il revient au même, à peu près, d'abstraire un universel à partir d'une connaissance confuse de l'effet, ou d'inférer une cause à partir d'une connaissance claire de l'effet. Aucun de ces procédés ne mène à l'adéquat*". Deleuze, Spinoza et le problème de l'expression (1968, p. 145).

1. Introduction

L'objet de cet article est de montrer que la démarche généralement empruntée par les sciences de gestion dans leur traitement du thème de l'innovation pose implicitement (ou très explicitement) l'identité des firmes entre elles. Ce pré-requis fonde la possibilité d'une élaboration justifiée de modèles descriptifs, puis prédictifs. L'ambiguïté des résultats obtenus à partir de ces modèles amène cependant à s'interroger sur leur postulat initial. Ainsi, il s'agirait plutôt d'envisager *les* identités des firmes innovantes.

Aussi, il s'agira de revenir tout d'abord sur certains traits communs propres aux organisations et que les différentes écoles stratégiques se sont attachées à faire ressortir pour se définir. Ensuite, nous mettrons en évidence le glissement qui s'effectue des traits communs aux firmes vers une identité unique, autrement dit une identité commune.

Puisque le postulat de l'identité commune est rempli, alors il est possible de décrire des lois de gestion. Jusqu'à quel point ces lois de gestion s'appliquent-elles aux firmes innovantes ? Dans quelle mesure rendent-elles compte effectivement de leur développement et, finalement, de leur identité ?

En nous appuyant sur les travaux de Rumelt et d'Eisendhardt, nous montrerons les limites induites par un traitement des firmes fondé sur une homonymie plus ou moins lâche et ses répercussions sur une identité commune aux firmes innovantes. Nous verrons qu'un problème de cohérence interne se pose pour des théories qui entendent défendre la thèse d'une spécificité des entreprises innovantes tout en s'efforçant de décrire en même temps des traits communs attachés à leur statut et leur management.

Dans ces conditions, quel regard renouvelé peut-on porter sur une école de la contingence qui se radicaliserait et auquel le recours semblerait peu à peu s'imposer si l'on s'en réfère à une forme de rigueur nécessaire et logique ? Après avoir défini le concept de contingence radicale, en avoir précisé les conséquences axiomatiques pour l'étude de l'innovation et illustré ces dernières par un exemple, nous en tirerons les implications principales pour de futures recherches dans le champ de l'innovation.

2. Traits communs aux firmes innovantes

Les études sur l'innovation et sa réussite s'attachent à montrer l'existence de traits communs aux firmes innovantes. On peut retrouver cette caractéristique aussi bien dans les études qualitatives que dans les études quantitatives. Si la méthodologie diffère, induction dans un cas, schéma hypothético-déductif dans l'autre (Ogien, 2001 ; Peyrolle, 2000) la perspective est similaire : faire émerger ou confirmer des traits communs aux firmes innovantes. (Cooper, 1993 ; Utterback, 1994 ; Penrose, 1959 ; Nonaka, Takeuchi, 1995 ; Chapel, 1997).

Nous allons rappeler quelques-uns de ces traits communs en distinguant ceux inhérents au contenu (Laroche, Nioche, 1998) de la stratégie de l'innovateur et ceux relatifs à son comportement.

2.1. Traits communs relatifs au contenu de la stratégie de l'innovateur

La firme innovante est la première à rentrer sur un marché. Elle le fait et s'y maintient en disposant d'un avantage concurrentiel grâce à des compétences spécifiques.

En s'appuyant sur ces dernières, la firme innovante améliore sa rentabilité et réalise une croissance fondée sur une diversification liée (Penrose, 1959 ; Wernerfelt, 1984 ; Teece, 1998 ; Hunt, 1997). Les nouvelles lignes de produit qui en résultent accroissent bien le chiffre d'affaires, et leur origine, fondée sur l'exploitation de compétences communes, et permettent des économies d'échelle ou d'"éventail" (*scope*) (Chatterjee, Wernerfelt, 1991).

Du point de vue du contenu stratégique, la littérature insiste donc sur les avantages de la stratégie de premier entrant pour une firme innovante bien que les risques inhérents à cette posture ne puissent être écartés. (Lieberman, Montgomery, 1998). Le modèle standard de firme innovante mène une stratégie de développement et d'investissement sur des compétences uniques qui constituent le socle amont du déploiement de la firme. Une stratégie de diversification liée par lignes de produits complète en aval ce dispositif et contribue à l'accumulation de connaissance et au renforcement des compétences. Les interactions au sein de cette communauté sociale (Kogut, Zander, 1996 ; Enriquez

1992) sont à la source de nouvelles combinaisons cognitives, donc d'innovation. (Cook, Brown, 1999)

2.2. Traits communs relatifs au comportement des acteurs de la firme innovante

A la lecture des études sur ce sujet, le comportement des acteurs de la firme engagés dans un processus d'innovation recèlerait également des traits communs. L'impulsion provient fréquemment d'un décideur - stratège qui, en fonction de sa représentation du monde, élabore une vision des besoins latents à servir et des concepts de produits susceptibles d'y répondre (Deroy, 1999 ; Quinn, 1986 ; Hamel, Prahalad, 1989). Le risque encouru avec la mise au point d'un produit nouveau oriente vers un comportement de prudence (Pesqueux, 2001) et même vers un modèle prudentiel, comme chez Tefal (Chapel, 1997). La capacité de la firme à innover suppose l'adhésion à des règles comportementales qui régissent l'organisation de la collectivité au point de participer à l'édification de sa culture.

Les comportements qui favorisent le partage de connaissances ou de savoirs complémentaires sont systématiquement encouragés et valorisés (Hatchuel, Le Masson, 2001). Les individus qui disposent de l'aptitude à créer ces réseaux du savoir représentent, par leur capacités à créer des collectifs d'innovation, une ressource rare reconnue comme telle depuis une période récente (Boltanski, Chiapello, 1999).

Ces traits communs sont structurels, c'est-à-dire qu'on ne peut pas imaginer une firme innovante qui ne les posséderait pas ou ne tendrait pas vers leur détention. En effet, ces traits communs garantissent l'adaptation de la firme aux environnements qu'elle a modifiés à la suite de son innovation. Ils évitent l'enfermement dans des routines

(Nelson, Winter, 1982 ; Alter, 1996), facteurs d'inertie (Bettis, Prahalad, 1986). Ils permettent l'évolution réussie des populations de firmes innovantes.(Durieux, 2000) et fournissent à tout le moins, des orientations potentiellement utiles (Lyons, Adjali, Collings et Jensen, 2002).

2.3. De quelques limites aux traits communs

Toutefois, la détention de traits communs implique un mimétisme des facteurs clés de réussite entre firmes innovantes. Or selon l'école de l'écologie des populations, en cas de choc imprévu et défavorable, cette similitude signifierait que toutes les firmes innovantes soient menacées, en raison des facteurs clés de succès communs qui les unissent. Selon cette interprétation, l'ambivalence des traits communs associés aux firmes innovantes est patente. Ils peuvent expliquer leur succès et leur échec.

Une autre remarque porte sur la provenance des traits communs qui n'est pas clairement élucidée. En effet, on peut concevoir deux schémas opposés de diffusion de ces traits communs: un schéma de convergence méthodologique et un schéma de reproduction mimétique.

Dans le premier cas, les entreprises innovantes convergent, chacune indépendamment, vers des traits communs analysés in fine comme tels par l'observateur. L'innovation constituée par l'école marginaliste en économie, avec Jevons, Walras et Menger au début des années 1870, constitue une illustration parmi d'autres du phénomène de convergence méthodologique auquel nous faisons référence.

Dans le second cas, celui de la reproduction par mimétisme, la notion même d'innovation et de firme innovante pose problème, sauf pour la firme qui est copiée. Peut-on affirmer que les firmes qui copient innovent? Peut-on supposer qu'elles se dotent ainsi des capacités à perpétuer l'innovation ?

Finalement, quelque soit leur mode d'élaboration, les traits communs aux firmes innovantes ne tardent pas à se muer en identité commune. Peu importe alors que le mimétisme soit intervenu entre firmes appartenant à un même groupe stratégique ou se soit développé sur l'ensemble d'un secteur d'activité. (Garcia-Pont, Nohria, 2002) On accrédite ainsi l'idée qu'il y a une universalité de la firme innovante, sans exclure des variations marginales autour de cette identité centrale.

Ce qui est frappant dans la plupart des recherches sur l'innovation, c'est que l'instauration progressive d'une identité universelle, cette construction d'un holisme de la firme innovante, est contradictoire avec la réalité de ce que ces mêmes travaux entendent décrire. Poser la possibilité de traits communs transférables entre firmes innovantes, c'est faire l'hypothèse de la possibilité d'un mimétisme réussi entre les firmes innovantes et celles qui ne le sont pas. Si ce mimétisme était effectif, il engendrerait le contraire de l'innovation par la banalisation de pratiques standardisées pour y accéder.

Donc, en créant cette catégorie universelle de la firme innovante, on routinise l'innovation ce qui est une contradiction dans les termes et on fait le postulat implicite d'une identité des firmes innovantes du point de vue du contenu de leur stratégie et de leur comportement.

3. Des traits communs à l'identité universalisante de la firme innovante et à ses lois

La démarche qui précède s'appuie, comme souvent en gestion, sur une analogie biologique. Les traits communs de la firme innovante s'assimilent à des gênes dont la détention est impérative. Ce qui, après tout, relève d'une métaphore acceptable au service d'une démarche analytique, devient une transposition abusive lorsqu'elle aboutit à obscurcir (ou simplifier excessivement) le "problème" de l'organisation, pour paraphraser Crozier. Ainsi, la métaphore d'une identité génétique commune néglige la construction du jeu de relations par les acteurs membres de l'organisation, de même que l'existence de ces zones de liberté[1] porteuses d'incertitude (Crozier, Friedberg, 1977) et de contingence radicale.

Néanmoins, c'est sur cette base des traits communs que s'édifie l'identité commune (sans d'ailleurs sous-estimer la difficulté d'une définition de l'"identité" - Brown, Duguid, 2001- d'une firme) des firmes innovantes.

Car il ne suffit pas que ces firmes se ressemblent par certains traits. La mise en évidence de régularités impose une identité substantielle des objets d'étude pour garantir la pertinence d'une transférabilité des modèles d'innovation à succès. Alors, on observe, schématiquement, deux tendances extrêmes à l'œuvre.

L'une, très classique, très traditionnelle, se réclame de l'économie industrielle. Elle aborde les firmes comme des boites noires dont l'objectif est une la maximisation du profit. Cette tendance-là définit l'identité des firmes en la fondant sur un réductionnisme économique et une appréhension externe d'organisations a-humaines Ce réductionnisme et cette externalité sont contenus dans le langage utilisé : boite noire.

L'autre tendance, consciente des impasses évidentes de l'approche précédente est assez paradoxale. Dans un premier temps, elle consiste en effet à poser la spécificité des firmes qui disposent d'un agencement de leurs coûts de

[1] Même si celle-ci est, de nouveau, aujourd'hui contestée, par une certaine forme de scientisme qui, au demeurant, ne manque pas d'arguments, comme le souligne par exemple Henri Atlan.

transaction particulier, de routines idiosyncratiques, de savoirs spécifiques, de compétences uniques, d'une culture héritée de leur histoire.

Et, au lieu d'admettre la possibilité d'une contingence radicale impliquée par de telles approches et définitions de leur objet, leurs auteurs opèrent le plus souvent un renversement. Ces spécificités deviennent les bases organisationnelles d'une communauté identitaire autorisant, au minimum, des formes lâches de modélisation de l'innovation.

Nous allons illustrer ces deux tendances en examinant d'abord les travaux de Rumelt sur la diversification des firmes et en envisageant ensuite les difficultés auxquelles se trouve confrontée, sous cet angle, la théorie de la ressource.

3.1. La diversification liée chez Rumelt : un modèle d'innovation à succès

La recherche menée par Rumelt en 1974 (Rumelt, 1974) sur la relation entre performance et types de diversification a été largement reprise, commentée et contestée jusque dans les années 90. A travers la question de la diversification, c'est aussi le problème de l'innovation qui est abordé. Une diversification implique en effet le lancement de nouveaux produits et/ou une présence sur des marchés nouveaux. Elle suppose également de nouvelles formes de coordination internes à une organisation devenue plus différenciée.

La conclusion principale à laquelle aboutit Rumelt est la supériorité d'une diversification liée sur une diversification conglomérale.

L'explication de ce résultat statistique obtenu sur un large échantillon de firmes tient à une exploitation optimisée de ressources communes en cas de diversification liée. On aborde les firmes uniquement à travers des indicateurs d'intensité de diversification et de corrélation entre les activités faisant l'objet d'une diversification. Ces indicateurs apparaissent comme les traits communs aux firmes innovantes à succès. La diversification liée est une caractéristique majeure d'un modèle d'innovation à succès.

L'identité des firmes est donc progressivement réduite à ces indicateurs et à ce contenu stratégique. Ce qui les rend comparables et permet de mettre en évidence une autre régularité : la firme innovante à succès organise rationnellement son développement en procédant par touches incrémentales (Johnson, 1998). En effet, observée dans la durée, la diversification liée rend compte de ce type de dynamique qui opère principalement par petites touches.

Par ailleurs la performance des firmes à diversification liée est aussi supérieure, notamment du point de vue de la croissance, à celles qui fondent leur activité autour d'un produit dominant, ce qui par contrecoup, constitue une critique anticipée des stratégies de "recentrage". Ce résultat est particulièrement probant dans le cas d'espèce des secteurs dont le centre de gravité est de nature scientifique. Selon Rumelt, les entreprises de ces secteurs qui se sont contenté d'accompagner la maturité et le déclin de leur produit ont vu leur survie menacée. L'innovation par diversification liée devient ainsi dans ces cas particuliers mais importants en nombre une condition nécessaire de survie (Rumelt, *ibid*, p. 109).

Inversement les firmes qui innovent "brutalement", c'est-à-dire en investissant des marchés inconnus requerrant des savoir-faire nouveaux s'exposent sinon à l'échec, du moins, statistiquement, à un retour sur investissement inférieur. Des études ont, bien entendu, nuancé les résultats de Rumelt, mais la plupart aboutissent cependant à les conforter (Montgomery, 1985 ; Montgomery, Wernerfelt, 1988 ; Mahoney, Pandian, 1992).

Mais surtout, l'entreprise décrite par ces travaux n'existe pas. D'ailleurs, comme Rumelt le reconnaît, son étude ne prétend pas aller à l'intérieur des organisations. Autrement dit, s'il est évident que la préoccupation est de nature gestionnaire, la représentation de l'entreprise, quant à elle, est de l'aveu de son auteur de type "*top-down*", c'est-à-dire qu'elle ne s'intéresse délibérément pas à la réalité concrète du processus de décision de la firme innovante. Ou, pour l'exprimer différemment, on est en présence de la "boîte noire" des économistes. Rumelt exprime d'ailleurs clairement la portée et les limites inhérentes à la méthodologie retenue et à la définition de la firme qu'elle emporte : "*The administrative difficulties associated with resource allocation in the diversified firm are compounded by the conceptual problem of defining suitable criteria for guiding the direction of diversification*" (Rumelt, *ibid*, p. 86).

Ainsi, la description des organisations à travers des indicateurs d'intensité de diversification qui les rendraient commensurables ne rend pas compte du moment où sont prises les décisions d'innovation et de diversification. Cette théorie de la firme s'avère insuffisante pour fournir un modèle gestionnaire de l'innovation dont la fonction d'utilité se mesurerait à sa capacité à orienter l'action des dirigeants en situation.

L'application des résultats de Rumelt dans les cas évoqués ne doit pas dissimuler qu'il s'agit bien de la représentation ex-post d'une trajectoire dont le succès a précisément dépendu de l'aptitude à effectuer des choix de diversification qui, au moment où ils s'accomplissaient, étaient discutables et alternatifs avec d'autres.

En résumé, le modèle de développement à succès de la firme innovante que nous donne Rumelt est statistiquement convainquant, vérifiable sur de nombreux cas précis sans se départir d'une analyse ex-post du contenu des stratégies adoptées.

Valide dans ses résultats essentiels, son épistémologie reste fondamentalement économique dans son approche de l'organisation (Cyert, March, 1970). Ces deux auteurs rappelaient déjà la nécessaire prise en compte de la dimension sociologique pour rendre compte des phénomènes organisationnels et ils considéraient aussi qu'une théorie de l'organisation se devait de privilégier l'analyse des processus dont on saisit bien l'importance quand il s'agit d'innovation. C'est à ce prix qu'on serait en mesure d'étayer une théorie de l'organisation qui se démarque franchement de l'épistémologie économique.

Donc, cette approche centrée sur la description ex post du contenu de la stratégie ne peut rendre compte ni de l'originalité de l'innovation observée à travers le processus qui y conduit ni de la spécificité de l'organisation à l'intérieur de laquelle s'opère ce processus.

3.2. Le dilemme spécificité / universalité de la théorie de la ressource à propos de l'innovation

La réalité de ce dilemme est bien réelle. Ce dernier naît de la tentation à la généralisation inhérente à la théorie assortie d'une prise conscience simultanée de la singularité des organisations formalisées représentées par les firmes.

Un article récent d'Eisendhardt (Eisendhardt, Martin, 2000) en montrait l'acuité et la difficulté à s'en déprendre. L'argumentation des auteurs se développe autour de la théorie de la ressource. On sait que ce courant, initié au cours des années 50 par Penrose (1959) et qui a connu depuis la seconde moitié des années 80 (Wernerfelt, 1984 ; Wernerfelt, 1995) un regain d'intérêt (Teece 1998 ; Hunt 1997 ; Hamel,

Prahalad 1989 ; Rumelt, 1991 ; Schendel, 1994), s'est imposé comme l'une des explications théoriques principales sur le thème de l'innovation.

Le point central de cette théorie est d'une grande simplicité d'exposition. Les firmes disposent d'un avantage concurrentiel, analysé concrètement au travers de produits nouveaux qui acquièrent une situation de rente transitoire, dans la mesure où elles ont su développer et mettre en œuvre des ressources *spécifiques , non imitables et non substituables. Les mêmes qualificatifs* s'appliquent à la manière qu'ont les firmes de *relier et d'associer entre elles ces ressources.* La notion de "*dynamic capabilities*" développée par Teece explique justement à la fois le renouvellement de ces compétences et les résultats visibles sur le marché de cette dynamique organisationnelle avec le lancement de produits innovants.

Eisendhardt tente, dans un premier temps, de désarmer les critiques nombreuses et fondées adressées à ce courant théorique. Ainsi, l'auteur s'efforce de répondre à une double objection. D'abord, à celle concernant la possibilité d'une tautologie inhérente à cette approche ; et, ensuite, au caractère finalement assez vague de la terminologie employée avec l'utilisation du mot "ressources".

La manière dont Eisendhard et Martin argumentent à propos de la tautologie (réelle ou supposée, là n'est pas directement l'objet de notre propos) traduit son embarras. Il leur faut, *simultanément,* pointer *la singularité* des firmes et envisager de manière *générale*, les ressources ... *spécifiques.*

C'est le paradoxe que les auteurs tentent de contourner, sinon d'aplanir définitivement. La thèse adoptée sera du type "théorie générale avec variations locales possibles" et non pas celle d'une contingence radicale et donc généralisée qui rend impossible la prétention à une théorie générale au sens habituel du terme, c'est-à-dire reposant sur des lois et des régularités statistiques. Eisendhardt emploie ainsi la formule : "*Commonalities in key features, idiosyncracy in details*".

En effet si ces ressources sont envisagées de manière spécifique dans la formation et leur émergence propres à une organisation donnée, si des détails singuliers les distinguent les unes des autres, cela n'implique pas une négation des traits communs. Selon Eisendhart, ces derniers sont associés à un processus de sélection qui administre la preuve de la supériorité de ces pratiques et engage sur la voie d'une identité souple des firmes : "*[....]specific dynamic capabilities also exhibit common features that are associated with effective process across firms." Finalement, on rejoindrait l'idée connue et très critiquée d'un "best practice*"[2].

Quelles sont ces pratiques d'une efficacité supérieure avérée quand on veut développer des produits nouveaux ? Il y aurait les équipes pluridisciplinaires à l'efficacité démontrée par le croisement d'expertises de natures différentes. Le recours à ces équipes mobilisées autour d'un projet, en l'occurrence le développement d'un produit nouveau, accélère la mise sur le marché et garantit une plus grande souplesse dans la conception.

Il y aurait aussi la création et l'utilisation de la connaissance. Une compétence commune aux firmes innovantes à succès réside dans leur aptitude à assurer une fluidité de circulation entre connaissances internes à l'organisation et externes à celle-ci, avec l'université par exemple. Et, les auteurs insistent à ce propos sur l'existence de pratiques différentes dans la mise en œuvre de cet

---

[2] A distinguer toutefois, comme Eisendhardt le fait observer, du "*one best way*". Apparemment, il s'agirait ici d'un ensemble de pratiques possibles et également efficaces sans qu'on puisse dire a priori que l'une d'entre elles, dans cet ensemble, soit supérieure aux autres.

objectif : "*So, while external linkages are necessary for "effective knowledge creation, those linkages can take varied forms including informal relationships, relationships driven by promotion criterion, and formal alliances*".

Mais la définition des ressources décisives sur le plan de l'innovation demeure assez approximative. On est dans l'incapacité d'en dresser une liste complète ou de distinguer celles qui seraient décisives de celles qui ne le seraient pas. Le travail est en effet difficile. Comme les ressources sont ancrées par définition dans un contexte, il y a une véritable difficulté à les en abstraire. D'autant que le fait qu'elles ne soient pas imitables implique une forme d'opacité rendant délicate une approche détaillée dès qu'on aborde simultanément plusieurs cas d'entreprises.

Cette confusion entre règles générales et ressources spécifiques (qui n'est après tout que le revers de la circularité que les critiques de la théorie de la ressource mettent en évidence) ne proviendrait-il pas, pour une bonne part, d'une vision désincarnée de la firme laissant apparaître des ressources communes aux firmes *indépendamment des individus qui localement les ont, politiquement, construites*? Les acteurs de l'organisation demeurent, *en tant qu'individus réels*, les grands absents.

Ainsi, la référence à des ressources communes pertinentes pour bien innover aboutit à une focalisation sur le contenu de ces dernières. Comme cette posture est intenable en raison de la variété des firmes posée par la théorie, on réintroduit au dernier moment du local, du contextuel. Nous qualifions cette approche de "contingence lâche".

Finalement, les firmes et leurs acteurs fabriqueraient délibérément ou pas des catégories de ressources décisives ouvrant la voie à une généralisation possible de la part du chercheur. Néanmoins, elles préserveraient une autonomie dans la manière de les mettre en œuvre et subsisteraient plusieurs voies pour parvenir au succès dans le cadre de l'innovation.

Pour subtile qu'elle soit, cette représentation repose sur le postulat implicite d'une séparation entre une catégorie d'idées ou de concepts (les ressources à succès intégrées dans la vision des firmes qui réussissent) et une catégorie d'actions éclatées et spécifiques.

Son aboutissement logique réside dans un "*one best way*" élargi mais encadré. Elargi puisqu'il y a , en raison des particularités locales, plusieurs façons de réussir. Encadré : telle est la fonction des ressources communes.

Dès lors, en raison de cette distance prise par rapport à la réalité d'organisations indéfinissables, les ressources qui font le succès de la firme innovante *expliquent peu de choses, sans pour autant être erronées.*

Groupes de projet, relations avec l'extérieur dans le domaine de la recherche constituent des éléments précieux dans la réussite des firmes innovantes[3]. Mais rien ne garantit que c'est à cause d'eux qu'elles réussissent. Rien n'assure non plus que des firmes qui ne posséderaient pas ces ressources-là ne réussiraient pas.

Aussi, le versant normatif de la théorie de la ressource est-il très délicat voire impossible à défendre. C'est d'ailleurs une autre fonction de l'introduction de la contingence lâche que de modérer la prétention normative de cette théorie.

Cependant, au total, on ne sait pas ce qui est décisif, ce qui est important. Est ce que le rapport entre principes généraux et particuliers est équitable, disproportionné en faveur de l'un ou l'autre de ces attributs ? La théorie de la

---

[3] "*Notre rêve pour les années 90 serait celui d'une entreprise sans frontières, où nous ferions tomber les murs qui nous séparent les uns des autres à l'intérieur et de nos principaux partenaires à l'extérieur [...] où seraient supprimées les cloisons entre les fonctions traditionnelles*". Jack Welch, cité par Hirshchorn, Gillmore, 1992, p 104.

ressource, en fait, ne possède pas de théorie de la firme susceptible d'y répondre. Mais c'est une construction efficace dans la mesure où la contingence lâche qu'elle développe l'autorise à arguer de régularités pouvant supporter des exceptions. Se faisant est validée *l'idée d'une modélisation lâche de l'innovation fondée sur une identité commune a-minima de la firme.*

Le potentiel prédictif de la théorie de la ressource est donc très limité pour les managers placés en situation décisionnelle. Il le serait vraisemblablement encore davantage si on introduisait une représentation politique de la firme (Crozier, 1977) conçue comme un ensemble complexe (Pesqueux, Lorino, 2000) où les acteurs disposent de marges de liberté, ce qui n'épuise pas une détermination inconsciente émanant de leurs pulsions (Enriquez, 1997) ainsi que du contexte organisationnel où ils évoluent (Simon,1991 ; March, Sutton, 1997).

Cette approche souligne les limites d'une recherche des causalités générales (Hayek, 1989).

En présence aussi d'un *a priori* implicite (Boudon, 1990) qui consiste à ne pas établir de différence ontologique entre les catégories de l'abstraction analytique et de l'action et (Arendt, 1961). Le caractère général de l'abstraction analytique est supposé s'appliquer à l'action. Et l'action est censée être subordonnée à une abstraction préalable. Mais si, comme le pense Arendt et les pragmatistes américains, l'action est irréductible à elle-même et aux conditions où elle intervient, alors on s'oriente, à propos du champ de l'action innovante, vers une théorie que nous qualifierons de contingence radicale.

On comprend mieux aussi la perspective du propos d'Eisendhardt. En réfutant l'idée de ressources *totalement* spécifiques, elle cherche à désamorcer le danger que représente pour la plupart des théoriciens de l'innovation ce concept de contingence radicale.

4. Contingence radicale et identité des organisations innovantes

Nous définirons tout d'abord le concept de contingence radicale. Nous verrons ensuite qu'il est possible de le rattacher à une théorie spinoziste de la connaissance. Nous pourrons alors envisager une axiomatique de l'innovation conçue comme acte de connaissance radicalement contingent. L'exemple du *walkman* nous permettra finalement d'illustrer notre propos.

4.1. Concept de contingence radicale

Défendre une contingence radicale comme approche théorique privilégiée pour appréhender l'innovation, c'est donc certainement s'opposer à un courant académique dominant et également, prendre le risque de ne pas satisfaire le besoin plus ou moins inconscient des acteurs de l'organisation, en forte demande de réduction d'incertitude (Laroche, Nioche, *op.cit.),* qu'une théorie du local peinera à satisfaire en les renvoyant davantage à eux-mêmes qu'une théorie générale.

L'un des arguments de prédilection qu'oppose le courant académique classique à une théorie de la contingence radicale consiste à la taxer de relativisme et, le cas échéant, de courant nihiliste[4].

---

[4] Encore que s'il était vraiment nihiliste, ce courant n'existerait pas pour être cohérent avec lui-même. On ne peut donc s'empêcher de songer ici à une sorte d'anathème dont la fonction discursive consisterait à discréditer par avance l'énoncé de la critique.

Dans ce cas, on prétend souvent que les tenants d'une contingence radicale feraient reposer l'innovation sur le *seul* hasard. La contingence radicale n'implique pas le hasard et il est facile de démontrer que l'innovation ne saurait provenir du seul hasard.

Sauf à supposer la répétition favorable de celui-ci. Et, même en considérant une innovation isolée, encore faudrait-il démontrer que seul le hasard soit intervenu, ce qui équivaudrait à administrer la preuve de la totale passivité d'acteurs agissant au fil de l'eau. C'est logiquement impossible puisque la passivité peut elle-même être voulue, ce qui exclut le totalitarisme de l'explication par le hasard.

Au surplus, nous maintenons que la contingence radicale ne rejoint pas certaines des conclusions post-modernes du relativisme lorsque celui-ci conclut de manière hyperbolique à l'équivalence de la science et de la magie (Feyerabend, 1979). En ce sens, il y a une réalité des faits et de l'action, objets de science (Bourdieu, 2001), la contingence radicale n'infirmant pas cette réalité mais modifiant la manière de la représenter scientifiquement. Les firmes innovantes sont des objets réels dont il est utile, en toute rigueur scientifique, de respecter la radicale spécificité, désormais située en position dominante. En d'autres termes les postulats de l'invariance et la réplicabilité ne sont plus pertinents. Il est d'ailleurs vraisemblable que nombre de chercheurs en gestion n'y croient pas, à partir du moment où il s'agit de phénomènes sociaux. Mais leurs pratiques théoriques restent à l'inverse marquées par des procédures fondées sur l'hypothèse de la réplicabilité et de l'invariance. (Numagami, 1998).

On retiendra alors trois caractéristiques principales définissant la contingence radicale.

1) La radicalité de la contingence n'est pas absolue.

C'est logiquement impossible (la contingence se définit relativement à des variables explicatives quitte à en réduire la portée) et faux si cela équivalait à contester la validité de certains principes généraux d'organisation effectivement appliqués dans des organisations. Mais le qualificatif de radical signifie néanmoins que dans la relation (et la tension) entre la contingence et les principes généraux de la gestion, c'est la première qui l'emporte sur les seconds. Cette asymétrie apparaît nettement à propos des firmes innovantes à succès. Seules des descriptions contingentes et spécifiques permettent de les cerner, sinon de les définir. Ces organisations ont, par définition, forgé des principes de fonctionnement qui ne sont pas généraux et c'est ce qui fonde leur succès.

Dans le rapport qu'on peut établir entre principes généraux d'organisation et éléments contextuels spécifiques du lieu de leur mise en œuvre, la notion de contingence radicale de l'innovation privilégie le second aspect. La spécificité du contexte domine relativement aux principes généraux.

2) Les progrès des sciences de gestion accroissent la contingence radicale.

La contingence est radicale aussi dans la mesure où elle est d'autant plus présente que les sciences de gestion progressent. L'ouverture de nouveaux champs de recherche avec l'élaboration de nouvelles lois entraîne, au fil des ajustements successifs destinés à en préciser les domaines d'application, à mentionner davantage ce qui est contingent que ce qui est commun. Le progrès dans la connaissance, notamment dans sa version gestionnaire, conserve ainsi sa cohérence interne. En indiquant et en démontrant que le champ de la gestion et celui des organisations relève de la catégorie du complexe, il oriente vers des vérités d'autant plus vraies qu'elles sont locales et situées contextuellement. Les principes généraux ou les modèles d'innovation constituent des éléments de la connaissance disponible au moment de l'action. Leur pertinence locale dépendra du contexte d'action et d'une rationalité limitée des acteurs qui y feront appel ou pas, ou privilégieront d'autres connaissances (Weick, 1999).

3) La contingence radicale est un aboutissement logique mais resté implicite dans l'école de la contingence.

Bien que révélateur des limites d'une certaine épistémologie, le thème de la contingence est indissociable des sciences de gestion de manière générale et de l'innovation en particulier. C'était déjà perceptible avec l'intuition de l'entrepreneur Schumpeterien. Il est vrai qu'à ce stade, il s'agissait de contingence de l'action individuelle plutôt que collective. D'ailleurs, avec l'accroissement de la taille des organisations, on aurait dû assister à une disparition de cette contingence avec la routinisation des savoirs implicites et individuels. Mais la théorie de la ressource dans les années 50 opte avec Penrose pour une contingence collective radicale.

On le sait, selon ce courant de pensée, les organisations sont uniques et c'est d'ailleurs en cela que réside leur premier acte innovant, l'assemblage spécifique de ressources singulières. Cela n'empêche pas la production d'une théorie de la croissance dont le pouvoir explicatif est borné par l'impossibilité à définir précisément l'objet qui la supporte, l'entreprise. Fort logiquement, cette théorie passe alors inaperçue au profit de théories de la planification qui font de l'action organisée le domaine de lois prédictibles (Ansoff, 1965). Le caractère général de ces lois est cependant contesté par Woodward (1965) qui montre que les formes d'organisation sont dépendantes du type de technologie mais ne remet cependant pas en cause le paradigme scientiste de l'époque

De son côté, Chandler avance que la structure des organisations est dépendante de leur taille. A ces deux variables initiales que sont la taille et la technologie s'ajouteront ultérieurement, entre autres, la stratégie, la psychologie du dirigeant, la complexité de l'environnement (Lawrence, Lorsch, 1967). L'objectif des organisations consisterait donc à optimiser la relation qui les associe à ce (ces) facteur(s) contingent(s). C'est la notion de "*fit*". A partir de là, il n'y a plus une solution optimale mais plusieurs, que ce soit en matière de stratégie, de design organisationnel ou de choix par rapport à la question de la centralisation de la R&D.

Des auteurs comme Simon et, plus nettement encore, Cyert et March, ont contribué par leur représentation de la décision, à lui donner un aspect contingent et à alimenter plus généralement l'école de la contingence. Non seulement, l'entreprise est, en tant qu'organisation structurée, contingente et spécifique, mais les décisions qui s'y prennent sont également peu répétitives et peu prédictibles car contingentes aux contextes. Ce redoublement de la contingence contribue à sa radicalisation.

De son côté Rivkin (2000) soutient qu'il est quasi-impossible, en présence des stratégies complexes mises en œuvre par chaque organisation, de songer recourir à leur imitation. Il cautionne ainsi l'idée de l'incomplétude des principes généraux. Celle-ci ne débouche pas sur un simple manque d'efficacité pour l'organisation qui voudrait en imiter une autre en les employant. Selon Rivkin, l'imitation est source de coûts importants et inutiles. Les stratégies des entreprises sont complexes et singulières. La contingence radicale est proche et elle est démontrée de manière formelle par l'impossibilité d'imiter la connaissance complexe présente dans les organisations.

Les rares travaux empiriques réalisés sur les conditions de possibilité de l'imitation avancent des conclusions similaires. Ainsi Kogut et Zander (1995) ont cherché à évaluer, sur un échantillon de firmes suédoises, les conditions de réalisation de ce mimétisme éventuel. La réussite de l'imitation est plus probable si le taux de rotation des salariés est élevé, ceci étant propice à une diffusion de la connaissance. Par ailleurs, si l'entreprise innovante possède une dynamique de lancement régulier de produits nouveaux, alors il devient très délicat de l'imiter, en raison de l'expérience qu'elle accumule et parce que ces lancements répétés remplissent une fonction dissuasive vis-à-vis des imitateurs éventuels. Finalement, il s'agit de distinguer la tentation mimétique de sa réalisation effective. Or le succès de cette dernière supposerait la transférabilité possible des ressources et routines présentes dans une organisation. Les ressources et routines font appel à une complexité d'ordre logique certes, mais surtout d'ordre empirique et liée aux savoir-faire accumulés par l'action. La complexité des ressources et routines et leur ancrage dans une communauté socialement constituée forment alors un obstacle considérable à l'imitation.

Ainsi l'école de la contingence occupe une position intermédiaire entre les deux courants opposés qui parcourent la gestion. Elle réfute l'idée d'un "*one best-way*" tout en se défendant, assez paradoxalement, de l'aboutissement logique de sa posture, l'approche au cas par cas d'organisations devenues contingentes.

L'école de la contingence organise ainsi le contrôle de la contingence et évite de la sorte de montrer la rupture épistémologique à laquelle elle renvoie.

Le concept de contingence radicale permet de restaurer une cohérence interne aux travaux sur l'innovation en affirmant explicitement privilégier les spécificités organisationnelles. Que ce concept n'ait pas été exposé auparavant alors que, comme nous venons de l'indiquer, les conditions étaient remplies pour le faire, le place au rang d'interdit pour l'approche dominante en sciences de gestion.

4.2. Théorie spinoziste de la connaissance et axiomatique d'une innovation radicalement contingente

Nous nous proposons ici, dans un premier temps, de définir les fondements de la contingence radicale en nous appuyant sur le système philosophique spinoziste lorsqu'il aborde la question de la connaissance. La connaissance peut définir à la fois l'organisation et l'innovation, en tant que connaissance adéquate. Aussi, nous envisageons, dans un second temps, une axiomatique de l'innovation en tant qu'action de connaissance radicalement contingente.

Connaissance de la connaissance selon Spinoza

C'est à partir de l'individualisme méthodologique (Boudon, 1990) et de la connaissance des rapports adéquats que se construit théoriquement et en action la contingence radicale associée aux organisations innovantes.

Nous allons donc aborder succinctement l'apport de l'enseignement spinoziste de la représentation du monde pour améliorer notre compréhension de l'innovation (Deleuze, 1968, 1981).

On peut considérer en effet que l'innovation est une forme de création de connaissance abstraite et concrète par combinaison de rapports. L'idée d'associer la contingence à la connaissance est ancienne. Elle est contenue dans la pensée de Spinoza qui a, en même temps, rejeté la critique d'un nihilisme proclamant l'impossibilité du vrai potentiellement associé au concept de contingence (Ethique, II, proposition XLIV) en formulant sa théorie des rapports, fondements de la connaissance.

Lorsque Spinoza (Deleuze, 1981) définit les différents genres de connaissance pour un individu, il en distingue trois.

Le premier est constitué de la connaissance des parties extensives. Elle peut se ramener à l'opinion, au ouï dire (*Imaginatio*).

Le second genre de connaissance est celui des rapports et relations entre parties extensives. C'est le domaine de la raison discursive (Ratio). Les "notions communes" qui définissent le second genre de connaissance ne sont pas abstraites. "*Les notions communes forment une mathématique du réel ou du concret grâce à laquelle la méthode géométrique est affranchie des fictions et abstractions qui en limitaient l'exercice*" (Deleuze, 1981, p. 129). Ainsi, ce second genre de connaissance correspond à "*la composition de rapports réels entre modes ou individus existants [...] tels qu'ils sont nécessairement incarnés dans les êtres vivants avec les termes variables et concrets entre lesquels il s'établissent*" (Deleuze, *ibid*, p. 130). L'instauration du second genre de connaissance peut être conditionnée par l'imagination, à charge pour le second genre de connaissance de mettre en place les rapports adéquats correspondants. "*L'imagination n'est pas une idée adéquate, mais [...] elle rend possible la formation de la notion commune qui comprend du dedans et adéquatement la convenance*" (Deleuze, *ibid*, p. 132). La formation de ces notions communes (la joie, le plaisir lié au rapport adéquat) provient d'un effort individuel de la Raison (Deleuze, *ibid*, p. 128).

La connaissance de troisième genre s'appuie sur celle du second. Elle est connaissance de l'essence et c'est une connaissance intensive, directe. Ce dernier type de connaissance est assimilable à l'intuition rationnelle (*Scienta intuitiva*), ou "*entendement intuitif comme système de vérités d'essence*" (Deleuze, *ibid*, p. 131), aboutissement logique de la thèse de Spinoza concevant la conscience simultanément sous le rapport du corps et de l'esprit.

Les trois types de connaissance et particulièrement les deux derniers conditionnent la possibilité de l'existence au monde. A cette distinction, Spinoza ajoute l'idée que "la vérité est l'entendement lui-même" (Caillois, 1993) ce qui oriente vers une connaissance qui accède à la fois à la totalité et qui est enracinée dans l'individu. Ce dernier agit, c'est-à-dire émet des concepts en proie à son désir. Le caractère adéquat de la connaissance lui procure de la joie tandis que son caractère inadéquat engendre la tristesse.

Chez Spinoza, on peut dire que l'action de l'individu est directement assimilable à la connaissance et que cette dernière consiste à établir les rapports adéquats entre les choses. Bien que dans le système philosophique de Spinoza, cette démarche soit universelle, chaque individu dispose néanmoins de la liberté d'accéder ou pas, et selon les modalités qui lui conviennent, à la connaissance. Il y a une universalité du système et une spécificité du désir qui rendent le processus de connaissance contingent, au sens de situé et singulier, particulièrement lorsqu'il s'agit d'intuition.

Finalement le système philosophique spinoziste démontre notamment que :

- Toute connaissance vraie est connaissance de rapports adéquats entre choses, c'est-à-dire qu'elle relève des genres de connaissance de type II et III.
- L'accession à la connaissance est le fait d'individus mus par le désir.
- Le concept de notion commune n'épuise pas la connaissance individuelle car c'est à partir de l'individu

que se forme ou ne se forme pas la connaissance adéquate.

- L'action de connaître est inséparable de l'idée contenue dans la connaissance.
- La connaissance adéquate est équivalente à une éthique individuelle, c'est-à-dire à une vision du monde envisagée sous l'angle des rapports adéquats.

Axiomatique de l'innovation comme action de connaissance radicalement contingente.

Ces cinq éléments supportent une théorie de la contingence radicale, telle que nous l'avons définie, appliquée à l'innovation. La définition de l'innovation est celle d'un produit nouveau qui rencontre un marché.

Dans ce qui suit, nous considérons donc exclusivement l'innovation réussie :

- L'innovation réussie résulte d'une connaissance adéquate de rapports (rapports adéquats entre les parties constitutives du produit, rapports adéquats entre le produit et son utilisateur).
- L'innovation est une connaissance réalisée par des individus mus par le plaisir de la création, c'est-à-dire de l'élaboration de rapports entre les choses. Le schéma schumpétérien se conforme à cette idée. Elle retrace aussi l'assemblage de connaissances individuelles réalisé dans les groupes de projet de produits nouveaux. La performance économique résulte de la connaissance adéquate et du plaisir associé.
- L'individu est le noyau de la connaissance et de l'innovation. C'est en établissant des rapports adéquats entre eux que les individus travaillant ensemble accéderont collectivement à la connaissance adéquate. Par conséquent l'innovation est située contextuellement et spécifique dans son processus. Elle est radicalement

contingente au sens où les notions communes ne constituent pas la connaissance intrinsèque contenue dans l'innovation et son processus envisagé aussi bien dans ses dimensions individuelle que collective.

- Innover est une découverte et une connaissance adéquate active, ce qui ne permet pas de prescrire les modalités d'action de cette découverte puisque cela reviendrait à poser que le rapport adéquat est déjà connu, donc l'innovation déjà effectuée. Ceci écarte l'idée de lois d'innovation prescriptives et pose le processus d'innovation comme développement de connaissance(s) individuelle(s) situées.
- L'innovation, en tant que connaissance individuelle, relève d'une représentation du monde individuelle qualifiée de vision
- L'innovation consiste à acter de nouveaux rapports produisant cette représentation - vision. L'innovation en tant que connaissance collective produite par les rapports adéquats entre individus suppose la possibilité de rapports adéquats entre individus. Ceux-ci partagent certains - la totalité des rapports de connaissance maîtrisés par un individu est irréductible au groupe - rapports adéquats identiques au monde d'où se dégage un vision collective. Cette vision collective implique suffisamment de rapports adéquats et est suffisamment ancrée à un contexte pour être contingente à chaque organisation. La réitération dans le temps de cette vision collective en action, produit la culture de l'organisation.

Compte tenu de cette axiomatique, les éléments contingents de l'innovation l'emportent sur les lois générales et les modèles prescriptifs. L'identité de l'organisation innovatrice implique sa contingence radicale. Cette contingence radicale peut être masquée par le degré de similitude entre des produits. Par exemple, les innovations incrémentales qu'on peut voir régulièrement sur les téléphones portables peuvent accréditer l'idée de règles communes dans les régimes d'innovation de ces différentes firmes. Certaines pratiques sont effectivement similaires. Mais la manière dont chaque organisation a d'entrer en rapport avec le marché, y compris en tenant compte des comportements de ses concurrents, est spécifique. En d'autres termes, le schéma de convergence méthodologique suggéré par l'innovation incrémentale est parfaitement cohérent avec la contingence radicale de l'innovation produite par l'action de connaissance des organisations et des individus qui les composent.

4.3. Une illustration : le *walkman*

Nous nous proposons maintenant d'appliquer ces concepts à la genèse d'une innovation largement décrite, le *walkman*. On reprend ici, sans la discuter, l'allégorie quelque peu mythique, qui retrace l'origine de cette innovation en en attribuant la paternité à Morita, président de Sony à l'époque.

Morita connaît les paramètres physiques mis en jeu dans un magnétophone et l'état de la technique dans ce domaine à cette époque. Pour avoir dirigé Sony depuis sa création en tandem avec Ibuka, il connaît bien à la fois les rouages de l'organisation et le marché de l'électronique grand public qui constitue son débouché majeur.

L'imagination de Morita porte sur l'établissement de rapports nouveaux entre le magnétophone et les individus. Au risque de réifier l'action innovatrice (Arendt) attribuée à Morita, les mises en relation qui la fondent sont les suivantes : mise en rapport des besoins génériques (parties extensives) du mélomane avec les parties extensives de la musique, à savoir, ici, le magnétophone. Le magnétophone est lui-même connu par la mise en rapport de ses parties extensives. L'innovation consiste à mettre en rapport sous une forme miniaturisée les différents éléments constitutifs du magnétophone. Le rapport entretenu entre l'individu mélomane et son magnétophone est modifié. Il y a un acte singulier de connaissance et d'innovation qui est précisément contenu dans ce rapport-là.

La concrétisation de l'objet *walkman*, grâce à l'intégration des aspects de design et technologiques, correspond à la mise en relation concrète de ses parties extensives imaginées. L'innovation *walkman* réussit à l'issue de processus de recherche parce que la connaissance des rapports entre les parties extensives définissant l'objet "*walkman*" est appropriée (le résultat est: "ça fonctionne") L'innovation aboutit aussi car la connaissance du rapport des parties extensives du *walkman* aux parties extensives des mélomanes est correcte. Autrement dit, l'innovation existe et elle réussit si le jugement de l'acteur (ou des acteurs organisés en collectif de conception) concernant le second genre de connaissance (la science des rapports) est adéquat. La description théorique faite ici à propos du *walkman* illustre donc le caractère radicalement contingent de l'innovation puisque les rapports adéquats qui la subordonnent sont dépendants de l'individu et des connaissances portées par l'organisation. L'identité de Sony résume ces rapports de connaissance et leur traduction concrète.

5. Conclusion

Cette posture méthodologique n'écarte évidemment pas l'incertitude inhérente au jugement. Elle intègre la possibilité de l'apprentissage dans la zone de liberté de l'acteur. Elle intègre le contenu et le processus de l'innovation sans définir de modèle a priori. Elle milite, enfin, en faveur d'une narration historique de l'innovation.

Si innover s'apparente à la connaissance de l'adéquation entre parties extensives d'objets (au sens le plus général du terme) jusque-là apparemment sans rapport ou entretenant des rapports d'un ordre différent, on imagine que la réintroduction d'un modèle prescriptif constitue, pour le moins, une tâche singulièrement délicate. En effet, en dépit de notions communes ou traits généraux qui appartiennent effectivement à l'ensemble des organisations, la déviance (en termes de modification de rapports de connaissance) que constitue l'innovation correspond à sa contingence radicale. L'identité des entreprises innovantes est donc affectée de contingence radicale.

Cette position théorique s'inscrit dans la logique d'une continuité perceptible dans la littérature relative au management stratégique et à la théorie des organisations. Le système philosophique spinoziste permet de lui donner une rigueur. La conséquence méthodologique consistera à étudier l'innovation en privilégiant l'étude cas narrative et historique puisque les identités des firmes innovantes l'emportent sur leur identité commune.

Bibliographie

Alter N., 1996, *Sociologie de l'Innovation*, P.U.F..

Arendt A., 1961, *Condition de l'Homme Moderne*, chap 5, Calmann-Lévy.

Atlan H., *Les étincelles du hasard*, p118, Tome 1, Seuil, 1999.

Bettis R. A, Prahalad C., 1986, "The dominant Logic: A new Linkage Between Diversity and Performance", *Strategic Management Journal*, 7, 6.

Boltanski L., Chiapello E., 1999, *Le Nouvel Esprit du Capitalisme*, Gallimard.
Boudon R., 1990, *L'art de Persuader*, Fayard.
Boudon R.,1990, *La Logique du Social*, Hachette.
Bourdieu P;, 2001, *Science de la Science et Réflexivité*, Raisons d'Agir Editions.
Brown J. S., Duguid P., march – april 2001 "Knowledge and Organization: A social-practice perspective", *Organization Science*, pp. 198-213.
Caillois R, 1997, Introduction à l'Ethique de Spinoza, in *L'Ethique*, Folio Essais.
Chapel V., 1997, *La croissance par l'innovation intensive: de la dynamique d'apprentissage à la révélation d'un modèle industriel. Le cas Tefal*, thèse de doctorat, Ecole des Mines de Paris.
Chatterjee S., Wernerfelt B., january 1991,"The Link Between Resources and Type of Diversification: Theory and Evidence", *Strategic Management Journal.*
Cook S., Brown J., 1999, "Bridging Epistemologies: The Generative Dance Between Organizational Knowledge and organizational Knowing", *Organization Science*, 10,4.
Cooper R. G., 1993, *Winning at New Products, Accelerating the Process from Idea to Launch*, Addison-Wesley, 2d ed.
Crozier M., Friedberg E., 1977, *L'acteur et le Système*, Seuil.
Cyert R., March J., 1970, *Processus de Décision dans l'Entreprise*, Dunod.
Deleuze G., 1968, *Spinoza et le Problème de l'Expression*, Editions de Minuit.
Deleuze G., 1981, *Spinoza, Philosophie Pratique*, Editions de Minuit.
Deroy X., 1999, "Innovation et Stratégie: vers une nouvelle définition de la firme", *Publication pour la conférence ACFAS.*

Durieux F., 2000, *Management de l'innovation: une approche évolutionniste*, Vuibert, chap 3.
Eisendhardt K. M, Martin J. A., october - november 2000, "Dynamic Capabilities: what are they?", *Strategic Management Journal*, pp. 1105-1121.
Enriquez E., 1997, *Les Jeux du Pouvoir et du Désir dans l'Entreprise*, Desclée de Brouwer, Paris.
Feyerabend P., 1979, *Contre la Méthode*, Seuil.
Garcia-Pont C., Nohria N., 2002, "Local versus Global Mimetism: the Dynamics of Alliance Formation in The Automobile Industry", *Strategic Management Journal*, 23.
Hamel G., Prahalad C., mai-juin 1989, "Strategic Intent", *Harvard Business Review*.
Hatchuel A., Le Masson P., février 2001, "Innovation répétée et croissance de la firme ", *Cahiers de Recherche Ecole des Mines de Paris*, n°18, p. 9.
Hayek, F. A., december 1989,"The pretence of knowledge", The *American Economic Review*.
Hunt J., autumn 1997, "Evolutionnary Economics, Endogeneous Growth Models, and Resource-Advantage Theory", *Eastern Economic Journal*, vol 23.
Johnson G., jan-feb 1998, "Rethinking Incrementalism", *Strategic Management Journal*, vol 9,1.
Kogut B., Zander U, 1996 "What firms do? Coordination, identity and learning", *Organization Science*, 7, 5.
Laroche H, Nioche J.P., 1998, "Les nouveaux Fondements de la Stratégie", in *Repenser la Stratégie*, Vuibert.
Lieberman M. B, Montgomery D. B., december 1998, "First-mover (dis)advantages: Retrospective and Link with the Resource-Based View", *Strategic Management Journal*, vol 19.
Lyons M, Adjali I., Collings D., Jensen K., 2002, "Complex Systems Models For Strategic Decision Making",

Proceedings of the 2002 Conference of The Manufacturing Complexity Network, Cambridge, Frizelle & Richards (edts).
Mahoney J., Pandian J., march 1992, "The Resource-Based View within the Conversation of Strategic Management, *Strategic Management Journal*, 13.
James G., Sutton R. I., november - december 1997, "Organizational Performance as a Dependent Variable.", *Organization Science*, 8, 6.
Montgomery, C. A., december 1985, "Product-Market Diversification and Market Power," *Academy of Management Journal*, 28, pp. 789-798.
Montgomery C. A., Wernerfelt B., winter 1988, "Diversification, Ricardian Rents, and Tobin's q," *RAND Journal of Economics*, 19, pp. 623-§32.
Nelson R., Winter S., 1982, *An evolutionary Theory of Economic Change*, Cambridge, Ma, Harvard University Press.
Nonaka I., Takeuchi H., 1995, *The Knowledge Creating Company*, Oxford University Press.
Numagami T., 1998, "The Infeasibility of Invariant Laws In Management Studies: A Reflective Dialogue In Defense of Case Studies", *Organization Science*, 9,1.
Ogien R., 2001, "Philosophie des Sciences Sociales", in Berthelot J. M., *Epistemologie des Sciences Sociales*, P.U.F..
Penrose E. T., 1959, *The Theory of the Growth of the Firm. Basil Blackwell,* Oxford, UK.
Pesqueux Y., 2001, "Des histoires à L'Histoire dans la formation de la stratégie.", in *Le Management Stratégique en Représentations*, Ellipses.
Pesqueux Y., Lorino P., 2000, "Du Manager Decideur à l'Organisation Agissante", in *Enquêtes de Gestion, A la Recherche du Signe dans l'Entreprise*, L'Harmattan.
Peyrolle J. C, 2000, "Les Innovateurs : observer, piloter, comprendre la gestion par les signes" in *Enquêtes de gestion,*

à la recherche du signe dans l'entreprise, l'Harmattan, pp. 59-103.

Pfeffer J., 1993, "Barriers to the Advance of Organizational Science: Paradigm Development as a Dependent Variable", *Academy of Management Review*, 18, 4.

Quinn J. B., 1986, "Sony Corporation", *Harvard Case Study.*

Rivkin J., 2000, "Imitation Of Complex Strategies", *Management Science*, 46, 6.

Rumelt R., 1991 "How much does industry matter", *Strategic Management Journal*, vol 12.

Rumelt R., 1974, *Strategy, Structure and Economic Performance*, Harvard School Press.

Schendel D., winter 1994, "Introduction to competitive organizationnal behavior: toward an organizationnal-based theory of competitive advantage, *Strategic Management Journal*, vol 15.

Simon H. A., 1991, "Bounded Rationality and Organizational Learning", *Organization Science*, 2, 1.

Spinoza, *L'Ethique*, Gallimard,1954.

Teece D. J., spring 1998, "Capturing Value from Knowledge Assets: The New Economy, Markets for Know-How, and Intangible Assets", *California Management Review.*

Utterback J. M., 1994, *Mastering the Dynamics of Innovation*, Harvard Business Press.

Weick K., 1999, "Theory Construction as a Disciplined Reflexivity: Tradeoffs in the 90s", *Academy of Management Review*, vol 24,4.

Wernerfelt B., april - june 1984, "A Resource-Based View of the Firm", *Strategic Management Journal*, vol.5.

Wernerfelt B., march1995, "The resource-based view of the firm: ten years after", *Strategic Management Journal*, vol 3.

The Evaluation of Intangibles: *Monetary and Non Monetary Measurements*

Christophe Bouteiller
Reims Management School

The evaluation of Intangibles is a topic of great debate. Many authors[1] criticize present approaches and point out the disconnection between the book and the stock value. They relate it to the incapacity of accounting and financial methods to capture the value of Intangibles. Under those circumstances, what are accounting methods to the evaluation of Intangibles and how does the stock market evaluate Intangibles? How can we measure the value creation for shareholders? What are evaluation methods when there is no monetary transaction on Intangibles? What are the most worthy Intangibles: present and actual ones or their related portfolio of uncertainties? Based on previous work[2], the purpose of this article is to provide an extensive review of methods applying to the evaluation of Intangibles.

Section I. looks for identifying Intangibles through the concepts of Intangible Assets and Intellectual Capital. It discusses their robustness and gives a compact definition for each of them.

Section II. investigates monetary measures for evaluating Intangibles through "Asset by Asset" and "Global" approaches. Among the first ones, "Option-Pricing" approaches show promising developments for Intangibles' valuation. Global approaches review traditional methods, then emphasize the interest of recent contributions such as

---

[1] see among them: Sveiby (1997); Lev (1997); Roos et al. (1998).
[2] see Bouteiller (2000).

the "Total Value Creation Approach" and the "Average Normalized Earnings and the Knowledge Capital".

We consider non-monetary measures in section III. through what we call the "Balanced" and Holistic" approaches. Such approaches as the "Invisible Balance Sheet", the "Navigator", or the "Dream Ticket" expand Intangibles' tracking. Because balanced approaches neither move beyond the boundaries of the organization, nor its value chain, we explore wider representations through the "Environmental", "Cultural and Symbolic" or "Digital" Capital. They suggest new paths of research in our concluding section.

1. What are intangibles?

Trying to "grasp" Intangibles (Stewart, 1995) or getting a "grip" on their components (Myers, 1996), makes their whole recognition quite difficult. However, beyond heterogeneous definitions and semantic subtle differences two concepts seem to weave through the literature: Intangible Assets and Intellectual Capital.

1.1.1. Defining Intangibles through Intangible Assets

A generic definition[3] for Intangible Assets (I.A) can be formulated as follows. *Intangible Assets generally arise as a result of past events and possess three main attributes: they are non-physical in nature, they are capable of producing future economic net benefits, and they are protected legally or through a de facto right.* Table 1 gives some examples of the large variety of I.A.

---

[3] see Arthur Andersen (1992).

Marketing and customer related intangible assets: trademarks, brand names, logos, customers databases ... **Engineering and production related intangible assets:** industrial design, product patents, and technical know-how... **Human resources related intangible assets:** assembled and trained workforce, employments plans... **Finances related intangible assets:** planning and reporting systems relationships with shareholders, and with the financial community... **Data processing related intangible assets:** system software, business operation applications, office automation, educational...	**Copyright intangible assets:** exclusive rights and protections on commercial, intellectual, artistic works... **Contract intangible assets:** distribution agreements, licensing and franchise rights, operating licenses, employment contracts... **Location intangible assets:** easements, permits, leases, zoning waivers and variance, use rights (air, water, drilling, mining...) **Goodwill intangible assets:** existence of assets in place and ready to use, professional practice, celebrity or reputation...

Table 1: Some examples of Intangible Assets according to Reilly and Schweihs (1999)

The IAS 38 describes under what conditions I.A should be recognized in the financial statements. The asset should be identifiable, controlled and clearly distinguishable from an enterprise's goodwill. The future economic benefits attributable to the asset will probably flow to the enterprise; and the cost of the asset can be measured reliably. IAS 38 frames the accounting recognition of I.A, but it does not qualify them from an economic perspective, and does not say what is indicative of their value.

Following Martory et al.(1993), the approach of Reilly and Schweihs (1999) is helpful in its distinction between economic existence and economic value to evaluate I.A. I.A have *economic existence* if they should be identified, protected legally, and possess a right of private ownership that should be transferable. Nevertheless, economic existence does not mean that an I.A has *economic value.* For example, a registered trademark, which is not used in the production of income, has economic existence throughout its registration period but does not have economic value and cannot be considered as an I.A. Its value attribute should generate some measurable amount of economic benefit to its owner. Thus, it should potentially enhance the value of a pooling of other assets. To that extent, a registered trademark which does not produce any income but is used as a barrier to entry may have economic existence as well as economic value.

Lev (see Webber, 2000) remarks the 'extreme' difficulty to give an extensive definition of I.A. Understanding relationships between I.A and between intangible and tangible assets is crucial to define and evaluate I.A. It depends, in regards to the resource-based theory, on the specific environment in which Intangible Assets exist (Schendel, 1994), and on their unique assemblage within a firm (Hunt, 1997).

A definition of Intangible Assets should state they are *non-physical in nature, specific to a business* (see Pierrat et

Martory, 2000), *and do possess economic existence as well as current -even if, it is indirect- economic value.* We will see next how to recognize Intellectual Capital.

1.2. The concept of Intellectual Capital

Historically due to John K. Galbraith (1969), the concept of Intellectual Capital (I.C) focused on dynamic constituents of assets that added value in their use to business requirements. Sullivan (2000) presents these constituents in three categories including the human capital, intellectual assets, and the intellectual property. Table 2 illustrates each category through examples of I.C.

<table>
<tr><td rowspan="2">HUMAN CAPITAL
Creativity
Skills
Know-how
Experience</td><td>INTELLECTUAL ASSETS
Processes Inventions
Methodologies Designs
Programs Drawings
Databases Documents</td></tr>
<tr><td>INTELLECTUAL PROPERTY
Trademarks Copyright
Patents Trade secrets</td></tr>
</table>

Table 2: Some constituents of the Intellectual Capital according to Sullivan (2000)

One of the first and most complete structured descriptions of the I.C is due to the foremost Chief Knowledge Officer Edvinsson[4] at Skandia AFS corporation. For Edvinsson and Malone (1997), Intellectual Capital is Human, Structural, and Customer-based.

[4] see also Edvinsson and Sullivan (1996).

Human Capital (H C) includes *competence*[5], *attitude* and *intellectual agility* of employees (Roos et al., 1998). *Attitude* represents the behavioral part of the H.C and employees' willingness to use competence to the advantage of the organization. Motivation, behavior and conduct are three attributes of attitude. *Intellectual agility* of employees is the normative part of H C. It corresponds to "the ability to use the knowledge and skills, building on it, applying in practical contexts and increasing through learning" (Roos et al., 1998). One of the most important specificities for evaluation purposes is that organizations use and combine H C but do not have possession of it; H C "rides down the elevator every night" (Tap Scott, 2000).

Structural Capital[6] is the infrastructure that enables human capital to function and to respond to environmental changes. The firm is the owner of this capital. Because of its disparate composition, Structural Capital is traditionally classified into *Organizational, Process*, and *Innovation Capital*. *Organizational Capital* includes the firm beliefs and schemes for leveraging the organization's ability. *Process Capital* consists in the plans, techniques and procedures that are executed during the delivery of products and services. *Innovation capital*, includes intellectual properties[7] and intangible assets.

Customer Capital (C.C) is the present value of customer relationships. C.C is refined and transformed into

[5] The principal constituents of *competence* are knowledge and skills. It is, the accumulated value of investments in employee training, competence, and future (see the Skandia annual report, 1999).

[6] see among others Bontis (1997); Edvinsson and Malone (1997); Roos et al. (1998).

[7] Intellectual properties are protected commercial rights such as copyrights and trademarks.

financial value through interaction with Human Capital and Organizational Capital (see Skandia annual report, 1999). For Grantham et al. (1997), C.C is the knowledge of channels, customers, preferences and trends, and competitive intelligence. Saint-Onge (1996) adds that C. C can be qualified in terms of depth, width and attachment.

From a valuation point of view, Sullivan (2000) gives a succinct definition of the Intellectual Capital. It is "knowledge that can be converted into profit." How to make the conversion is the crucial point. According to Stewart (1997), "intelligence becomes an asset (a capital) when some useful order is created out of free brainpower". It is the transformation of existing knowledge in a "packaged useful knowledge" that matters. Intellectual Capital then, can be seen as "intellectual material that has been formalized, captured, and leveraged to produce a higher-valued asset" (Klein and Prusack, 1994). This intellectual material is more often made of tacit knowledge embedded in the brain of employees and is not owned by the firm. This is why an explicit process must be applied prior to Human Capital, in order to create intellectual assets, to which the firm can assert rights and ownership. For example, skills and creativity (that are some of the attributes of Human Capital) may produce new programs or databases that are typically Intellectual Assets and those can be converted in Intellectual Property through a copyright or trade secrets. However, the experience of Petrash (1996) at Dow Chemical shows that Intellectual Property does exist but can be widely unexploited. So Mitkova (2000) recommend applying a marketing approach to the management of copyrights. Intellectual assets contribute to build a valuable intellectual capital when they are organized for producing revenues. For Saint Onge, (1995, 1996) the way firms are turning their Human Capital into explicit knowledge and then into customer value determines their ability to compete. Connecting intellectual assets with strategy is therefore crucial. Stewart (1997) considers as a "vital lesson" that knowledge assets "exist and are worth cultivating only in the context of strategy." Intellectual capital cannot be defined and valued if the firm does not know what to do with it. Knowledge needs to be "aligned" with its mission, vision, and strategy (Sullivan 2000). In summary, *Intellectual Capital is a developmental knowledge that is human, structural, and customer- based, and needs to be aligned with the corporate strategy.*

A definition of whole Intangibles should include an asset base mainly made up of intellectual property and a knowledge base representing the Intellectual Capital.

2. Evaluating intangibles through monetary measurements

Monetary methods for evaluation purposes are multiple and depend on the aim and the field, the duration and the period, the degree of scrutiny, or evaluation circumstances. They suggest several techniques and different methods or even philosophies of evaluation. We will see presently how Asset by Asset methods are generally appropriate to give an internal value of Intangibles, whereas Global ones are more suitable for calculating and tracking their market value.

2.1. Asset by asset approach and related methods

Assets by asset's evaluation methods commonly concern tangible assets for on going appraisals, mergers and acquisitions, or taxation. Intangibles require special experience and diligence from analysts (Arthur Andersen,

1992). Their non-physical existence makes them difficult to locate; their various conceptions do not help to gain a clear identification. In addition, the fact that they are broadly expensed when they occur does not bring current accounting points of reference (see interesting discussions applying to the brand valuation due for example to Viale et Lafay,1990 or Walliser,1997). We will discuss in this sub-section traditional methods applying to the valuation of Intangibles. They include cost, market or incomes methods. We will investigate their conditions of implementation. A more recent method, based on the option's theory appears particularly promising.

Cost methods are classical approaches for Intangibles' individual appraisal. Among them, several related analytical techniques (creation / recreation, historical / prospective, reproduction/replacement, avoidance cost...) are relevant for their evaluation. However, the most common are reproduction cost and replacement cost (Reilly and Schweihs, 1999). The reproduction cost and the replacement cost provide a "reasonable" measure of the value of intangibles when two conditions are met. The first one is to include all the cost components of the intangible; the second one (unless it is brand new) is to reduce it for all forms of obsolescence.

Putting together all the cost components is the trickier step when it applies to Intangibles because they are resulting from multiple and accumulated expenses and are often closely associated to tangible assets. The common way takes into account materials, labor and overheads. It must also include the developer's profit and an entrepreneurial incentive that are difficult to appreciate for Intangible Assets regarding their more often indistinct nature and their associated uncertainty. Choosing the right costs of reference also raises questions. Historical costs may be objective, consistent and reliable, but suffer from practical limitations. There is often a lack of relevant information for older intangibles. Expenditures incurred in maintaining the value of an intangible asset and investments in enhancing its value cannot be differentiated. The historical cost reflects a particular situation of prices on a market and adjustments should not reflect current prices. The main strength of the replacement and recreation costs is to surmount this difficulty. Therefore, they do not fix the problem of the present required costs of recreating the intangible. Intangible Assets are associated with a history that largely determines their attributes. Those could be currently impossible to replicate and some intangible assets might be irreplaceable (Andersen, 1992).

Identifying and measuring obsolescence is also an acute operation in order to estimate the value of an Intangible Asset. The common forms of obsolescence include functional, technical and external ones. Their measurement requires a particular care, in order to separate obsolescence related to the Intangible Asset from the associated tangible asset, and to use only the obsolescence related to the intangible. Qualitative methods, such as the "Life Cycle Analysis" and the "Remaining Useful Life" (Nelson, 1982; Ellsworth, 1992; Garbarino and Smith, 1993; Fuller, 1994; Paschall, 1994) can assist in appreciating the obsolescence of an intangible.

The main limit of costs related methods lies in their fundamental and implicit assumption that expenditures should always create value. This assumption (Andersen, 1992) "may be untenable given the variable success of new intangible assets (e.g.: brands) brought to the market". This is why the evaluation of Intangible Assets might also use market or income approaches.

Market methods estimate the market value of an Intangible Asset by comparing it to similar intangibles that have been licensed or sold in recent times. Market approaches include: the Sales Transaction Method, the Relief from Royalty method, the Comparative Income Differential method[i], and the Market Replacement Cost method. Even if their implementation depends on available information and reliable transactional data, those methods represent the most direct and efficient approaches to the valuation of Intangibles. Their practical application (see Arthur Andersen, 1992) do have some limitations due to the following several factors: (a) most intangibles are not sufficiently traded to determine a comparable market value, (b) they are more frequently traded with a business including tangible assets and are difficult to dissociate from, and (c) they may be unique and similar transactions do not exist. In addition, market cycles, or purchaser's special interests, such as strategic or competitive premiums, may introduce distortions. Because of these, analysts consider adjustments on those factors as "vital" for making the market approach relevant.

The most applicable standard of value in market approaches is nevertheless the "fair" market value. When selecting and analyzing guideline sales or license transactions, the following elements (see Mullen, 1993; Smith, 1994; Battersby and Grimes, 1996; Reilly and Schweihs, 1999) usually require careful consideration: appraisal of the property rights, motivations to the transaction, financing terms, market conditions, size, attributes, and economic situation at the time of sale. The market value is usually given by the application of a multiple to the price of the guideline transaction, or the application of some relevant variable coming from: the guideline transaction's financial statements, the market potential, or projections of future earnings. Their choice may appear subjective, such as the different elements of comparison seen above. Those are often especially difficult to collect for Intangible Assets, due to their unique character and their possible lack of marketability. They represent severe difficulties when implementing market approaches.

Income methods can be grouped into two categories: the yield capitalization method and the direct capitalization method. The first one calculates the present value of a non-constant stream of projected economic income flows over a discrete time period. The second one capitalizes a constant, or constantly changing stream of economic income flows, over a specific time period. Income approaches are adaptable to virtually any type of intangible. They are possibly among the most accurate and controlled evaluation's methods. They require however (Reilly and Schweihs, 1999) to consider all the critical economic variables associated with Intangibles including: (a) the income generating capacity, (b) the expected remaining life of the intangible, and (c) the appropriate cost of capital for an investment in the Intangible Asset, and the risk associated with the intangible. All of these variables are considered implicitly in the other methods, but need to be explicitly addressed in the income methods.

The income allocation between the Intangible Asset and the associated tangible asset is a prerequisite to the measurement of the income generating capacity. Another important step for a consistent evaluation is to identify clearly the origin and the production mechanism of the income. The potential sources of incomes of an Intangible

Asset are the same than tangible ones[ii] and may occur through the use, ownership or forbearance of use of the intangible. License agreements typically illustrate the different incomes coming from their respective use or ownership, and are quiet easy to measure. Forbearance of use (but ownership) of a trademark, patent or technology for defensive purpose does generate indirect incomes but are much more problematic to evaluate.

The correct appreciation of the expected remaining life of the intangible is a second delicate issue. This is especially important when applying yield capitalization methods, but also true for direct capitalization methods implementation. The number of periodic income flows to be projected depends on the length of the time period of the evaluation. This is why life analysis must be used and the remaining useful time of the Intangible Asset must be estimated. According to Wayne (1982), Dandekar and Cowles (1987), Reilly (1991), the value estimation of incomes depends on the duration of the life period. For instance, the conclusion of the income method is very sensitive to variations in remaining useful life when the life estimate is under ten years, and has no effect when the life estimate is above twenty years. Some quantitative analysis may help to define the appropriate life characteristics of an intangible. For example, customer-related intangible assets can perform actuarial techniques such as Survivor Curves analysis, if age data on customers or contracts renewal are available.

The choice of appropriate capitalization rates is a third important issue in the application of income methods, even if there is no radical difference when applying to intangible rather than to tangible assets. There are two kinds of capitalization rates: yield capitalization rates and direct capitalization rates. Both of them should include to the extent possible: (a) market-derived data, (b) forward-oriented data, (c) risk appreciation, and (d) consistency with the measure and the term of income stream. The multiplicity of the variables involved in income approaches may make them heavy to process, particularly when the income -or a part of it- is indirect.

The most serious limitations that are shared by the cost, market or income approaches lie in the static way they consider Intangibles. They fundamentally consider them as given. Traditional asset-by-asset methods do not evaluate (unless indirectly with rules of thumb or discrete adjustments) Intangibles through the risks/opportunities that are embedded in them. Those correspond very often to the most important part of their value, if not to their whole or sole value. Because of this, we will now explore the option-pricing approach in the valuation of Intangibles.

The option-pricing method represents a relatively new path for the evaluation of Intangibles. Myers (1984) was the first to recommend the application of the option-pricing theory to the valuation of a particular Intangible Asset that was R&D. He states the Discounted Cash flows method (DCF) is of "no help at all" and "the value of R&D is almost all option value". Several authors have criticized evaluating R&D with DCF methods. Hayes and Habernathy (1980) identified the DCF analysis as a contributing factor to the decline in R&D spending in the United States during the seventies. Hayes and Garvin (1982) related it to the misuse of DCF approaches then Hodder and Riggs (1985) demonstrated it with an example. Kaplan (1986), through investment cases, concluded that DCF methods were unable to take account of the value of "intangible benefits" such as flexibility and learning.

According to Baldwinn and Trigeorgis (1993), the solution to under-investment and lack of competitiveness should be found in the management of real options, and Faulkner (1996), analyzing the Japanese investment decisions, advises to apply real option pricing methods for evaluation of R&D investments. For Dixit and Pindick (1995), managers need to consider the value of their options open to make intelligent investment choices and Nichols (1994) reports a "scientific approach" to finance[iii] should consider all business decisions are real options. It is in a "continual redefinition of the opportunitics created by the resolution of uncertainty" (Faulkner, 1996) that managers enhance the intangible value of a firm and Luehrman (1997) states that opportunities are often the most valuable assets they have. The point is how to identify this "intangible value" represented by opportunities that are real options.

Several conceptual real-options frameworks have been presented by different authors such as Kester (1984), Mason and Merton (1985), Trigeorgis and Mason (1987), Kulatilaka and Marcus (1988), Trigeorgis (1988), Kulatilaka and Marks (1988). Copeland and al. (1994) classify real-options into five categories: (a) the option to abandon or sell an asset (equivalent to an American put option on stock), (b) the option to defer its development (equivalent to an American call or put option on stock), (c) the option to expand or contract the scale of an asset (equivalent to an American call or put option), and (d) the option to switch project operations (that is a portfolio of both put and call options). The recent literature shows many ways to evaluate, under different circumstances, the price of real-options, including several degrees of sophistication. We will not discuss each of them in details. Briefly, real options can be evaluated in two ways: separately with the valuation of one type of option at a time, or through their combination when their values may interrelate. In the first case, authors such as Myers and Madj (1990) examine the option to abandon, Mc Donald and Siegel (1986), Majd and Pindyck (1987) or Paddock and al. (1988) investigate the option to defer. Margrabe (1978), Kulatilaka and Trigeorgis (1993) analyze the option to switch. A contribution that cannot be ignored comes from Trigeorgis (1991, 1993) where each previous type of options is evaluated separately and then in combination.

However, Triggerfish (1993) draws our attention to the difficulty of numerical techniques[iv] -called "the bitter pill"- that are sometimes necessary to describe complex options situations. Concerning one of the well-known and direct approaches using the Black and Schools formula, Faulkner (1996) points out that its perceived complexity and its "often counter-intuitive result" is a barrier to use for most managers. Leslie and Michaels (1998) state that the reason for its apparent neglect may be that options theory is "notoriously arcane". Nevertheless, they agree to the fact that the formula can be computed easily, and prove it through comprehensive examples. That is not to say that the Black and Scholes formula should apply to any case, no more than a popular alternative method that is the decision-tree analysis. Each of them shows strengths and limits. Even if the Black and Scholes formula for the valuation of the R&D (see Brealey and Myers, 1988) is quite fast and easy, such a simplifying assumption as the future outcomes' uncertainty of research, development and commercialization operations could be described by a single log normal distribution, is arguable. On the other hand, even if the uncertainty may be customized in any manner with the decision-tree analysis[v], this technique is often heavy to implement, and may generate too large and complex representations.

Beyond the valuation techniques, applying the option-pricing approach to the evaluation of Intangibles introduces a new insight in the way to conceive, assess and manage them. Faulkner (1996) strongly advocates for an "options thinking" recognizing that uncertainty, when it generates opportunities and limited risks, may correspond to the true and most important value of an investment's project. It is obvious to point out in the actual and present business environment that uncertainty is almost everywhere and applics to any asset. Intangibles conceived as options on real assets may be *potentially* anywhere. From our point of view, Intangibles are all options on tangible assets, Intangible Assets and Intellectual Capital. In this perspective, uncertainty and its associated risks and opportunities might be the present and worthy Intangible of a firm, if it generates flexibility. For Trigeorgis (1993), management's flexibility is strategic and operating capacity to adapt actions to environmental changes, "expands an investment opportunity's value by improving its upside potential while limiting downside losses". An 'expanded or strategic' Net Present Value (NPV) of any investment should include: (a) a classical NPV calculated under passive management hypothesis, plus (b) the value of options from active (or adaptative) management. In fact, flexibility might add to any asset -intangible or not- an "intangible value," if the cost of the real option is lower than the benefits it should provide.

There are several empirical works examining advantages in terms of the value creation of an "option thinking" (Faulkner, 1996). Kemna (1993) reports three cases of investment opportunities for Shell Company that benefited from applying option-pricing techniques. Leslies and Michaels (1998) examine their positive impact on BP[vi] and PowerGen. Herath and Park (1999) also develop a valuation model incorporating the risk-free arbitrage features of the binomial option pricing model into a decision framework and apply it to the introduction of a new product: the new Mach III from Gillette. They demonstrate the value of innovation and its impact on the stock value.

Option-pricing approaches are going far further into the problematic of evaluation. Options on intangibles and assets may also represent *the Value* of Intangibles. Current definitions of Intangibles are all assets and knowledge-based. Regarding our previous discussion and the global and growing uncertainty of our environment, we think this way to conceive Intangibles is incomplete (see Bouteiller, 2002). Uncertainty is everywhere and may apply to any asset or knowledge capital. Because of this, we think Intangibles must include a third dimension, that is optional, and which applies to tangible and intangible capitals. Intangibles are made of assets, knowledge, and options.

This conception of Intangibles introduces new paths for their evaluation. Applying to the intangible part -which is optional- of any asset or capital, it radically changes the field of intangibles' evaluation. Therefore, we suggest extending the evaluation of Intangibles to what we call the *Optional Capital* of the firm. We represent the *Optional Capital* as composed of a portfolio of different possible options on Intangible Assets and Intellectual Capital but also on Tangible and Financial Capital. These are options to sell or buy, options to expand or contract, options to differ an investment in, and options to switch. As regards ubiquity of options, we recommend to place the *Optional Capital* at the core of an extended model for evaluating Intangibles. It interrelates with the tangible and financial capital but also interacts with the three components of Intangibles encompassing Human, Structural, and External Capital.

2.2. Calculating values by implementing global approaches

Putting an all-inclusive figure on intangibles' values is an old preoccupation. Corporate finance proposes for example several methods for goodwill calculation. They evaluate revenues in excess generated by a particular arrangement of tangible assets. This specificity might represent an "intangible dimension" that is then evaluated. It does not represent in any case the value of Intangibles. We will discuss, next, five "open" methods for the evaluation of the Intangible Assets. They are all including a stock market perspective. Global approaches encompass the Market-to-Book Value, the Tobin's q, the Calculated Intangible Value, the Total Valuation Creation approach and the Average Normalized Earnings.

The Market-to-Book Value is one of the most broadly known measures of the Intangible Assets and Intellectual Capital. It is represented by the difference between the market value of the firm and its book equity. What makes its market value after accounting for tangible assets, are Intangibles' one. This method is simple but has several problems in measurement and interpretation. The book value depends on the national or international accounting standard under which the accounts have been prepared. Historical cost, modified historical cost for recording tangible assets, or tax depreciation rates, can strongly change a book value. On the other side, the stock market is volatile and sometimes under or over states the value of a firm in a very short period of time. Does it mean that Intangible Assets vary in the same proportions? How can we discern whether Intangible Assets of a company are traded for much than their market value or less than their book value? Does a deal, or a market "mis-fortune," make Intangible Assets appear or disappear so easily?

The Market-to-Book method may give unreliable and measures of the whole intangibles. Therefore, it can be improved with the calculation of the Market-to-Book ratio. Compared with competitors or with an average value of the industry (its general trend may then globalize market shocks), this ratio could be used as a warning in year-to-year comparison.

The Tobin's q is another popular measure of the value of intangibles of the firm, even if it was not initially conceived for this purpose. Tobin (1978), considered that they indicated profitable investments or sell off opportunities. Wernerfelt and Montgomery (1988) related them to elements that stood out the balance sheet or strategic factors. Griliches (1981), followed by Hall (1993), Megna and Klock (1993) then Chung and Pruitt (1996) associated the Tobin's q to existence of intangibles that were not recognized by bookkeeping. The Tobin's q compares, through a ratio, the market value of the firm to the replacement cost of its total assets. This ratio is a better one than the Market-to-book ratio; it neutralizes the effects of different depreciation policies. The greater the ratio is above one, the more the firm shows strong returns on its investments. If the replacement cost of a company's assets is lower than its market value, then the company is getting monopoly rents, or higher-than normal returns on its investment.

The Tobin's q is subject to the same exogenous variables that influence market price as the market-to-book method described above. Both of these methods are best suited to make comparisons of the value of firms' intangible assets within the same industry, serving the same markets, and having similar tangible assets.

The "Calculated Intangible Value"[8] has been developed by NCI Research, affiliated with the Kellogg School of Business at Northwestern University. The approach was initially used by distilleries and breweries to estimate their loss of revenues and intangible assets due to prohibition. A Revenue Ruling (68-609) describes also, for tax purposes, a similar way for measuring the fair value of intangible assets (Luthy, 1998). The method consists in brief, in calculating the Net Present Value (NPV) of the average excess Return On Assets (ROA) after taxes[9]. According to their authors, it measures a company's "ability to out-perform other companies in its industry." For us, this method is quite rough and circular. First, to attribute solely the out-

[8] Reported by Stewart, 1997 as due to Thomas Parkinson and James Peterson.

[9] The original version calculated the CIV in 7 steps: 1) calculate for the last 3 years the average Return On Assets (ROA) of the company; 2) compare this ROA to the average ROA of the industry (use figures from from Morris Associate's Annual Statement Studies); 3)multiply the industry average ROA by the company's average tangible assets; 4) substract that result from the average pretax earning of the company and obtain an "excess return"; 5) substract an average income tax and calculate an after tax excess of return; 6)calculate with an appropriate rate the Net Present Value of this after tax excess of return; 7) the result gives the value of intangible assets called CIV.

performance to Intangible Assets is abusive; it is often linked, if not mixed, with tangible assets' implementation. Second, the investment cycle of a firm can be, for a period, out of line of its industry. This situation is not related to Intangible Assets and should not interfere with their valuation.

Tax and depreciation policies may introduce two additional biases regarding the amount of the pretax earning which affects the ROA. However, the major problem lies in the fact that the method seems to ignore the posting of Intangible Assets. Most of them are accounted for expenses and consequently reduce the pretax earning. Taking into account this inescapable fact, it seems quite specious to say that Intangible Assets might contribute - if not in an indirect way - to the pretax earning enhancement and further to an *excess* rate of ROA. The Calculated Intangible Value method does not measure the value of Intangible Assets but rather gives a possible appreciation of the firm 's investments profitability within its industry. It can be used as a tool for benchmarking performances of a company's *whole* assets.

The Total Value Creation (TVC) method tries to track the value creation process through intangibles and is illustrated with a hypothetical biopharmaceutical example called "Greengene". It is a sub-project, part of the Canadian Performance Reporting Initiative (CPRI), implemented by the Canadian Institute of Chartered Accountants (CICA). Because "traditional accounting is in trouble" and numerous facts show "that annual financial reports are no longer providing a level playing field for their readers" (Greengene II case study, 1999), CICA calls to action in "collaborating to invent 21 St Century accounting".

The GreenGene II Case Study (Anderson and McLean, 1999) portrays the concept of a Total Value Creation database depending on the following components: (a) a value creation/realization formula, (b) a value stream model, (c) a value creation capacity assessment, and (d) value creation for multiple key stakeholders measures. It is organized for value creation tracking and it gives an estimate of the corporate value creation related to Intangible Assets. The TVC approach is based on disclosure and analysis of outcome variance, being the difference between total shareholders return [10] and a cost of capital return on opening Discounted Cash Flow (DCF) present value. It is equivalent to the Stern - Stewart concept of "Economic Value Added" (EVA) except it is not applied to GAAP plus adjustments but rather to DCF present value. According to their authors, the Value Stream Model is a "forward-looking approach," focused on future value streams rather than concerned with "sunk costs of the past." That's why "...'Assets' bound up in the business (such as laboratory equipment or such as cash fully committed to the future R&D 'cash burn') are not counted". The reason why - that is difficult to conceive in an "EVA" perspective - is that "it would be *double-counting* to value *both* the future cash flow stream *and* the assets giving rise to them". This is precisely what Stern and Steward did when they determined the shareholder value of a firm in the "EVA" method[11]. Investments in Intangible Assets - even if they are expensed - must be part of the calculation of value.

The TVC method might be refined to be more consistent with its underlying model. In addition "*sunk costs*

[10] dividends plus the change in Discounted Cash Flow (DCF) present value.

[11] the value for the shareholder is invested capital plus the Net Present Value of the three to five EVAs plus a terminal value.

really has no bearing on the future or on the going-concern value of the enterprise", is a trendy but questionable assumption. The new "P to P" (Path to Profit) demand on Internet stocks shows, for example, that shareholders do bother about sunk costs and associated heavy losses. Those sunk costs are counterparts of the most of Intangibles and need to be taken into account in a valuation perspective. Nevertheless, we believe the Canadian Performance Reporting Initiative is useful. The interest of the TVC method is to propose an integrated valuation process in an experimental format, arousing reflections and debates. In addition, the "Greegene II" case study is a powerful instrument for educational purpose in the field of intangibles' valuation.

The "Normalized Earnings" and the "Knowledge Capital" designed by Baruch Lev of the Stern School of Business at NYU, proposes new paths to measure the earnings impact resulting from knowledge-based activities (Lev and Mintz, 1999). The aim of the method consists of: (a) evaluating revenues (that are called normalized earnings) arising from the knowledge capital, (b) estimating the value of the knowledge capital, and (c) giving a total value of the firm including both tangible and intangible assets. It uses common analytical tools, consensus forecasts, and information from balance sheets. The method starts with an estimate of annual "Normalized Earnings[12]," then subtracts from them an average expected return after-tax on tangible assets[13], and on financial assets[14]. Residuals, called

[12] They encompass the three past years of historical data and earnings consensus forecasts (from IBES International consensus estimates) for the next three years with a little greater weight to earnings forecasts (taking into account business changes that could affect future results).
[13] for 7 percent.

"Knowledge Capital Earnings"(KCE) are what remain as knowledge earnings that are created by knowledge assets. The next step consists of the calculation of the "Knowledge Capital", which is given by the present value of all KCE, discounted at an appropriate rate[15]. Finally, the total "Comprehensive Value" sums the value of the Knowledge Capital and the book value. This measure takes into account both tangible and intangible assets and gives the global value of the firm.

These calculations suggest several new financial ratios and their evolution, such as Knowledge Capital / book value[16], market value / Comprehensive Value[17] or a "Knowledge Capital Margin" (KCE / sales)[18]. Grouped in the "Knowledge Capital Scoreboard," they have been applied first (see Lev and Mintz, 1999) to a sample of pharmaceutical[19] and chemical[20] companies. They provide interesting results concerning the evaluation of Intangibles throughout an industry and from one industry to another. Size and industry count: largest companies own more knowledge assets than smaller ones; pharmaceutical companies compared to chemical ones occupy the higher end of the spectrum. The second annual Knowledge Capital Scoreboard

---

[14] for 4,5 percent.

[15] 10,5 percent after taxes. This rate is a proxy of the average after tax rate of return for three knowledge intensive industries: biotechnology, pharmaceuticals and software.

[16] "which measures the degree to which a firm is knowledge-based" (see Lev and Mintz, 1999).

[17] which measures the degree to which the market reward investments in knowledge and its expectations of knowledge earnings.

[18] shows the contribution of knowledge capital assets to overall performance (see Lev and Mintz, 1999).

[19] 20 pharmaceutical firms with sales in excess of $ 250 million.

[20] 27 chemical firms with sales in excess of $ 1 billion.

(see Mintz, 2000) extends the scoreboard to 18 industries from aerospace to telecom and gives industry rankings for median knowledge capital earnings. Telecom is at the first place and semiconductor at the last one, doing worse than network communications and industrial & farming[21]. The scoreboard also explores relations between kinds of "investments" in Knowledge Capital and change in knowledge capital earnings. It identifies three essential drivers of performance: research & development, advertising, and capital expenditure. Growth in knowledge earnings shows also a strong and positive correlation with the market value.

Strengths of the method are many. First, it uses available data and balances historical ones and estimates with an eye on growth prospects. Secondly, it considers separately, and for the first time, earnings from "hard" assets (tangible and financial), and earnings coming from Intangibles. Thirdly, it proposes a simple measure of the knowledge capital and accessible related ratios that are relevant for a global assessment of Intangibles and for benchmarking. For example, the "market to comprehensive value ratio" provides an elegant measure of the whole value of the firm in a period of high stock valuation. However, the method would provide incoherent results: take for example a company "A" which does not invest at all or very weakly during the period (or part of the period) of evaluation. It should present greater earnings (because investments in knowledge are broadly expensed) than a company "B" which invests in knowledge assets. Through the proposed calculation, the Knowledge Capital of company "A" would

[21] Knowledge capital earnings vary widely for companies operating in the new economy for example, knowledge earnings of AOL exceed 8 times Yahoo ones (see Mintz, 2000).

grow (without investments?) and the one of company "B" would contract because of its investments! The only way to fix this problem is to proceed to an adjustment on expenses in knowledge assets. They must come in addition to normalized earnings in order to give *Adjusted* "Normalized Earnings", and consequently, an *Adjusted* "Comprehensive Value."

3. Evaluating intangibles through non-monetary measurements

Among several works implementing non-monetary measures, a first group of them can be gathered in a sample that we call "balanced" approaches. They all present analogies with the Balanced Score Card (B.S.C) due to Kaplan and Norton (1996). These approaches add to financial perspective specific indicators on each component of the Intangible Capital, and take into account their evolutions. We will introduce and discuss their respective contributions in the following subsection. A second subsection explores what we consider as the more "Holistic" approaches. These see Intangibles as part of a whole, particularly in the digital economy, giving new ways to conceive their value measurement.

3.1. Balanced approaches in the sense of Kaplan and Norton

Seminal contributions in the value recognition of Intangibles and their link with strategy must be recognized in the works of Itami (produced in Japanese as early as 1980) and Itami and Roehl (1987). They were the first to introduce concepts of "invisible assets" and " dynamic strategic fit ". According to these authors, analysts have fixed too narrow limits to assets, keeping only those that can be measured.

Invisible assets such as technology, consumer information, even corporate culture or reputation, are key drivers of the firm's competitive advantage. They suggest it depends on their creation and accumulation and point out their specificities. Invisible assets are "unattainable with money alone, are time-consuming to develop, are capable of multiple simultaneous use, and yield multiple, simultaneous benefits". The following models explore those "hidden" assets and their associated value.

The "Invisible Balance Sheet" and the "Intangible Asset Monitor" from Sveiby (1997) are based on the assumption that several "flows" modify the value of the assets shown in the balance sheet and explain stock market premiums. Those, for Sveiby, are due to invisible assets and full balance sheet must incorporate "visible" and "invisible" balance sheets. The visible or classic one lists tangible assets and 'visible finance' made of short and long terms debts and equity. The "Invisible Balance Sheet" that is "under the surface" shows intangible assets and their counterparts with invisible finance (obligation to employees and invisible equity). This conception of the Intangible Assets corresponds to the market-to-book value called here "invisible equity." It should be of a little interest without the identification of its counterpart, which is the famous "family of three". Categorizing Intangible Assets into (1) internal[22] structure, (2) external[23] structure and (3) competence of personnel,[24] Sveiby (1997) makes a dramatic step in intangibles'

22 "Internal structure consists of a wide range of patents, concepts, models, and computer and administrative systems".

23 "External structure consists of relationships with customers and suppliers, brand names, trademarks and reputation, or "image".

24 The competence of personnel is "people's capacity to act in various situations. It includes skill, education, experience, values and social skills".

appraisal. He gives a structured representation of Intangibles and relates it to the market value. Doing so, he makes possible their reporting. He also might be the first to point out knowledge-based flows and advocate for new proxies.

Because "if we see the new with old tools we won't see the new", Sveiby looks for non-financial indicators. The "Intangible Assets Monitor" (I.A.M) applies to the whole assets with four groups of indicators. The I.A.M, differently from the "Balanced Score Card" (Kaplan and Norton, 1996) is precisely designed to measure and publish Intangible Assets. Even if these two scoreboards are sharing some resemblances (such as non-financial measurements, strategic orientation…), Sveiby makes a major break in designing the personnel as "an organization's only profit generators". Employees are not more costs, but are basically builders of tangible and intangible structures of knowledge[25] that are assets, because they change the flows of revenues. The next scheme shows the structure of the I.A.M.

[25] see K.E. Sveiby, "The Sweddish Community of Practice".

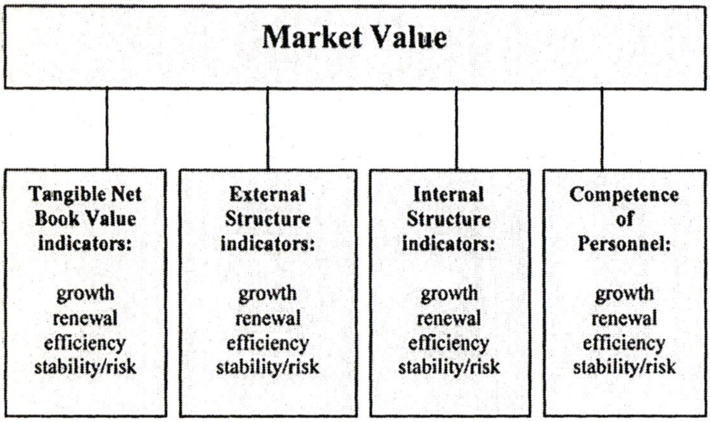

Figure 1: The Intangible Assets Monitor (I.A.M) according to Sveiby

The purpose of the I.A.M[26]" is not to give a complete representation of intangible assets but "to be practical and open a few windows" for experimentation. The big merit of the Sveiby's approach lies in its fundamental pragmatism. It keeps the classical financial information and enlarges it in an objective manner to Intangibles. In addition, non-financial indicators are elevated from the operational to the strategic level of the firm and are used in this perspective. They are not new control tools but internal and external vectors for dialogue and learning[27].

---

[26] named also the Konrad Conceptual Framework.
[27] The approach, part of a theoretical set called the "Konrad Theory" aroused many corporate experiences. It has been at the origin of the "Sweden Community of Practice" including major firms like Celemi, Ericsson, Jacobsson and Widmart, Skandia AFS, WM-data ... pioneered in reporting on their intangible assets. One of them, Skandia AFS, conceived it as a true strategic monitoring instrument and developed among other things the "Skandia Navigator".

The " Navigator" developed at the Skandia AFS insurance company is coherent with the "Konrad Theory" and is based on the hypothesis that intangibles are the innovative source of the company's future value. According to Edvinsson, the creator of the Intellectual Capital concept, "a company grows because it has hidden values (see Stewart, 1994). To keep growing you must surface them, care for them, and transfer them through the business". The concept of Intellectual Capital and its application demand " new strategic leadership perspective, a new taxonomy, and new management tools" (Skandia AFS Annual Report, 1999). Because of this, the company develops several tools to visualize Intellectual Capital and report on it.

One of the first to be developed and published was the "Skandia Navigator" picturing Intellectual Capital in the supplement to Skandia's 1994 Annual Report. It combines (Edvinsson and Sullivan, 1996; Edvinsson and Malone; 1997 Sveiby, 1998) the works of Sveiby and those of Kaplan and Norton to produce an "instrument to help... navigate into the future and thereby stimulate renewal and development " (Skandia, 1994). Its underlying conceptual framework called the "Skandia Value Scheme" shows the building blocks of the Intellectual Capital composed of Customer,[28] Organizational[29] and Human Capital[30]. It looks more

[28] "Customer Capital is the present value of customer base, relationships and potential. Customer Capital is refined and transformed into financial value through interaction with Human and Organizational Capital".

[29] Organizational Capital includes process capital, culture and information capital. For example databases, customer registers, manuals and trademarks .

[30] Human Capital is the accumulated value of investments in employee training, competence and future. It includes base value (competence), relationship value (ability) and potential value.

accomplished than the Sveiby's model, in qualifying Intangibles more precisely. The Skandia framework consolidates in an "Intellectual Capital Index" the various indicators that are measuring each Intellectual Capital component and their evolution. The Navigator gives a balanced picture including the past (with a financial focus), the present (with process, human and customer focuses), and the future (with renewal and development focuses), as shown in figure 2.

Human and Structural Capital (Customer and Organizational). Renewal, innovations and developments transform the individual's knowledge into a lasting value for the company and change its market value. The value creation mechanism through Intangibles is here continuously and explicitly weighted and pictured. In doing so, it gains prognosticating value for managers and shareholders.

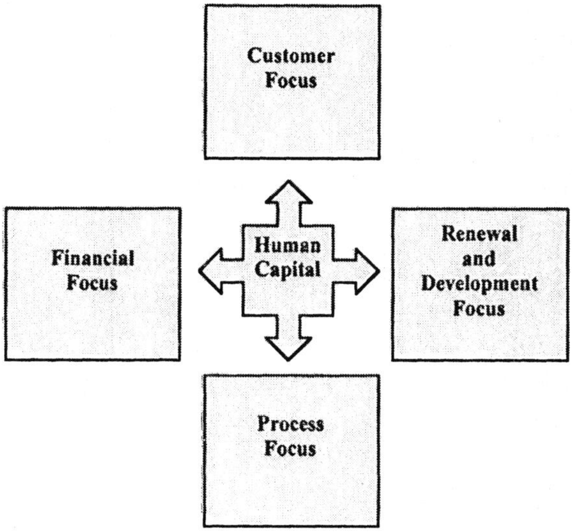

Figure 2: the "Value Scheme" according to Edvinsson at Skandia AFS

The main contribution of the Navigator and later, the Intellectual Capital Index, (see Roos et al., 1998 for its discussion) is in their dynamic character. With a future-business planning orientation, the model recognizes Intellectual Capital comes about through a value-creating process based on the interaction of

The model proposes also new work tools for integrative purpose at the operational level. For example, through an information and business software named "Dolphin", each employee of Skandia can choose and simulate the focus he wants to examine in its day-to-day operations. Sharing the intangible dimension of an activity brings about positive effects on productivity by enhancing a community of practice and beyond, commitment to the organization. "Human Capital in transformation" (Skandia, 1999) is the driver of value. The experience of Skandia in reporting, monitoring, and developing its intangibles appears so far advanced and embedded in so strong a corporate culture that to transfer or develop it might look difficult, even impossible. Nevertheless, auditing Intangibles as Brooking does, may represent a starting point.

The "Dream Ticket" is part of the auditing method designed by Brooking (1996,1997), to document, track, and value the Intellectual Capital of an organization. The model includes one more taxonomy (see Brooking, 1996) comprising four types of assets: (a) 'market assets'[31], (b) 'intellectual property assets'[32], (c) 'infrastructure assets'[33], and (d) 'human-centred assets'[34]. This classification is close to Sveiby (1997) or Edvinsson and Sullivan (1996). It brings a few new ideas in identifying Intangibles but associates broader metrics for valuing them. More interesting is the explicit relationship between corporate goals, Intellectual Capital and the capacity of the organization to succeed. It is assessed by its matching to a normative set of intellectual assets (or "Dream Ticket") as figure 3 shows below.

---

[31] Market assests consist of brands, customers, distribution channels, and business collaborations.

[32] Intellectual property assets include patents, copyrights, and trade secrets.

[33] Infrastructure assets include management processes, information technology systems, networking, and financial systems.

[34] Human-centred assets include education and work-related knowledge and competencies.

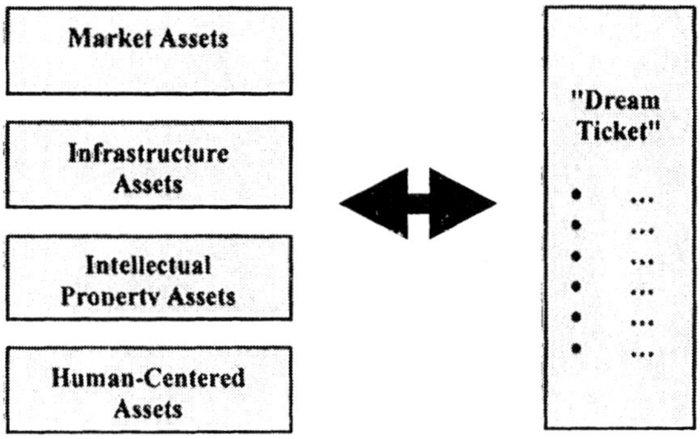

Figure 3: A representation of the Intellectual Capital assessment according to Brooking

Identifying Intangibles embedded in a firm allows their association, ranking, or prioritization. The audit implements interdisciplinary and integrating techniques drawn from a number of areas, such as marketing, psychology, management and knowledge-based system. The index presents a comparison with the Dream Ticket for each Intellectual Asset. The degree to which each matches the Dream Ticket provides scores, plotted on the "target,"[35] which are then used to represent the status of all intellectual assets.

[35] The "Target" is organised in four quadrants (representing each components of the intellectual capital) and five concentric circles (corresponding to possible assets' scores. The "bullet holes" are picturing the situation of each intellectual assets. The size and the place which each intangible impacts the target show their relative importance and their contribution for reaching the corporate goal.

The interest of the target is to map intellectual assets and to provide a quick view of their strengths and weaknesses, their relations and their desired evolutions. Audit results for each intellectual asset also suggest actions or "measures" for improving their value. Therefore, it proposes something relatively new: the definition and the implementation of an intellectual policy for the firm developing its several intellectual assets in relation with its vision, mission and strategy. In addition, the Brooking's approach introduces a new path for the valuation of Intangibles, which was not explicit before. It must take into account, not only their nature and situation, but also their inter-relationships. "Holistic" approaches explore this way, extending Intangibles beyond the classical boundaries of the firm, and thinking of them as parts to a whole.

3.2. The need for “holistic” approaches

Pointing out the company is operating in, and creating value through its interactions with the environment would be of little interest if it did not involve the recognition of new forms of intangible capitals. Then, Intangibles may also include Social and Environmental Capital (Allee, 1998,1999), Cultural and Symbolic Capital (Perrone, 1996) and Digital (Tap Scott and al., 2000).

Advocating for "Dynamic Thinking" as Allee (1998, 1999) encourages, is important for several reasons. First, it allows us to see Intangibles from a broader viewpoint. Secondly, it discusses their value assessment through the value formation mechanism. Thirdly, it opens the (re)discovery of intangible values. The crucial component of Intangibles, which is Human Capital, cannot be appreciated in the absence of any sociological perspective. Human

Capital - as the Structural (or Organizational) one - are in fact constituted of many social intricate communities. The corporate world (see Sveiby, 1996) calls them "communities of practices". They are made of peers working together with a common sense of purpose and a real need to share knowledge. Knowledge, which flows through the organization, is then a *socially animated phenomenon*, interacting locally but also globally with external communities.

Organizations and society are interdependent. Following Drucker (1992), Allee (1999), sees companies acting as "corporate nodes in the larger social system", stating companies begin to consider their business practices in accordance with environmental and social and responsibility. For example, Smith and Hawken, or The Body Shop, have affirmed their image of "Green Companies", and among others Shell, Dow Chemical, Danone ...have published Triple Bottom Line Reports that present business, but also environmental and social achievements. Intangibles do not only contribute to a value framework such as conceive the "Balanced" approaches, they also include a Social and Environmental Capital as shown in figure 5.

Out of complementing the trilogy, which encompasses Human, Structural, and External Capital, the Allee's model addresses a quite different vision of the firm. It moves beyond the organizational boundaries[36], its classical value chain and even further than the dynamic value of the intangible capital due to Bounfour (2000). Even though the value chain has been applied by Rayport (1995) to knowledge-based activities and described as the "Virtual Value Chain", it remains for Allee mechanistic and linear

[36] sets of intangibles are represented in the model with open peripheries.

because it still utilizes the concept of flow. For Allee, a traditional value framework (see figure 4) supports the underlying and old idea of the intangible value creation that follows. The more the flows of knowledge are important, the more the stocks of possible accumulated knowledge are substantial and the more they can generate intangible value.

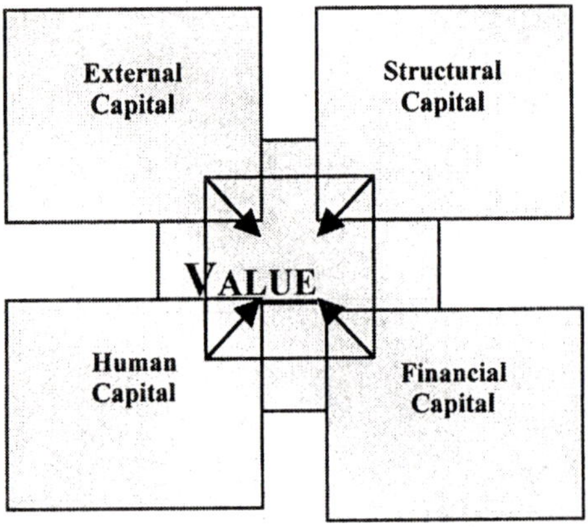

Figure 3: A representation of a traditional value framework

According to the author, this old way of thinking, directly inherited from the industrial age, cannot be used in our networked economy, because it does not catch the dynamics[37] of the value network (Allee, 2000). Within a value network, three main "interactions" coexist: (1)*monetary transactions* (concerning the "old" value chain); (2)*knowledge exchanges* (concerning the "virtual" value chain); and (3)*connections of "intangible benefits"*(coming from external communities and such as customer loyalty, product information or improvement, market access...).

---

[37] suggested in the model by the arrows' shape.

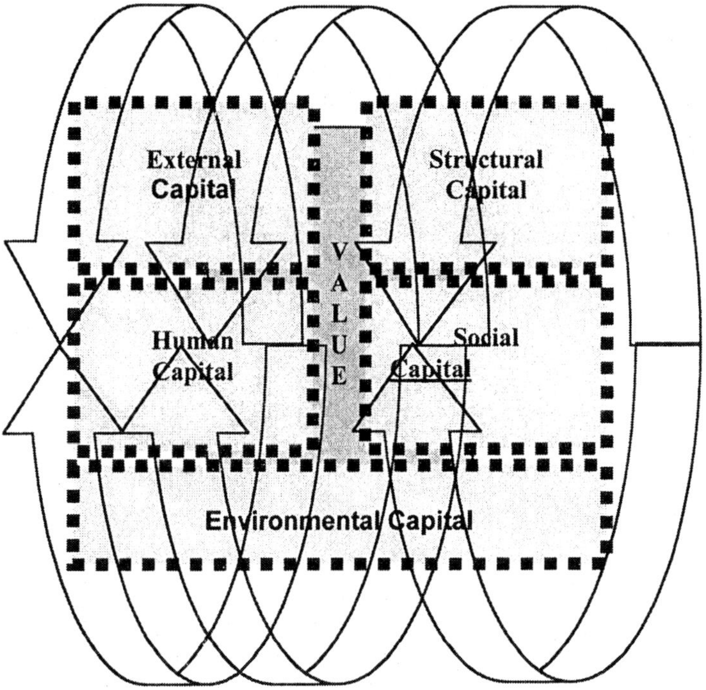

Figure 4: A representation of a " value network" according to Allee

A first step in a valuation perspective is to identify and qualify those several interactions. A second and much more tricky step is to represent them. This is crucial for the comprehension of the value creation mechanism embedded in a value network. To our point of view, an emerging tool called the "Holomapping"[38] should rapidly reach its limits if it applies to complicated reality and provide quite messy or incomplete representations. For us, the Influence Diagram Method should better perform for picturing the numerous

[38] proposed by Allee (2000) and shown in Tapscott and al. (2000).

relations existing in a value network. Another important point is to underline that those interactions are fundamentally grounded on trust. They refer to "core values such as integrity, honesty, responsibility, inclusion and respect" (Allee, 1999). From one organization to another, these values may - or may not - represent attributes of the Cultural and Symbolic Capital.

The Cultural and Symbolic Capital (Perrone, 1995) are not another form of Intellectual Capital as described by Roos et al. (1998). They are much more than what those authors are tempted to call "the 'wet ware' of Organizational Capital". Not only does Perrone never refer to Intellectual Capital in his work but he notices that there is more to a firm than its financial capital: there is also Social, Cultural and Symbolic ones. Social Capital is close to the conception of the Allee model: it represents the value network of relations with several communities. Cultural Capital is the value of all the cultural dimensions of the firm that are molding organization at different levels and in multiple ways. It comes from organizational history and current interactions of the members of the organization. Symbolic Capital as defined by Perrone (1995) is "the credit a company has in affirming its own vision of reality and its own position in that reality, as the one considered acceptable and legitimate by other players". It is the firm's capacity to shape a vision and a position strong enough to influence the perception and recognition of the several communities with whom it interacts.

To our point of view, Cultural as Symbolic Capital might represent Intangibles as a hidden but hard-hitting power. They permanently impact Human Capital (in its motivation and commitment), Structural Capital (in its capacity to change or adapt) and External Capital (through customers or suppliers loyalty and trust). Cultural and Symbolic Capital are building blocks of the "Digital Capital" we will introduce next.

The "Digital Capital[39]" lies at the core of the "new economy". *It appears when the Intellectual Capital moves to digital networks and results from the internetworking in "business webs" (b-webs) of Human, Structural and Customer Capital.* Tap Scott and al., (2000), give the following definition of a b-web. "A b-web is a distinct system of suppliers, distributors, commerce services providers, infrastructure providers, and customers that use the Internet for their primary business communications and transactions". These interactions add new dimensions to several Intangibles and may change the way we conceive and evaluate them. For Tap Scott and al., in a b-web, the Human Capital of a company must not be reduced to its employees. It extends to all the people who are partners or free contributors across the b-webs with whom they participate or interact.

[39] Concepts of Digital Capital and business-webs are both due to Tapscott (see Tapscott and al., 2000).

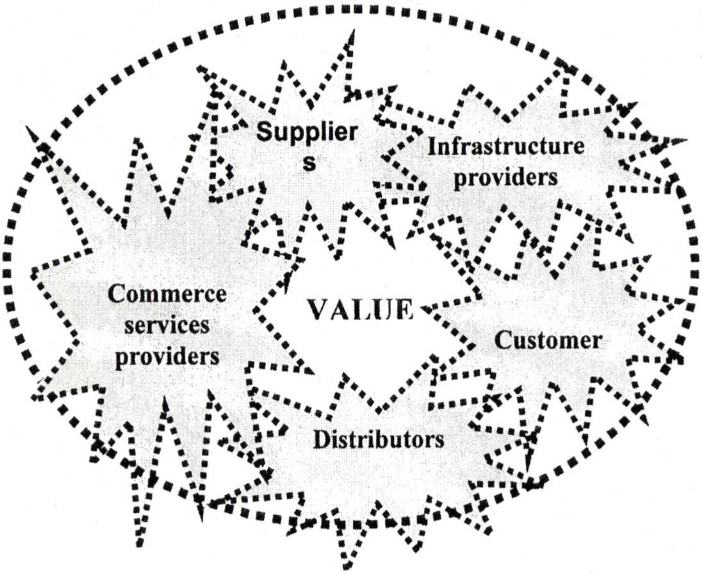

Figure 4: A representation of a "b-web" according to Tap Scott et al.

At Amazon.com, visitors, readers, affiliates or chat groups' participants are crucial for providing commentaries and information, which feed content and enhance service. Content providers or publishers are essential for supplying formal content. Personals from delivering companies are vital for a right fulfillment of customers' orders. In the digital economy, competitiveness and customer value creation, depend largely on this whole "internetworked" Human Capital that needs to be documented and tracked.

As regards to the Structural Capital, digital networks also provide new dimensions, resources and sources of influence. Knowledge is now networked and shared through b-webs. It impacts permanently schemes and beliefs for leveraging the Organizational Capital of the firm but also feeds its Innovation capital. Internet infrastructures might revolutionize the Process Capital with new ways to sell or deliver products and services. Companies have to watch and think about these kinds of Intangibles.

The Digital Capital may also fundamentally change the way in which a company interacts with its customers. The Internet intensifies reciprocal links and involves several b-web participants. Digital Economy empowers customers (Mac Donald & Tobin, 1998) who can better than ever before navigate, switch, react, share knowledge, create public opinion on line or organize collectively. Customers are looking for *experiences* (Pine & Gilmore, 1999) that associate enhanced and customized services (see Darlington, 1998 for banking industry) *more than products*. They also begin to prefer *communication*, lead by "cyber dwellers, web-chat specialists or authorities on online culture" (Tapscottt and al., 2000), that forges interactive relations, *rather than promotion.* Customers also experience the discovery of variable price that replaces the classical fixed one, through online auctions (such as at "eBay", "Amazon.com", and "Onsale") or through consumer price offer (such as at "Priceline").

For us, trends briefly discussed above, are generating new kinds of Intangibles that are all taking part in what we call (see Bouteiller, 2000) the "Influential Capital" of the firm. It encompasses Environmental, Social, Symbolic and Digital Capital and goes further than the "relationship capital " identified by Tapscott et al. (2000). This group of intangibles represents more than relations; it stands for the firm's ability *to influence* its internal and external environment and also its capacity *to be influenced by.*

4. Summary, conclusions and perspectives for future research

The aim of this article was, at its origin, to explore Intangibles and to provide a theoretical survey of current and emerging approaches applying to their evaluation. The preliminary step for the evaluation of Intangibles was to give them a definition. We think now that a complete definition of Intangibles must encompass Intangible Assets, Intellectual Capital, and Optional Capital. A second step consisted in reviewing an extensive, if necessarily incomplete, bibliography of related research that should be contributive to a whole evaluation of Intangibles. Their arrangement into monetary / non-monetary, and open / focussed approaches improves their visibility. Their grouping into four sets begins to give coherence. Table 2 shows a summary of the several approaches discussed in our survey.

Market to book value Tobin's Q C.I.V. method T.V.C. method Normalized Earnings	**Global Approaches**	**Holistic Approaches**	Dynamic thinking Cultural & symbolic capital Digital capital
Cost methods Market methods Income methods Option-pricing methods	**Asset by asset Approaches**	**Balanced Approaches**	Intangible Assets Monitor Navigator Auditing method

Table 3: Approaches applying to the evaluation of Intangibles

A third step was made by discussing approaches to appreciate their respective contributions. A final review and assessment brings to mind several promising research areas.

Asset by Asset approaches are at their early beginning for the evaluation of Intangibles and might be disconnected from economic reality. Even if accountancy has to cope with standards applying to Intangible Assets, it must improve present practices. Refining the identification of Intangibles, deepening depreciation's techniques and justifying them economically is crucial. Open accountancy related fields such as cost control, budgeting, consolidation, pooling... which currently ignore Intangibles, are fertile ground for future research and experimentation.

Among Market approaches the "Total Value Creation" method and the "Normalized Earnings" represent works of particular interest. The first one needs to go deeper into the value creation measurement for shareholders, the second one requires adjusting and experimenting on a wider range, to become a reference approach. An Economic Value Added measurement, specifically designed for Intangibles, needs to be developed. It demands, one more time, relevant information coming from the accounting system.

New reporting instruments are necessary to improve the management of Intangibles (Vickery, 2000). Balanced and holistic approaches require development of new and appropriate tools including scoreboards, measures, and indicators, specially designed for application to Intangibles. They also illuminate new mechanisms of value creation through internetworking.

All this suggests a true renewal of management control, focusing on monitoring Intangibles.

Bibliography

V. Allee, The Knowledge Evolution: Expanding Organizational Intelligence, Boston, Butterworth-Heinemann, 1997.

V. Allee, "Creating Value in the Knowledge Economy" HR Monthly, Australia, April 1998.

V. Allee, "The art and Practice of Being Revolutionary", Journal of Knowledge Management, June 1999.

V. Allee, "The Value Evolution: Addressing Larger Implications of an Intellectual Capital and Intangibles

Perspective", Journal of Intellectual Capital Vol.1, No. 1, 2000.
R.J. Anderson, and R.I. G. McLean, "The Green Gene II Case Study", The Canadian Institute of Chartered Accountants, Toronto, 1999.
Arthur Andersen LLP. The Economist Intelligence Unit. "The Valuation of Intangible Assets", Special Report, January 1992.
C. Bouteiller, "The Evaluation of Intangibles: Advocating for an Option Based Approach" VI TH Alternative Perspectives On Finance Conference, Hamburg, August 2002.
C. Bouteiller, " La valorisation du capital immatériel : actifs, connaissances et options", Actes du Colloque Gestion des Compétences et Knowledge Management : Renouveau de création de valeur en GRH, Rouen, Mars 2002.
C. Bouteiller, and M. Ruiz, "New Trends in Evaluating Intangibles", XIV TH European Accounting Association Conference, Athens, April 2001.
C. Bouteiller, " Evaluating and Monitoring Intangibles: The Third dimension", unpublished working paper Technology and Policy Program, Massachusetts Institute of Technology, Boston, December 2000.
C. Baldwin, and L. Trigeorgis, "Toward Remedying the Under investment Problem: Competitiveness, Real Options, Capabilities, and TQM." Working Paper no 93-025, Harvard Business School, 1993.
G.J. Battersby and C.W. Grimes, An Insider's Guide to Royalty Rates: A comprehensive Survey of Royalty Rates and Licensed Products", Stamford, CN: Kent Press, 1996.
R. Brealey and S. Myers, Principles of Corporate Finance, 3rd ed., New York: McGraw-Hill, 1988, Ch. 20, 21.
F. Black and M. Scholes, "The Pricing of Options and Corporate Liabilities," Journal of Political Economy, 81, May-June 1973.

N. Bontis, "There's A Price on Your Head: Managing Intellectual Capital Strategically". Business Quarterly. Summer, 1996.
N. Bontis, "Managing knowledge by Diagnosing Organizational Flows and Intellectual Capital Stocks" presentation to the Creating Value through Knowledge Management conference, San Francisco, 20 February 1997.
A. Brooking, Intellectual Capital: Core Asset for the Third Millennium Enterprise, London: International Thomson Business Press, 1996.
A.Brooking and E. Motta, "A Taxonomy of Intellectual Capital and a Methodology for Auditing it", 18 th. Annual National Business Conference, Mc Master University, Hamilton, Ontario, Canada, January 24-26 , 1996.
A. Brooking, P. Board, and S. Jones, "The Predictive Potential of Intellectual Capital", 17 th. Annual National Business Conference, Mc Master University, Hamilton, Ontario, Canada, January 22-24 , 1997.
A. Brooking, Corporate Memory : Strategies for Knowledge Management, International Thomson Business Press, London, 1998.
Canadian Performance Reporting Initiative of The Canadian Institute of Chartered Accountants, "About GreenGene II, An Approach to Tracking Value Creation" The Canadian Institute of Chartered Accountants, Toronto, August 1999.
T. Copeland, T. Koller and J. Murrin, Valuation: Measuring and Managing the Value of Companies, second edition, John Wiley & Sons, New York, 1994.
J. Cox, and M. Rubinstein, Options Markets. Englewood Cliffs, New Jersey: Prentice Hall, 1985.
K.H Chung and S.W. Pruitt, "Executive Ownership, Corporate Value, and Executive Compensation: a Unifying Framework" Journal of Banking and Finance, Vol. 20, 1996.

L Darlington, "Banking Without Boundaries: How the Banking Industry Is Transforming Itself to the Digital Age", in Blueprint to the Digital Economy, ed. Don Tapscott, Alex Lowy and David Ticoll, N.Y. Mc Graw - Hill, 1998.

M.P. Dandekar and H.A Cowles, Capital Recovery and Investment Life Cycles, Engineering Research Institute, Iowa State University, February 1987.

A.K. Dixit and R.S. Pindick, "The Options Approach to Capital Investment," Harvard Business Review, May-June 1995.

P. Drucker, "The New Society of Organizations", Harvard Business Review, Vol.70, No 5, Sept- Oct. 1992.

P. Drucker, Post- Capitalist Society, Harper Collins, N.Y., 1993.

S. Duizabo, « Investissements immatériels : évaluation et retour d'expérience – Application à quatre projets informatiques dans le Groupe PSA », Thèse pour le Doctorat ès Sciences de Gestion, Université de Paris-Dauphine, 18 avril 2000.

R. Eccles, "The Performance Measurement Manifesto", Harvard Business Review, January-February, 1991.

R.K. Ellsworth, "Amortization of Core Deposit Intangibles: A Matter of Proof", Journal of Bank Taxation, Spring, 1992.

L. Edvinsson, and P. Sullivan, "Developing Model For Managing Intellectual Capital," European Management Journal, Vol. 14, No. 4, August 1996.

L. Edvinsson, and M.S. Malone, Intellectual Capital, Realizing Your Company's True Value By Finding Its Hidden Brainpower, Harper Collins Publishers, New York, 1997.

R.K. Ellsworth, "The Weilbull Distribution: Descriptor of Industrial Property Retirement", American Society of Appraisers, Valuation, August 1994.

F.C. Evans, "Recognizing the Key Factors in the Income Approach to Business Valuation", Business Valuation Review, June 1996.
T.W. Faulkner, "Applying Options Thinking to R&D Valuation," Research-Technology Management, May-June 1996.
D.N. Fuller, "Amortizing Intangibles: A Break-Even Analysis", Journal of Accountancy, June 1994.
R.F. Gehan, "How to Establish a Limited Useful Life in Order to Amortize Purchased Intangibles", Taxation for Accountants, June 1986.
C.E Grantham, L.D Nichols, M. Schonberner, "A Framework for the Management of Intellectual Capital in the Health Care Industry, Journal of Health Care Finance, Gaithersburg, Spring 1997.
Z. Griliches, "Market Value, R&D and Patents, Economic Letters, Vol.7, No 2, 1981.
B. Hall, "The Stock Market's Valuation of R & D Investment During the 1980's", American Economic Review, May 1993.
G.Hamel, and C.Prahalad, "Strategic Intent", Harvard Business Review, may-june 1989.
G.Hamel, and C.Prahalad, "Strategy as Strech and Leverage", Harvard Business Review, 71, 2, march- april 1993.
R. Hayes and W. Abernathy, "Managing Our Way to Economic Decline, "Harvard Business Review, July-August 1980.
R. Hayes and D. Garvin, "Managing as if Tomorrow Mattered," Harvard Business Review, May-June 1982.
H. S. B. Herath and C.S. Park, "Economic Analysis of R&D Projects: An Options Approach, The Engineering Economist; Norcross; 1999.
J. Hodder and H. Riggs, "Pitfalls in Evaluating Risky Projects," Harvard Business Review, January-February 1985.

J. Hunt, "Resource-advantage theory: an evolutionary theory of firm behavior", Journal of Economic Issues, march 1997.
International Accounting Standards Board (1998): IAS 38 Intangible Assets.
H.Itami, and T.W Roehl, "Mobilizing Invisible Assets", Cambridge, Mass.: Harvard University Press, 1987.
R. Kaplan, "Must CIM Be Justified by Faith Alone?" Harvard Business Review, March-April 1986.
R. Kaplan and D.P. Norton, Translating Strategy Into Action, The Balanced Scorecard, Harvard Business School Press, Boston, 1996.
R. Kaplan and D.P. Norton, "Using the Balance Scorecard as a Strategic Management System", Harvard Business Review, Jan-Feb1996.
A.G.Z. Kemna, "Case Studies on Real Options", Financial Management, Tampa, Autumn 1993.
W.C. Kester, "Today's Options for Tomorrow's Growth," Harvard Business Review, March-April 1984.
D.A. Klein, The Strategic Management of Intellectual Capital (Resources for the Knowledge-Based Economy), Butterworth-Heinemann, 1997.
D.A. Klein, and L. Prusak, "Characterizing Intellectual Capital", Multi-Client Program Working Paper, Ernst & Young, March 1994.
B.Kogut and N. Kulatilaka, "Options Thinking and Platform Investment: Investing in
Opportunity, California management review, 36, no. 2, Winter 1994.
N. Kulatilaka and A. Marcus, "Project Valuation under Uncertainty: When Does DCF Fail?" Working Paper, Boston University, October 1991.
N. Kulatilaka and S. Marks, "The Strategic Value of Flexibility: Reducing the Ability to Compromise," American Economic Review, June 1988.

N. Kulatilaka and L. Trigeorgis, "The General Flexibility to Switch: Real Options Revisited," International Journal of Finance, December 1993.
K. Leslie and M. Michaels, "The Real Power of Real Options", Corporate Finance; London, January 1998.
D. Leonard, "Wellspring of Knowledge", Harvard Business School Press, Boston, Ma, 1998.
O. Lint and E. Pennings, "R & D as an Option on Market Introduction, R & D Management; Oxford; Oct 1998.
T.A. Luehrman, "What's It Worth: A General Managers Guide to Valuation," Harvard Business Review, May-June 1997.
B. Lev, "The Old Rules No Longer Apply", Forbes, April 7, 1997.
B. Lev and S.L. Mintz, "Seeing Is Believing", CFO, February, 1999.
J. Mac Donald and J. Tobin, "Customer Empowerment in the Digital Economy" in Blueprint to the Digital Economy, ed. Don Tapscott, Alex Lowy and David Ticoll, N.Y. Mc Graw - Hill, 1998.
R. Mac Donald and D. Siegel, "The Value of Waiting to Invest," Quarterly Journal of Economics, November 1986.
R. Mac Donald and D. Siegel, "Option Pricing When the Underlying Asset Earns a Below-Equilibrium Rate of Return: A Note," Journal of Finance, March 1984.
S. Majd and R. Pindyck, "Time to Build, Option Value, and Investment Decisions," Journal of Financial Economics, March 1987.
W. Margrabe, "The Value of an Option to Exchange One Asset for Another," Journal of Finance, March 1978.
B. Martory, Ch. Pierrat, Ch. Thibierge et Ch. Hoarau, « Evaluation et rentabilité de l'investissement intellectuel », Rapport pour le Ministère de la Recherche, Paris, décembre 1993.

S. Mason and R.C. Merton, "The Role of Contingent Claims Analysis in Corporate Finance," in Recent Advances in Corporate Finance, E.I. Altman and M. Subrahmanyan (eds.), Homewood, IL, R.D. Irwin, 1985.
P. Megna and L. Klock, "The Impact of Intangible Capital on Tobin's Q in the semi-conductor Industry", American Economic Review, May 1993.
R.C. Merton, "Theory of Rational Option Pricing," Bell Journal of Economics and Management Science, Spring 1973.
R.C. Merton, "Applications of Option-Pricing Theory: Twenty-Five Years Later"
The American Economic Review 88, no. 3, 1998.
Miles G., Miles R.E, Perrone N., Edvinsson L, "Some conceptual and research barriers to the utilization of knowledge", California Management Review, vol 40, spring1998.
S.L. Mintz, The second Annual Knowledge Capital Scoreboard: A Knowing at a Glance", CFO, February 2000.
L. Mitkova, « Une composante essentielle de la gestion du patrimoine immatériel », Revue Française de Gestion, septembre-octobre 2000.
M. Mullen, "How to value Intangibles", Accountancy, 1993.
R. Myers, "Getting a Grip on Intangibles", CFO Magazine, September 1996.
S.C. Myers, "Financial Theory and Financial Strategy," Interfaces, Vol. 14, January-February 1984.
S.C. Myers and S. Majd, "Abandonment Value and Project Life," Advances
In Futures and Options Research, 1990.
W. Nelson, Applied Life Data Analysis, New York: John Wiley & Sons, 1982.

N. Nichols, "Scientific Management at Merck: An Interview with CFO Judy Lewent", Harvard Business Review, January-February 1994.
J. Paddock, D. Siegel, and J. Smith, "Option Valuation of Claims on Physical Assets: The Case of Offshore Petroleum Leases," Quarterly Journal of Economics, August 1988.
G. Petrash, "Dow's Journey to a Knowledge Value Management Culture," European Management Journal, Vol. 14, No. 4, August 1996.
Ch. Pierrat, B. Martory, « Les spécificités du pilotage de l'immatériel », Revue Française de Gestion, septembre-octobre 2000.
J.F. Rayport, "Exploiting the Virtual Value Chain", Harvard Business Review, November- December 1995.
R.F. Reilly, "How to Determine the Value and Useful Life of Core Deposit Intangibles", Journal of Bank Taxation, winter 1991.
R.F. Reilly and R.P. Schweihs, Valuing Intangible Assets, New York: McGraw-Hill, 1999.
J. Roos, "Exploring the Concept of Intellectual Capital", Long Range Planning, London, Feb 1998.
J. Roos, G. Roos, N. Dragonetti and L. Edvinsson.: Intellectual Capital : Navigating in the New Business Landscape, New York: New York University Press,1998.
H. Saint-Onge, "Tacit Knowledge: the Key to Strategic Alignment of Intellectual Capital' Strategy and Leadership, March-April 1996.
H. Saint-Onge, "The Learning Organization at CIBC", 17th Annual Mc Master Business Conference: Managing Intellectual Capital and Innovation, Hamilton, Canada, 1995.
D. Schendel, "Introduction to Competitive Organizational Behaviour: toward an organizational based theory of competitive advantage", Strategic Management Journal, vol 15, winter1994.

D.J. Sharp, "Uncovering the Hidden Value in High Risk Investments,» Sloan Management Review, Summer 1991.
Skandia AFS Annual Report, "Intellectual Capital Supplement" 1994, 1996, 1997, 1999.
G.V. Smith, Valuation of Intellectual Property and Intangible Assets, New York: John Wiley & Sons, 1994, supplemented annually.
G.V. Smith, and R.L. Parr, Valuation of Intellectual Property and Intangible Assets, New York, Chichester, Wiley Edition: 3rd ed. 2000.
T.A Stewart, "Brainpower: How Intellectual Capital is Becoming America's Most Valuable Asset", Fortune, June 3, 1991.
T.A Stewart, "Your Company's Most Valuable Asset: Intellectual Capital", Fortune, October 3, 1994.
T.A Stewart, "Trying to Grasp the Intangible", Fortune, October 2, 1995.
T.A Stewart, Intellectual Capital: The new wealth of organizations, New York: Currency/Doubleday, 1997.
P. Sullivan, Profiting from Intellectual Capital, New York: John Wiley and Sons, 1998.
P. Sullivan, Value-Driven Intellectual Capital: John Wiley and Sons, 2000.
K.E. Sveiby, "The Swedish Community of Practice". Paper for PEI Conference in Stockholm, 25 October 1996.
K.E. Sveiby, The New Organisational Wealth, Managing and Measuring Knowledge-Based Assets, Berrett-Koehler San Francisco, 1997.
D. Tapscott, D. Ticoll, and A Lowy, Digital Capital, Harvard Business School Press, 2000.
J.Tobin, "Monetary policies and the economy: the transmission mechanism", Southern Economic Journal, Chapel Hill, Jan. 1978.

L. Trigeorgis, "A Conceptual Options Framework for Capital Budgeting," Advances in Futures and Options Research, 1988.
L. Trigeorgis and S.P. Mason, "Valuing Managerial Flexibility,» Midland Corporate Financial Journal, Vol. 5, No. 1987.
L. Trigeorgis, "A Log-Transformed Binomial Numerical Analysis Method for Valuing Complex Multi-Option Investments," Journal of Financial and Quantitative Analysis, September 1991.
L. Trigeorgis, "The Nature of Option Interactions and the Valuation of Investments with Multiple Real Options," Journal of Financial and Quantitative Analysis, March 1993.
F. Viale, F. Lafay, "Les marques : un nouvel enjeu pour les entreprises", Revue Française de Comptabilité n°216, octobre 1990.
G. Vickery, « Identifier et mesurer l'immatériel pour mieux le gérer », Revue Française de Gestion, septembre-octobre 2000.
E. Walliser, « Valorisation : aucune technique ne s'impose », L'Expansion Management Review, mars 1997.
B. Wernerfelt, "A resource-based view of the firm", Strategic Management Journal, vol.5, april-june 1984.
B. Wernerfelt, and C.A. Montgomery, Tobin's q and the Importance of Focus in Firm Performance, The American Economic Review, March 1988.
B. Wernerfelt, "The resource-based view of the firm: ten years after", Strategic Management Journal, vol.16, march 1995.

Table des matières

Achevé d'imprimer par Corlet Numérique - 14110 Condé-sur-Noireau
N° d'Imprimeur : 13956 - Dépôt légal : septembre 2003 - *Imprimé en France*